그래서 그랬던 거야?

성경의 압축 파일을 풀어라

이진희 지음

프롤로그

지난 어버이 주일에 설교 시간에 이런 노래를 들려주었습니다.

가을엔 가을엔 떠나지 말아요
낙엽 지면 서러움이 더해요
차라리 하얀 겨울에 떠나요
눈길을 걸으며 눈길을 걸으며
옛 일을 잊으리라

거리엔 어둠이 내리고
안개 속에 가로등 하나
비라도 우울히 내려 버리면
내 마음은 갈 곳을 잃어

가을엔 가을엔 떠나지 말아요
차라리 하얀 겨울에 떠나요
거리엔 어둠이 내리고
안개 속에 가로등 하나
비라도 우울히 내려 버리면

내 마음은 갈 곳을 잃어

가을엔 가을엔 떠나지 말아요
차라리 하얀 겨울에 떠나요
하얀 겨울에 떠나요

생뚱맞게 어버이주일에 왜 이 노래를 들려주었을까요? 더군다나 설교 시간에 이런 유행가를 들어주다니… 교인들은, '우리 목사님 오늘 왜 저러시나?' 어리둥절했을 겁니다.

70, 80 세대라면 누구나 다 아는 노래입니다. 최백호의 "내 마음 갈 곳을 잃어"라는 노래입니다. 이 노래를 듣고 있노라면 사랑하지만 헤어져야만 했던 그 때 그 사람이 생각날 것입니다. 떠나간 옛사랑이 떠오를 것입니다. 아련한 옛사랑이 그리워지기도 할 겁니다. 그러나 이 노래는 그런 진부한 실연의 아픔을 노래한 것이 아닙니다. 남녀간의 그렇고 그런 사랑과 이별 이야기가 아닙니다. 떠나간 옛사랑을 그리워하는 노래가 아닙니다.

사연이 있습니다. 최백호 씨가 고3 때, 홀로 아들 뒷바라지를 하고 있던 어머니가 갑자기 쓰러져 병원에 실려가게 되었습니다. 췌장암이라는 판정을 받게 되었습니다. 3개월도 살기 어렵다는 청천벽력 같은 선고가 내려졌습니다. 하늘이 무너지는 것 같았습니다. 속으로 얼마나 빌었겠습니까?

"어머니, 가을에 떠나시면 안 됩니다. 그렇게 빨리 떠나시면 안 됩니다. 겨울까지라도 살아계셔야 해요. 그러셔야 해요."

그러나 끝내 어머니는 가을을 넘기지 못하고 그 해 10월에 돌아가셨다고 합니다. 너무 기가 막혀 눈물도 나오지 않았다고 합니다. 화장지에서 마지막 어머니를 보내드릴 때에 비로소 눈물이 터졌다고 합니다. 그때 쪽지에 이 글을 메모 형식으로 남겨놓았는데, 그것이 나중에 노랫말이 된 것입니다.

그러나 이 노래를 듣는 사람 가운데 이 노래 속에 그런 가슴 아픈 사연이 있다는 것을 아는 사람은 많지 않을 겁니다. 앞으로는 이 노래가 라디오에서 흘러나오면 더 이상 그 때 그 사람이 아니라 어머니가 생각나게 될 겁니다. 그리운 어머니의 모습이 떠오를 겁니다. 그리고 이 노래가 전혀 다른 감동으로 우리에게 다가올 것입니다.

가수는 어머니를 생각하며 노래를 부르고 있는데 우리는 엉뚱하게도 그 때 그 사람을 생각하며 이 노래를 들었습니다. 성경도 마찬가지입니다. 엉뚱하게 우리 마음대로 해석할 때가 많습니다. 성경이 의도하는 것과는 전혀 다르게 해석을 할 때가 있습니다. 배경을 모르기 때문이지요. 한 가지만 예를 들어보겠습니다.

개역성경 역대하 2장 2절에는 솔로몬이 성전을 지을 때 8만 명이 산에 올라가 나무를 베어왔다고 되어 있습니다. 그런데 개정판 성경에서는 산에 올라가 나무를 베어 온 것이 아니고 돌을 떠왔다고 했습니다. 어떻게 된 것일까요?

우리나라에서는 건물을 지을 때 나무로 짓습니다. 그래서 성전을 지으려니까 목재가 필요했을 것이라고 생각했을 겁니다. 그러면 나무를 베러 어디로 가야 할까요? 당연히 산이지요. 그러니까 처음에 성경을 번역하는 분들이 산에 나무를 베러 올라갔다고 생각했던 것입니다.

그러나 이스라엘에서는 건물을 나무로 짓지 않습니다. 산에 나무가 없기 때문입니다. 이스라엘에서는 건물을 돌로 짓습니다. 성전의 99%도 돌로 지어졌습니다. 이스라엘에서는 산에 올라가 나무를 해오는 일이 없습니다. 산에 올라가 나무를 베어오는 것이 아니라 돌을 떠서 가져옵니다. 거의 모든 산이 암반으로 이루어져 있기 때문입니다. 이런 배경을 모르니까 산에 올라가 나무를 베어다가 성전을 지었다고 생각했던 것이고, 이런 생각은 고스란히 성경 번역에도 반영이 된 것입니다. 배경을 모르니까 그런 것이지요.

흔히 예수님을 목수라고 하는데, 예수님이 정말 우리가 생각하는 그런 목수였다면 예수님과 그분이 부양한 가족은 다 굶어죽었을 겁니다. 목수를 해서는 먹고 살 수가 없었습니다. 나무가 없는데 어떻게 목수질을 할 수 있겠습니까? 예수님은 목수가 아니라 석수였습니다. 산에 올라가 돌을 떠내서 그것을 쪼개고 다듬고 옮기고 쌓아 올리고 하는 그런 일을 하셨던 분입니다. 예수님의 손바닥에는 십자가의 못자국만 있는 것이 아니라, 석수일 하면서 생긴 상처가 여기저기 남아 있었을 것이고 굳은살이 두껍게 배겨 있었을 것입니다. 예수님의 손은 결코 고운 손이 아니었을 것입니다. 예수님이 성화에 나오는 그렇게 '곱게' 생기신 분이라면 예수님과 예수님의 가족은 다 굶어죽고 말았을 것입니다. 예수님은 이 땅에 계실 때 가장 힘든 일을 하셨던 분입니다.

배경을 알면 성경이 새롭게 보입니다. '그래서 그랬던 것이구나' 이해가 가게 됩니다. 배경을 모르면 묵상을 아무리 깊이 하는 사람이라고 할지라도 결코 성경 속에 감추인 보화를 캐낼 수가 없습니다.

이 보화는 하나님이 일부러 감추어놓은 것이 아닙니다. 성경은 우리에게 하나님께서 말씀하시고자 하는 것을 밝히 드러내주기 위해 기록된 것인데, 왜 말씀하시고자 하는 것을 감추어 놓으셨겠습니까? 하나님은 그런 분이 아니지요.

그렇다면 왜 배경을 알아야 성경 속에 감추인 보화를 발견할 수 있다고 말하는 것일까요? 성경 말씀이 성경 당시의 사람들에게는 별다른 설명이 필요하지 않은 명백한 말씀이었습니다. 그러나 2천 년 이상의 세월이 흘러갔습니다. 그들은 우리와는 언어도 다르고, 문화도 다르고, 가치관도 다르고, 세계관도 다르고, 경험도 다르고, 모든 것이 다릅니다. 그들은 우리와는 전혀 다른 세계 속에 살던 사람들이었습니다. 성경이 그들에게는 더 이상의 설명이 필요 없는 말씀이었지만 그러나 우리에게는 그렇지 않습니다. 유대인의 문화를 이해하고 그 당시의 언어와 사상과 종교를 알아야만 이해될 수 있는 부분들이 많습니다.

이런 배경에 대한 이해 없이는 성경을 백 번 천 번 통독해도 발견할 수 없는 성경 속에 감추어진 보화들이 있습니다. 그 보화를 캐내기 위한 연장이 필요합니다. 그것이 바로 성경의 문화를 아는 것입니다. 성경 언어를 배우는 것입니다. 성경 지리를 아는 것입니다. 이 책은 제가 가지고 있는 그런 연장들을 가지고 지난 몇 년 동안 캐낸 보화들입니다.

우리는 성경을 읽으면서도 모를 때가 많습니다. 영의 눈이 열리지 않아서 못 보는 것도 있겠지만, 배경을 모르기 때문에 모르는 것도 많이 있습니다. 모르고 있으면서 모르고 있다고 하는 것조차도 모를 때가 많습니다. 모르면 봐도 모릅니다. 모르면 엉뚱하게 해석을 합니다. 하나님도 놀라실 만한 해석을 합니다. "내가 한 말에 그렇게 깊은 뜻이 있었어? 나도 몰랐네?" 그리고는 엉뚱한 설교를 합니다. 교인들은 엉뚱한 은혜를 받습니다. '우리 목사님은 신령해서 성경을 기가 막히게 풀어준다'고 생각합니다. 배경을 모르고 성경을 읽고 묵상하고 해석하고 설교하면 이런 해프닝들이 일어납니다.

첫 번째 부활절 오후였습니다. 두 사람이 엠마오를 향해 내려가고 있었습니다. 그런데 갑자기 예수님이 그들 대화 속에 끼어드셨습니다. 그리고 그들에게 모세와 모든 선지자의 글로 시작하여 모든 성경을 '자세히 설명해' 주셨습니다(눅 24:27). 그럴 때 그들의 마음이 뜨거워졌습니다.

우리에게 말씀하시고 우리에게 성경을 풀어 주실 때에 우리 속에서 마음이 뜨겁지 아니하더냐 (눅 24:32).

성경은 읽기만 해서는 모릅니다. 깨닫지 못합니다. '풀어줘야' 합니다. 설명해줘야 합니다. 예수님이 그러셨던 것처럼 말입니다. 그렇게 '풀어주시니까' 말씀을 깨닫게 되고 마음이 뜨거워지게 되지 않았습니까?

이디오피아 내시가 성경을 읽으면서 고향으로 돌아가고 있었습니다. 그러나 그는 그가 읽는 성경이 무슨 이야기인지 알지 못했습니다. 그래서 성령께서 급하게 빌립을 그에게로 보내셔서 그 뜻을 '풀어주도록' 했습니다. 빌립을 통해 성경을 깨닫게 된 이디오피아 내시는 그 자리에서 세례를 받겠다고 하지 않았습니까?

성경은 압축파일과 같습니다. 미주알고주알 다 설명해주지 않습니다. 배경 설명을 해주지 않고 있습니다. 그런 것은 다 생략하고 있습니다. 이렇게 성경은 압축파일과 같기 때문에 '풀어주어야' 합니다. 압축파일은 클릭을 하는 순간 쫙 '풀어집니다.' 클릭을 하지 않으면 그 안에 무엇이 들어가 있는지 전혀 알 길이 없습니다. 그러나 일단 클릭하면 그 안에 있는 모든 것들을 다 볼 수 있습니다.

예수님도 성경을 '풀어주셨습니다.' 압축파일을 '풀어주신' 것입니다. 우리가 성경을 읽을 때 해야 할 일이 바로 이것입니다. 성경의 압축파일을 푸는 일입니다. 그래야 성경이 풀립니다. 배경을 알면 성경의 압축파일을 풀 수 있습니다. 압축파일을 푸는 순간, 감추인 보배들이 쏟아져나오게 됩니다. 이 책을 통해서 그런 보화들을 발견하는 기쁨을 맛보실 수 있게 되기를 바랍니다. 그리고 독자 스스로 성경의 압축파일을 풀 수 있는 도구들을 갈고 닦을 수 있게 되기를 바랍니다.

2014년 8월

달라스에서

이진희

CONTENTS

part 01
그래서 그랬던 거야?

chapter

01 | 손님들이 왔을 때 사라는 왜 내다보지도 않았는가? _18

02 | 모세가 모든 양과 소를 다 데리고 가겠다고 끝까지 고집한 이유는? _23

03 | 모세가 가나안에 들어가지 못한 것은 므리바 사건 때문만이 아니었다 _26

04 | 두 지파 반은 왜 가나안에 들어가지 않았을까? _34

05 | 여호수아가 모세의 후계자가 되었을 때에 가장 두려워했던 것은? _40

06 | 사울 왕이 하나님께 버림받은 진짜 이유는? _47

07 | 다윗은 왜 법궤를 오벧에돔의 집에 보관하게 했던 것일까? _53

08 | 솔로몬은 왜 일천번제를 성막이 아니라 산당에서 드렸을까? _57

09 | 엘리사는 왜 나아만 장군이 찾아왔을 때 나와 보지도 않았는가? _61

10 | 눈물을 흘리며 씨를 뿌리는 사람도 있을까? _66

11 | 10월의 Happy New Year! _70

12 | 장막절에 장막에 관한 설교는 하지 않고 왜 '생수'에 대해 설교하셨을까? _74

13 | 혼인 잔치 비유에 나오는 사람은 왜 예복을 입지 않았을까? _78

14 | 아흔아홉 마리의 양을 산에 두고 잃은 양 한 마리를
찾아 나서는 목자도 있을까? _83

15 | 그렇게 접붙이는 사람은 아무도 없을 텐데… _86

16 | 베드로는 왜 잠만 자고 있었을까? _91

part 02

정말 그랬을까?

chapter

17 | 아말렉 군대와의 전쟁이 희한한 전쟁인 진짜 이유는? _94

18 | 이스라엘 백성들은 40년간 광야에서 만나와 메추라기만 먹고 살았을까? _98

19 | 이스라엘 백성들은 광야에서 매일 바위에서 터져나온 생수만 마시고 살았을까? _103

20 | 새벽에 만나를 거두었을까? _107

21 | 여리고는 난공불락의 철옹성이었을까? _111

22 | 기드온의 300용사가 과연 정예부대였을까? _116

23 | 한나는 서원한 대로 사무엘을 바쳐야만 했는가? _122

24 | 골리앗과 맞섰던 다윗은 결코 '애송이'가 아니었다 _126

25 | 다윗과 요나단은 친구였는가? _130

26 | 그들은 친구였을까? _134

27 | 예수님이 아니었다면 그 간음한 여인은 돌에 맞아 죽었을까? _138

28 | 열매가 없어서 무화과나무를 저주하신 것일까? _142

29 | 오순절에 성령의 불이 임했는가? _146

30 | 전혀 기도하는 일에만 힘썼을까? _151

31 | 바울과 실라가 기도해서 감옥 문이 열린 것일까? _156

CONTENTS

part 03
아하 그렇구나!

chapter

32 | 백 세가 될 때까지도? 백 세가 되었을 때? _162

33 | 요게벳은 의자에 앉아서 모세를 낳았다 _165

34 | 모세가 잘생겨서 숨겨서 키웠던 것일까? _169

35 | 대제사장과 제사장들은 성전에서 맨발로 일했다 _175

36 | 죄의 경중에 따라 제물을 다르게 바쳐야 했을까? _179

37 | 가나안에 들어가려면 요단강을 건너야만 하는가? _183

38 | 아간만 죽였는가? 아간의 가족도 죽였는가? _187

39 | 하나님은 기상(氣象)천외한 방법으로 전쟁의 승패를 결정 지으신다 _191

40 | 네가 나를 개로 여기고 몽둥이를 들고 나왔느냐? _197

41 | 물맷돌은 장난감이 아니라 무기였다 _201

42 | 밧세바는 자기가 임신하리라고는 상상도 하지 못했다 _206

43 | 그늘도 못 만들어 주는 로뎀나무 아래 누워 있는 엘리야 _211

44 | '재를 무릅쓰고 기도하다'는 재 위에서
무릎을 꿇고 기도한다는 뜻일까? _217

45 | 시온의 대로는 탄탄대로가 아니다 _221

46 | "내가 묵상할 때에 화가 발하니" _225

47 | 몇십 년이 지난 다음에 응답받은 기도 _230

48 | 세례자 요한은 광야에 있을 사람이 아니었다 _233
49 | 다윗이 우리야의 아내에게서 솔로몬을 낳았다고? _240
50 | 잘라버려야 할 것은 무화과나무가 아니라 과원지기이다 _244
51 | 기름이 떨어졌을까? 아니면 처음부터 준비하지 않았을까? _247
52 | 예수님, 베드로에게 멱살 잡히다 _254
53 | 회개와 회심 _259
54 | 여리고에는 '뽕나무'가 없었다 _262
55 | 종려주일? 나귀주일! _265

CONTENTS

part 04
그게 그런 뜻이었어?

chapter
56 | 모세가 온유한 사람이라고? _270
57 | 솔로몬이 구한 것이 정말 지혜였을까? _277
58 | 지렁이 같은 야곱? 구더기 같은 인생? _280
59 | 하나님의 심방 _284
60 | "이른 비가 복을 채워주나이다" _288
61 | 현숙한 여인인가? 유능한 여인인가? _292
62 | 열매 맺지 못하는 가지는 다 잘라버리시는가? _297
63 | 배우가 되지 마라 _303
64 | 지옥문을 쳐부수라 _307
65 | 죽음은 출애굽(exodus)하는 것이다. _312
66 | 성경에는 '갈보리'라는 곳이 없다 _315
67 | 성경에서는 아가페와 에로스, 필레오의 구별이 없다 _318
68 | 바울은 그의 몸에 (가시가 아니라) 말뚝을 가지고 있었다 _322
69 | 로고스와 레마는 과연 다른 것일까? _326
70 | 성경에 나오는 종은 종이 아니라 '노예'이다 _330
71 | 성경에서는 '전도'와 '설교'를 구분하지 않고 사용한다 _334
72 | 오늘날과는 다른 의미로 사용된 성경에 나오는 용어들 _338

part 01 그래서 그랬던 거야?

01

손님들이 왔을 때 사라는 왜 내다보지도 않았는가?

베두인들은 3천 년 이상 사막에서 양을 치며 살아가고 있는 유 목민이다. 이들은 문명을 등지고 천 년, 2천 년 동안 내려온 전통과 관습을 따라 살아간다. 이런 사람들 가운데 15만 명 정도가 시나이 반도와 이스라엘 요르단 그리고 사우디아라비아에 걸쳐 살고 있다. 이들의 조상은 성경에 나오는 미디안 족속으로, 지금의 사우디아라비아가 옛날의 미디안이다.

이들은 환대(hospitality)로 유명한 사람들이다. 아브라함도 지나가는 손님들을 강권해서 대접해서 보내곤 하지 않았는가? 이것이 바로 베두인들의 관습이다. 그들은 손님을 극진하게 잘 대접한다. 손님이 오면 아무것도 묻지 않는다. 어디서 왔는지, 이름이 무엇인지, 왜 왔는지 묻지 않는다. 무조건 자기 손님으로 받아들인다. 그리고 사흘까지는 극진히 대접을 한다. 그러나 사흘이 지나면 손님이 떠나는 것이 예의다. 그때까지 손님으로 받아들인 사람은 극진하게 대접을 한다.

백여 년 전에 터키가 이스라엘과 요르단 지역을 다스리고 있었을 때다. 죄수 2명이 탈출해서 광야로 도망갔다. 그들이 베두인 장막에 숨어 있다는 정보를 입수하고는 군인들이 베두인 집으로 들이닥쳤다. 그리고 죄수들을 내줄 것을 요구했다. 그러나 베두인 주인은 거절했다. 자기 집에 온 손님이기 때문에 내줄 수가 없다는 것이었다. 군인들이 강제로 들어가려고 하자, 베두인이 총을 꺼냈다. 그리고 한 방을 쏘았다. 자기 말을 죽였다.

"내가 가장 아끼고 사랑하는 말을 죽였소. 내가 가장 사랑하는 말도 죽인 마당에 내가 못할 일이 무엇이 있겠소. 그래, 한번 들어와 보시지요. 내가 어떻게 하는지 두고보시오."

이것이 유목민들의 환대 문화이다. 일단 자기 집에 손님으로 온 사람은 목숨을 걸고서 지켜 주는 것이다.

성경에 아브라함이 손님들을 대접했다가 부지불식 간에 천사들을 대섭한 이야기가 나온다.

> 눈을 들어 본즉 사람 셋이 맞은편에 서 있는지라 그가 그들을 보자 곧 장막 문에서 <u>달려나가 영접하며 몸을 땅에 굽혀</u> 이르되 내 주여 내가 주께 은혜를 입었사오면 원하건대 종을 떠나 지나가지 마시옵고… 아브라함이 <u>급히</u> 장막으로 가서 사라에게 이르되 속히 고운 가루 세 스아를 가져다가 반죽하여 떡을 만들라 하고 아브라함이 또 가축 떼 있는 곳으로 <u>달려가서</u> 기름지고 좋은 송아지를 잡아 하인에게 주니 그가 <u>급히</u> 요리한지라 아브라함이 엉긴 젖과 우유와 하인이 요리한 송아지를 가져다가 그들 앞에 차려 놓고 나무 <u>아래에 모셔 서매</u> 그들이 먹으니라 (창 18:2-8).

아브라함이 지극 정성을 다해 신나서 손님들을 대접하는 모습이 눈에 그려지지 않는가? 이런 것이 베두인들의 문화이다. 어떤 의미에서 아브라함은 성경에 나오는 베두인들의 조상이라고 할 수 있을 것이다. 그는 베두인들처럼 평생 양을 치면서 살았다. 광야에서 장막을 치고 살았다. 그리고 평생 이동하면서 살았다.

베두인들은 평생 사막에서 살기 때문에 사람이 그립다. 그래서 아브라함은 자기 집(장막) 문에서 지나가는 사람을 기다리고 있었던 것이다.

아브라함이 손님을 집에 맞아들였을 때 그는 그들에게 발 씻을 물을 가져다 주고, 손수 음식을 준비해서 대접했다. 그런데 왜 아내 사라는 보이지 않는 것일까? 어디에 간 것일까? 왜 사라가 하지 않고 아브라함이 했을까?

> 그들이 아브라함에게 이르되 네 아내 사라가 어디 있느냐 대답하되 장막에 있나이다 그가 이르시되 내년 이맘때 내가 반드시 네게로 돌아오리니 네 아내 사라에게 아들이 있으리라 하시니 사라가 그 뒤 장막 문에서 들었더라 (창 18:9-10).

사라는 손님들이 갈 때까지 단 한 번도 그 모습을 드러내지 않았다. 작별 인사조차 하지 않았다. 어떻게 손님 대접을 그렇게 할 수가 있는가?

요르단의 와디 럼 사막을 방문했을 때 양을 치는 할머니를 만났다. 반가운 마음에 사진을 찍으려고 하다가 돌에 맞을 뻔한 일이 있

베두인 장막(와디 럼 사막)

었다. 이것이 내가 베두인에게 받은 첫 번째 환대(?)였다. 베두인 여자들은 외부 남자들과의 접촉을 극도로 꺼린다. 그런데 그것을 모르고 사진을 찍으려고 하다가 그런 봉변을 당했던 것이다.

이집트에서 베두인과 결혼해서 사는 한국인을 만났다. 그분은 이집트에 배낭여행을 왔다가 사막에 반해서 그곳에 사는 베두인과 결혼했다고 한다. 그분에게 사진을 찍을 것을 요청했으나 정중하게 거절을 당했다. 사진 찍은 것을 남편이 알면 절대로 안 좋아할 것이기 때문에 거절한다는 것이었다.

요르단의 와디 럼 광야에 사는 베두인 장막에서 하룻밤을 지낸 적이 있다. 사라처럼 안주인은 우리에게 인사를 하지 않은 것은 물론

이고 단 한 마디도 말을 건네지 않았다. 물론 요리도 모두 남편이 했다. 이런 것이 베두인의 문화이다.

중동의 이슬람권 여인들은 얼굴을 드러내놓지 않는 관습이 있다. 그래서 온몸을 칭칭 감싸고 다닌다. 이것이 그들의 문화다. 이런 관습은 여인들이 남자들과의 접촉을 극도로 삼가야 하는 베두인들의 전통에서 비롯된 것이다. 사라가 손님들을 대접하지 않고 방 안에서만 있었던 것도 바로 이런 이유에서였다.

02

모세가 모든 양과 소를 다 데리고 가겠다고 끝까지 고집한 이유는?

모세는 바로에게 광야로 사흘 길을 가서 하나님께 제물을 바칠 수 있게 해 달라고 요청했다. 바로는 광야까지 가지 말고 이집트에서 하나님에게 예배를 드리라고 했다. 그러자 모세는 이집트 사람들이 이스라엘 백성들을 다 죽일 것이니 그렇게 할 수 없다고 했다.

바로는 그러면 멀리는 가지 말고 가까운 곳에 가서 제사를 드리라고 했다. 모세는 적어도 사흘 길은 가서 제사를 드려야 한다고 했다. 그러자 바로는 그러면 장정들만 가서 제사를 드리고 오라고 했다. 모세는 하나님이 모든 이스라엘 백성들이 제사를 드리기 원하시기 때문에 그렇게 할 수 없다고 했다.

이에 바로는 사람만 나가고 양과 소는 제물로 드릴 것만 가져가고 나머지는 다 두고 가라고 했다. 그러나 모세는 모든 짐승들을 데리고 가게 해 달라고 요청했다. 바로는 그렇게 할 수 없다고 거절했다.

모세는 한 발자국도 물러서지 않았다. 어떤 일이 있어도 양과 소를 데리고 가야 한다고 주장했다.

바로가 모세를 불러서 이르되 너희는 가서 여호와를 섬기되 너희의 양과 소는 머물러 두고 너희 어린 것들은 너희와 함께 갈지니라 모세가 이르되 왕이라도 우리 하나님 여호와께 드릴 제사와 번제물을 우리에게 주어야 하겠고 우리의 가축도 우리와 함께 가고 한 마리도 남길 수 없으니 이는 우리가 그 중에서 가져다가 우리 하나님 여호와를 섬길 것임이며 또 우리가 거기에 이르기까지는 어떤 것으로 여호와를 섬길는지 알지 못함이니이다 하나 (출 10:24-26).

결국 두 사람 사이의 협상은 결렬되고 만다. 왜 바로와 모세는 마지막 문제에 있어서 피차 한 걸음씩 물러나서 타협을 하지 않고 회담을 결렬로 몰고 갔는가? 양과 소를 데리고 나가는 것이 그렇게 중요한 문제였는가? 이스라엘 백성들이 이집트에서 나갈 수 있도록 허락받은 것만 해도 대단한 성과가 아닌가? 물론 소와 양까지 다 데리고 가면 더 좋겠지만, 그렇게 할 수 없는 상황이라면 그 가축들을 포기하고 사람들만이라도 출애굽을 해야 하는 것 아닌가?

바로가 다른 것은 다 허락하면서도 짐승들을 데리고 나가지 못하게 한 데는 이유가 있다. 그러면 이스라엘 백성이 영원히 돌아오지 않을 것이기 때문이다. 그들로 하여금 다시 돌아오게 하려면 짐승들을 데리고 가지 못하게 해야 했다. 똑같은 이유에서 모세도 끝까지 소와 양을 다 데리고 나가야겠다고 고집한 것이다.

수많은 가축들을 놓고 나가는 것이 아까워서 끝까지 바로에게 그것들을 다 데리고 나가겠다고 한 것일까? 아니다. 지중해 연안으로 나 있는 해변길을 통해서 가나안까지 가는 데는 일주일이면 충분하다. 일주일치 양식을 준비해서 가는 것은 큰 문제가 아니다. 그러나 하나님은 이스라엘 백성들을 광야로 데리고 가기로 작정하셨다. 그들을 광야에서 훈련시킨 다음 가나안으로 데리고 가실 계획이셨다. 그래서 모세에게 모든 짐승들을 데리고 나가게 하셨던 것이다. 무슨 말인가?

광야에서 살아 남으려면 양이 절대적으로 필요하다. 양은 인간이 살아가는 데 필요한 최소한의 의식주 문제를 다 해결해 준다. 광야에는 물이 없다. 그러나 양이 매일 신선한 우유를 제공해 준다. 치즈나 요구르트를 만들어 단백질을 공급받을 수 있다. 양의 털로 옷을 만들어 입는다. 가죽으로는 집(천막)을 만든다. 양이 죽게 되면 고기를 먹는다. 배설물은 말려서 불을 피울 때 사용한다. 양 몇 마리만 있으면 광야에서도 살아남을 수 있다.

지금도 베두인들은 광야에서 양을 치면서 살아가고 있다. 아무것도 없는 광야에서 양 하나 치면서 살아가는 것이다. 그런데 살아가는 데 아무 문제가 없다. 양이 필요한 모든 문제를 해결해 주기 때문이다.

하나님께서 이스라엘 백성들에게 모든 짐승들을 다 데리고 나오도록 한 이유가 바로 여기에 있다. 그들로 하여금 광야에서 살아남도록 하기 위해서는 양이 반드시 필요했던 것이다. 만일 양이나 짐승을 데리고 나오지 않았다면, 이집트로 돌아갈 수밖에 없었을 것이다.

03

모세가 가나안에 들어가지 못한 것은 므리바 사건 때문만이 아니었다

광야에 물이 없자 이스라엘 백성들은 불평하고 원망했다. 모세가 지팡이로 바위를 두 번 두들겼다. 그러자 물이 터져 나왔다. 므리바에서 있었던 일이다. 그런데 이 사건으로 인해서 모세는 결국 가나안 땅에 들어가지 못하게 된다. 도대체 무슨 일이 있었기에 모세가 광야에서 이스라엘 백성들을 가나안 땅으로 인도하기 위해 40년 동안 많은 고생을 하고도 가나안에 들어가지 못한 것일까?

1. 므리바 사건 때문에?

1) 하나님이 모세를 향해 바위에게 명령하라고 하셨는데 모세가 바위를 지팡이로 내리쳤기 때문에, 다시 말해 하나님 말씀에 불순종했기 때문에 모세가 가나안 땅에 못 들어가게 된 것이라고 생각하는 사람들이 있다. 정말 그랬던 것일까? 민수기에서는 하나님께서 모세에게 지팡이를 들어 "명령하라"고 하신 것으로 되어 있다(민 20:8). 그

러나 출애굽기에는 지팡이를 들어 "바위를 치라"고 하신 것으로 되어 있다(출 17:6). 두 기록을 종합하면, 지팡이를 들어서 바위를 치면서 명령하라고 하셨던 것으로 보인다. 모세가 지팡이로 바위를 친 것이 하나님 말씀에 불순종한 것은 아니었다는 것이다. 만일 모세가 그렇게 한 것이 불순종이었다면 하나님은 바위에서 물이 터져 나오게 하지 않으셨을 것이다.

2) 모세가 지팡이로 바위를 한 번 치지 않고 두 번 쳤기 때문에 하나님이 모세에게 분노하셨던 것이라고 생각하는 사람들도 있다. 그러나 성경 어디에도 한 번만 치라고 하셨다는 이야기는 나오지 않는다. 한 번 치는 것과 두 번 치는 것에 무슨 큰 차이가 있겠는가?

3) 모세가 이스라엘 백성에게 혈기를 부려서 결국 가나안 땅에 들어갈 수 없게 된 것이라고 생각하는 사람들도 있다. 지팡이로 반석을 치기 전 모세는 대단히 화가 나 있었다. 그러나 모세만 화가 나 있었던 것이 아니다. 모세보다 하나님이 이스라엘 백성들에게 더 화가 나 있었다. 예언자들을 보라. 모세보다 더한, 모세와는 비교도 할 수 없는 분노들을 이스라엘 백성들에게 퍼붓는 것을 많이 볼 수 있다.

모세가 혈기를 부린 것이 정말 잘못된 것이었다고 할지라도 그런 모세의 약점 때문에 가나안 땅에 들어가지 못하게 하셨다는 것은 잘 이해가 안 간다. 약점 없는 사람이 어디 있고, 실수하지 않는 사람이 어디 있겠는가? 모세가 이 므리바 사건 외에도 얼마나 많은 잘못을 저질렀겠는가? 그런데 왜 므리바 사건만을 가지고 '문제'를 삼으셨다고 생각하는가? 하나님은 그런 분이 아니시다.

4) 모세가 "우리가 이 반석에서 물을 내랴?"라고 말한 것 때문에 하나님이 모세에게 진노하신 것이라고 생각하는 사람들도 있다. 정말 모세가 모세의 능력으로 반석에서 물을 낼 수 있을 것이라고 생각했을까? 모세는 결코 그런 사람이 아니었다. 그리고 누구보다 하나님이 그런 사실을 잘 알고 계셨을 것이다.

성경은 므리바 사건을 통해서 모세가 잘못한 점을 다음과 같이 지적하고 있다: 모세가 하나님을 믿지 못했다(민 20:12). 하나님의 거룩함을 드러내지 못했다(민 20:12). 하나님의 말씀을 거역하였다(민 20:14). 성경은 구체적으로 그날 어떤 일이 있었는지 더 자세하게 말해 주고 있지 않다. 그래서 모세가 이런 죄들을 어떻게 해서 짓게 되었는지 알 수 없지만, 우리가 얻는 교훈은 지도자가 이런 죄를 저질러서는 안 된다고 하는 것이다.

2. 모세의 리더십의 실패에 대한 책임을 물으신 것이다

12명이 가나안을 정탐하고 돌아와서 보고를 할 때, 여호수아와 갈렙만이 하나님이 주신 땅이므로 올라가자고 했다. 반면 다른 10명은 올라가면 그들의 밥이 되고 말 것이라며 절대 반대했다. 이 사건으로 인해서 하나님은 크게 진노하셨고, 여호수아와 갈렙을 제외한 모든 사람들은 40년간 광야에서 배회하게 될 것이고, 아무도 가나안에 들어가지 못하게 될 것이라고 선언하셨다.

여호수아와 갈렙만이 가나안에 들어갈 수 있을 것이라고 하신 것은 이해가 된다. 그러면 모세는 어떻게 되는 것인가? 모세도 못 들어간다는 말인가? 아니면 출애굽의 리더인 모세는 당연히 들어가게 될 것이니까 언급하지 않은 것이고, 모세를 제외한 사람들 가운데서는 여호수아와 갈렙만이 들어갈 수 있을 것이라고 말씀하신 것일까? 아니다. 하나님은 모세도 못 들어갈 것이라고 분명하게 못을 박으셨다.

> 여호와께서 너희 때문에 내게도 진노하사 이르시되 너도 그리로 들어가지 못하리라 (신 1:37, 참조 3:26).

모세가 가나안에 들어가지 못한 이유가 개인적인 죄나 실수 때문이 아니라, 이스라엘 백성의 죄 때문이었다는 것이다. 가나안 정탐 사건과 연관해서 이스라엘이 지은 죄에 대해 민수기 14장은 이렇게 열거하고 있다: 멸시(23절), 불순종/거역(22, 35절), 불신(11절), 반역(33절), 시험(22절), 원망(7절). 하나님은 그들을 "이 악한 무리들"이라고 부르셨다. 모세가 잘못한 것이 아니다. 이스라엘 백성이 잘못한 것이다. 그런데 왜 모세가 가나안에 들어갈 수 없다는 말인가?

모세는 그들의 지도자였기 때문이다. 모세가 그들을 잘못 지도했기 때문이다. 그들을 올바른 길로 인도하지 못했기 때문이다. 지도자로서의 책임을 다하지 못했기 때문이다. 그래서 모세도 그들과 함께 가나안에 들어갈 수 없게 된 것이다. 모세가 가나안에 들어가지 못한 것은 그의 개인적인 죄 때문이 아니라 리더로서 책임을 다하지 못했기 때문이다.

가나안 정탐은 하나님의 뜻이 아니었다. 모세는 가데스 바네아에서 이스라엘 백성들에게 가나안으로 올라가라고 명령했다. 그러나 백성들은 먼저 가나안을 정탐해 보기를 원했다. 모세가 그들의 의견을 들어 보니 그리 나쁜 생각만도 아닌 것 같았다. 모세는 “그 말을 좋게 여겨”(신 1:23) 12명의 정탐꾼을 파견하게 된다.

그런데 민수기 13장에서는 하나님이 정탐꾼을 파견하도록 지시한 것으로 나와 있다. 어떻게 된 것인가? 백성들의 요청을 받고 모세는 하나님께 기도했을 것이다. 하나님은 그 기도를 들으시고 마지못해 기분 나빠하면서 허락하셨을 것이다. 말하자면 부정적인 허락이었던 것이다(이런 예는 성경에 얼마든지 있다. 이스라엘이 사무엘에게 왕을 요구했다. 사무엘이 하나님께 기도하자 하나님은 그들의 요청이 괘씸하긴 했지만 그들의 요청을 들어주셨다).

모세가 리더십을 잘못 발휘했던 것이다. 백성들이 정탐을 요구했을 때 모세는 그 요구를 들어주지 않았어야 했다. 원래대로 가나안으로 올라가도록 했어야 했다. 그러면 이야기는 완전히 달라졌을 것이다. 모세는 백성들의 말을 좋게 여겼는데, 그것은 결정적인 판단 실수였던 것이다. 그때 모세가 결단을 내려서 하나님이 원하시는 대로 가나안에 올라갔더라면 이스라엘 백성은 38년 동안 광야에서 방황하지 않았어도 되고, 모세도 가나안에 들어갔을 것이다. 모세는 그의 잘못된 판단으로 야기된 엄청난 결과로 인해 죽을 때까지 고통을 당했다.

3. 리더십의 관점에서 볼 때 모세의 리더십은 광야에서 끝나는 것이 옳다

모세는 사람을 죽이는 실수를 범하게 된다. 그리고 그 일로 이집트의 궁전을 떠나 광야로 도망가게 된다. 그리고 광야로 들어간 지 40년 만에 가시떨기 불 속에서 하나님을 다시 만나게 되고, 출애굽의 사명을 받게 된다. 그리고 이스라엘 백성을 이끌고 40년 동안 광야를 지나 가나안에 들어가게 된다.

큰 그림으로 보면 하나님이 모세를 이스라엘의 지도자로 사용하기 위해, 출애굽의 역사적인 사명을 감당하도록 하기 위해 모세를 광야로 몰아넣으신 것이었다. 하나님은 출애굽을 계획하시고 40년 전부터 모세를 광야로 몰아내셨던 것이다. 그리고 모세를 광야에서 40년간 훈련시키면서 모세로 하여금 광야의 리더가 될 준비를 하게 하셨던 것이다. 광야의 리더는 책을 통해서 만들어지는 것이 아니다. 광야를 체험한 사람만이 광야의 리더가 될 수 있다. 그래서 하나님은 모세로 하여금 광야로 몰아넣으셨던 것이다.

사막에는 길이 없다. 그러나 베두인들은 길을 알고 있다. 평생을 광야에서 살았기 때문이다. 그들은 경험을 통해 광야를 아는 사람들이다. 그들은 광야에서 죽음의 위기를 수없이 넘긴 사람들이다. 그렇기 때문에 광야에서 어떻게 생존할 수 있는지 아는 것이다. 그리고 광야를 지나는 사람들의 가이드가 되어 줄 수 있다. 광야를 지나는 사람들을 도와줄 수 있는 것이다.

모세는 이집트 왕궁을 떠나 40년 동안 미디안 광야에서 양을 치면서 살았다. 모세가 40년간 살았던 광야는 출애굽 할 때 이스라엘 백성들이 지나갔던 바로 그 광야였다. 모세는 그 광야를 훤히 잘 알고 있었다. 모세는 광야의 지도를 갖고 있는 사람이었다. 어디에 오아시스가 숨어 있는지, 어디로 가야 하는지 잘 알고 있는 사람이었다. 그는 광야에서 어떻게 해야 살아남을 수 있는지 잘 아는 사람이었다. 그렇기 때문에 하나님께서 그를 사용하셨던 것이다.

그런데 왜 모세는 가나안에 들어가지 못했을까? 40년간 광야에서 이스라엘 백성들을 가나안 땅으로 데리고 가기 위해 얼마나 고생을 했는가? 이제 꿈에도 그리던 가나안이 눈앞에 있는데 왜 하나님은 그로 하여금 가나안에 들어가지 못하게 하셨는가? 왜 여호수아에게 리더십을 이양하게 하셨는가? 하나님이 좀 너무하신 것 아닌가?

모세는 광야는 잘 알지만 가나안은 전혀 모르는 사람이었다. 가 본 적이 없었다. 가나안에 살지도 않았고 들어가 본 적도 없었다. 그는 사막(이집트)에서 태어나 사막에서 살다 사막에서 죽은 사람이었다. 모세는 광야의 사람이었다. 광야의 전문가였다. 그러기 때문에 광야의 리더가 될 수 있었던 것이다.

그러나 여호수아는 가나안을 잘 알고 있었다. 이미 40년 전에 40일 동안 가나안을 정탐하면서 모든 정보를 다 수집해놓았다. 자세한 지도를 다 그려왔다. 그리고 가나안 정복 전략을 다 갖고 있었다.

광야와 가나안은 다르다. 광야에서는 생존하는 것이 가장 큰 과제였다. 그러나 가나안에서는 이미 그곳에 자리잡고 있는 민족들을 내어쫓는 것이 가장 큰 과제였다. 전쟁을 해야 한다. 정복해야 한다. 여호수아가 가나안 땅에 들어가서 한 일은 바로 이런 일들이었다. 여호수아는 군인이었다. 장군이었다. 아말렉 군대를 쳐부술 때에도 장수로 나가서 싸우지 않았는가? 그러나 모세는 군인이 아니었다. 모세가 해낼 수 있는 일이 아니었다. 그래서 하나님은 모세의 리더십을 여호수아에게 이양시키셨던 것이다.

모세는 광야에서는 유능한 지도자였지만, 가나안에서 필요한 사람은 모세가 아니라 여호수아였다. 단순히 모세가 르바임에서 저지른 실수 때문에 모세로 하여금 가나안에 들어가지 못하게 하신 것만은 아니었던 것이다. 리더십의 관점에서 볼 때 하나님께서 모세의 리더십을 여호수아에게 넘겨주게 하신 것은 당연한 것이었다. 하나님이 모세에게 너무하신 것이 아니었다.

04

두 지파 반은 왜 가나안에 들어가지 않았을까?

지금 사막의 대부분은 과거에 바다이거나 평원이었다고 한다. 옛날에는 사람들이 살았다. 지금은 폐허가 되었지만 한때는 번창했던 도시들이 많았다. 사막 곳곳에 문명을 꽃피웠던 흔적들이 많이 남아 있다. 그러나 이제는 거의 아무도 살지 않는다. 사람뿐만 아니라 짐승도 식물도 사라졌다. 이유는 하나, 비가 내리지 않아 사막으로 변했기 때문이다.

사막은 하층(땅 밑)의 구조와는 아무런 관계가 없다. 사하라에 충분한 비가 내린다면 캔사스에 끝없이 펼쳐진 평원처럼 세계 최대의 곡창 지대가 될 것이다. 반대로 캔사스 평원도 충분한 비가 내리지 않으면 사막으로 변하고 말 것이다.

사막에는 비가 전혀 오지 않을까? 아니다. 사막에도 비가 오긴 온다. 이 지구상에 비가 전혀 오지 않는 곳은 없다고 한다. 사막에도 비가 오긴 오는데 절대적으로 부족할 뿐이다. 어떤 곳은 15년 또는 20년에 한 번씩 비가 내리는 곳도 있다고 한다. 사하라 사막 같은 곳에는 2,500km를 가도 나무 한 그루조차 볼 수 없다고 한다. 물이 전혀 없는 것이다. 샘이 하나도 없다. 오아시스가 없는 것이다. 상점도 없다. 동네도 없다. 사람이 살지 않는다.

지구상에서 가장 아름다운 사막은 요르단에 있는 와디 럼이라고 하는 곳이다. 사막 전체가 붉은 산들로 이루어져 있다. 성경에서는 에돔 족속이 살았던 것이고, 이스라엘 민족이 출애굽할 때 지나왔던 곳이기도 하다. 그곳에서 그 유명한 영화 〈아라비안 로렌스〉가 촬영되기도 했다. 몇 번 그곳에 머문 적이 있는데, 그곳은 1년에 비가 오는 날이 열흘이 안 된다.

사우디아라비아에서 열 달을 지냈던 분을 만났다. 그분은 그곳에 있는 동안 일기 예보가 틀린 것을 단 한 번도 보지 못했다고 한다. 그 정도 되면 예보가 아니라 예언인 것이다. 열 달 내내 '오늘은 맑음. 내일도 맑음. 모레도 맑음'이라는 기상 예보만 했다고 한다. 이런 곳이 사막이다.

이런 곳에 사는 식물들은 얼마나 비참하게 사는지 모른다. 하늘에서 비를 내려 주지 않으니까 다 비틀어지고, 가시가 솟아나고, 앙상하고, 말라버리고, 제대로 된 나무가 없다. 꽃을 피우거나 열매 맺는 식물이 거의 없다. 푸른 나무나 풀이나 꽃이 없다. 다 죽지 못해, 아니 죽지 않기 위해, 살아남기 위해 투쟁하는 모습이 눈에 보인다.

몇 년 동안 견디다가 비가 내리면 단 며칠 사이에 싹을 피우고 열매를 맺고 열매를 퍼뜨리고 죽는 식물들도 있다. 물이 금방 말라버리기 때문에 물이 사라지기 전에 모든 것을 해치우는 것이다. 어느 책을 보니 사막에 2cm 정도의 꽃이 한 송이 피었는데, 그 꽃은 수분이 충분한 곳에서는 1미터 이상 큰다고 한다.

사막에서 자라는 식물들은 가시가 많다. 잎이 넓으면 증발이 많아지기 때문이다. 좁히고 좁히고 좁히다 보니까 두꺼워지고 딱딱하게 되고, 그러다가 잎이 가시가 된 것이다. 생존하기 위해 어쩔 수 없이 가시가 많을 수밖에 없는 것이다.

이집트는 나일강 주변을 빼놓고는 완전히 사막이다. 그런데 주전 2000년경까지만 해도 그렇지 않았다. 피라미드에서 발굴된 벽화들에는 숲이 우거지고 바로와 귀족들이 사냥을 하고 있는 장면들이 많이 그려져 있다. 당시에는 그곳이 아주 살기 좋은 곳이었던 것이다. 초원 지대였던 것이다. 그래서 사람들이 모여 살았고 거대한 나라를 이룰 수 있었다. 그래서 강력한 바로가 출현할 수 있었던 것이다.

세계에서 가장 큰 사하라 사막도 주전 2000년경까지는 사막이 아니었다. 거대한 호수들이 있고, 동물이 뛰어놀고, 사냥을 하는 곳이었다. 사하라 사막 곳곳에서 발견된 암벽화에 사냥을 하고 하는 모습이 그려진 것을 볼 수 있다. 옛날에는 그곳이 초원지대였던 것이다.

사막이 왜 사막인가? 비가 내리지 않기 때문이다. 하나님이 비를 내려 주시지 않으면 지금의 초원도 언젠가는 사막이 되어버리고 말 것이다. 그러나 하나님이 비를 내려 주시면 지금의 사막도 언젠가 또 다시 푸른 초원이 될 수 있다. 하늘에서 비만 충분히 내려 주면 다시 회복될 수 있는 것이다. 우리는 지금 지구가 사막화되어 가고 있다는 사실은 잘 알고 있다. 그러나 반면에 사막이 점점 푸르른 대초원으로 바뀌어 가는 곳도 많다고 한다. 사막화 현상으로 1년에 몽골만 한 넓이가 사막으로 바뀌고 있는 반면, 아프리카 같은 곳에서는 그보다 더 넓은 지역이 사막에서 초원으로 바뀌고 있다. 성경에도 그런 예언들이 많이 나온다.

> 나 여호와가 시온의 모든 황폐한 곳들을 위로하여 그 사막을 에덴 같게, 그 광야를 여호와의 동산 같게 하였나니 그 가운데에 기뻐함과 즐거워함과 감사함과 창화하는 소리가 있으리라 (사 51:3).
>
> 그때에 저는 자는 사슴 같이 뛸 것이며 말 못하는 자의 혀는 노래하리니 이는 광야에서 물이 솟겠고 사막에서 시내가 흐를 것임이라 (사 35:6, 43:19-20).
>
> 또 광야가 변하여 못이 되게 하시며 마른 땅이 변하여 샘물이 되게 하시고 (시 107:35).
>
> 여호와께서는 강이 변하여 광야가 되게 하시며 샘이 변하여 마른 땅이 되게 하시며 (시 107:33).
>
> 광야와 메마른 땅이 기뻐하며 사막이 백합화 같이 피어 즐거워하며 (사 35:1).

다른 이유에서이기는 하지만 비옥한 땅이 사막으로 변한 곳도 있다. 출애굽을 한 이스라엘 백성들이 수십만의 양떼를 데리고 지금의 요르단 왕의 대로를 따라 북쪽으로 가고 있었다. 에돔 지역을 지나게 되었다. 그래서 에돔 사람들에게 길을 지나갈 수 있게 해달라고 했다. 양들이 농작물을 훼손시키는 일이 절대 없도록 하겠다고 약속하면서 만일 손해를 입히면 반드시 배상을 하겠노라고 제안했다. 그러나 에돔 사람들은 거절했다(민 20:14-21).

이집트 사막에서 발견된 수렵도

지금 그 지역은 황량한 사막이다. 농사를 질 만한 땅이 거의 없다. 그런데 성경에는 그 지역이 비옥한 곳이었다고 기술하고 있다. 어떻게 된 것인가?

또 다른 질문을 하나 더 던져 보겠다. 이스라엘 12지파가 다 가나안에 들어간 것은 아니었다. 르우벤 지파와 갓 지파는 요르단 동쪽에 정착했다(민 32장). 그들은 가나안에 들어가기 전에 그 지역을 유업으로 줄 것을 요청했다. 처음에 모세는 거절했으나 결국은 허락하고 말았다. 그런데 이 지역은 해발 800미터가 넘는 고원지역인 데다 황량하기 짝이 없는 사막이다. 그런데 왜 젖과 꿀이 흐르는 가나안 땅을 마다하고 그곳에 머물겠다고 했던 것일까? 40년을 광야에서 살았는데, 왜 광야에서 계속 살겠다고 한 것이었을까?

당시에 그 지역은 사막 지대가 아니었다고 한다. 구약 성경 시대에는 요르단 동편도 수풀이 우거진 산림 지대였다고 한다(민 32:4). 그러기 때문에 르우벤과 갓 지파가 그곳을 유업으로 달라고 요청했던 것이다.

에돔 족속이 수십만의 양떼를 거느린 이스라엘 사람들이 자기들 땅을 지나는 것을 원치 않았던 것도 그곳이 비옥한 지대였기 때문이다. 만일 황폐한 사막 지역이었면 굳이 지나가지 못하게 할 이유가 없었을 것이다.

가나안에 흉년이 들면 대개는 이집트로 양식을 구하러 내려갔다. 이집트에는 사시사철 흐르는 나일 강이 있었기 때문에 웬만한 가뭄에도 이집트는 끄떡하지 않았기 때문이다. 그런데 룻기에 나오는 나오미의 가정은 베들레헴에 흉년이 들자 모압으로 이민을 갔다. 모압은 지금의 요르단으로, 사해 동편에 자리 잡고 있는 고원 지대이다. 그리고 거의 사막으로 이루어져 있다. 그런데 그런 사막 지대로 양식을 구하러 갔다니, 무슨 말인가? 위에서 말한 대로, 그 당시에는 그곳이 사막이 아니었던 것이다. 평원 지대였던 것이다. 이렇게 요단 강 동편 지역(지금의 요르단)은 성경 시대에는 지금처럼 사막이 아니라 비옥한 산림 지대였다. 하지만 잦은 전쟁과 개간, 그리고 방목 등으로 인해 황폐하게 되었다고 한다.

이런 사실을 모르면 미디안 사람들이 사우디아라비아에서 이즈르엘 평야까지 곡식을 약탈하기 위해 해마다 올라왔던 사실을 설명할 때, 사우디아라비아나 요르단 모두 사막 지역이었기 때문에 미디안 족속들은 부득불 곡식을 얻기 위해 그 먼 이즈르엘 평야까지 올라와야만 했다고 엉뚱한 설명을 하게 될 것이다.

05

여호수아가 모세의 후계자가 되었을 때에 가장 두려워했던 것은?

이스라엘 백성들은 모세가 자기들을 이끌고 가나안까지 들어갈 줄로만 알았다. 그들은 모세가 없는 이스라엘을 상상도 할 수 없었다. 모세는 그들에게 절대적인 지지를 받고 있었고, 그들의 영웅이었다. 그들은 모세에 의해 40년 동안 '길들여진' 모세의 사람들이었다.

그런데 하나님이 모세의 리더십을 여호수아에게 이양하도록 하셨다. 요단강 앞에서 모세에게 "너는 여기까지다"라고 선언하셨던 것이다. 그리고 40년 동안이나 모세의 '시종'으로 살아왔던 여호수아가 '하나님의 종'이 되었다. 40년 동안 모세의 그늘에서 살아왔는데, 그래서 영원한 2인자로 남을 줄 알았는데, 모세의 후계자가 되어 제1인자의 자리에 오르게 된 것이다.

그때 여호수아의 심정이 어떠했을까? 드디어 영원한 2인자의 자리에서 벗어나게 된 것에 대해 기뻐했을까? 모세의 시종에서 벗어나 하나님의 위대한 종이 된 것이 기뻤을까? 아니다. 그는 불안과 두려움 가운데 있었다.

네 평생에 너를 능히 대적할 자가 없으리니 내가 모세와 함께 있었던 것같이 너와 함께 있을 것임이니라 내가 너를 떠나지 아니하며 버리지 아니하리니 강하고 담대하라 너는 내가 그들의 조상에게 맹세하여 그들에게 주리라 한 땅을 이 백성에게 차지하게 하리라 강하고 담대하라 두려워하지 말며 놀라지 말라 네가 어디로 가든지 네 하나님 여호와가 너와 함께하느니라 (수 1:5-9).

여호수아의 취임석상에서 하나님은 단 하나만 권면하셨다. 두려워하지 말라는 것이었다. 여호수아가 신이 나 있었다면 왜 하나님께서 그에게 거듭 반복해서 "두려워하지 말라"고 하셨겠는가?

그렇다면 여호수아는 무엇 때문에 두려워하고 있었던 것일까? 이스라엘 백성들은 가나안을 눈앞에 두고 있었다. 요단강을 건너기만 하면 가나안 땅에 들어가게 된다. 그러나 들어가기만 하면 되는 것이 아니었다. 거기에는 이미 그 땅을 차지하고 살아가고 있는 일곱 민족들이 있었다. 그들의 성벽은 하늘 끝까지 닿아 있었다. 거대한 아낙 자손들이 살고 있었다. 그래서 38년 전에 가나안에 쳐들어가는 것을 포기했던 것이다. 그런데 이제 그 땅을 쳐들어가서 정복해야 한다. 어떻게 여리고성을 무너뜨릴 수 있을까? 어떻게 거기에 살고 있는 민족들을 내쫓을 수 있을까? 어떻게 그 땅을 차지할 수 있을까? 이러한 여호수아의 심정을 헤아리시고 하나님이 "두려워하지 말라. 놀라지 말라. 내가 너와 함께 있겠다. 그 땅을 너에게 주리라"고 약속하셨던 것일까?

여호수아는 장군이었다. 전쟁에 능한 사람이었다. 전쟁을 두려워하는 사람이 아니었다. 그는 일찍이 가나안 정탐을 마치고 돌아와서 하나님께서 그 땅을 우리에게 주셨으니 당장 가나안으로 쳐들어가자고 했던 사람이다. 비록 가나안에 거대한 아낙 자손이 살고 그들의 성곽이 하늘을 찌르고 있지만 하나님이 함께하시면 그들은 우리의 밥이라고 했던 사람이다. 그는 하나님이 함께하시기 때문에 가나안을 넉넉히 정복할 수 있으리라고 확신했던 사람이다. 그의 말을 들었더라면 이스라엘은 38년 전에 가나안에 들어갔을 것이다. 여호수아는 하나님이 확실히 그 땅을 주실 것이라고 믿고 있었다. 가나안 정복에 대해 자신을 갖고 있었다. 조금도 두려워하지 않았다. 가나안 정복은 여호수아에게 아무 문제도 아니었다.

더군다나 이스라엘 백성은 지금까지 광야 40년을 지나오면서 치른 많은 전쟁에서 한 번도 져본 적이 없다. 바로 얼마 전에도 아모리 족속의 왕들을 처단하고 요단강 동편의 광대한 땅을 정복했다. 그리고 세 지파에게 나눠 주었다. 이스라엘 백성은 지금 사기가 충천해 있다. 빨리 요단강을 건너가 가나안을 정복할 날만을 학수고대하고 있다. 가나안이 강대하다고 하지만 군사력으로 보나 무엇으로 보나 가나안 정복은 사실 시간 문제였다.

여호수아는 8년 동안 가나안 정복 전쟁을 벌였다.

> 여호수아가 이같이 그 온 땅 곧 산지와 온 네겝과 고센 온 땅과 평지와 아라바와 이스라엘 산지와 평지를 점령하였으니 곧 세일로 올라가는 할락 산에서부터 헤르몬 산 아래 레바논 골짜기의 바알갓까지라 그들의 왕들을 모두 잡아 쳐죽였으며, 그때에 여호수아가 가서 산지와 헤브

론과 드빌과 아납과 유다 온 산지와 이스라엘의 온 산지에서 아낙 사람들을 멸절하고 그가 또 그들의 성읍들을 진멸하여 바쳤으므로 이스라엘 자손의 땅에는 아낙 사람들이 하나도 남지 아니하였고 가사와 가드와 아스돗에만 남았더라 이와 같이 여호수아가 여호와께서 모세에게 말씀하신 대로 그 온 땅을 점령하여 이스라엘 지파의 구분에 따라 기업으로 주매 그 땅에 전쟁이 그쳤더라 (수 11:16-17, 21-23).

이렇게 해서 여호수아가 정복한 성읍이 31개였다(수 12:7-24). 이들과의 전쟁 기록이 여호수아서에 나오는데, 이스라엘은 아이 성 전투에서 하나님의 진노를 사서 한 번 패배한 것 외에는 전승을 거두었다. 물론 하나님께서 승리하게 하신 것이지만, 이스라엘 백성들은 가나안 족속에 비하면 군사적으로 절대적인 우위를 차지하고 있었기 때문에 이런 승리를 거둘 수 있었다.

따라서 여호수아가 가나안 정복에 대한 부담을 가지고 있었기 때문에 하나님이 두려워하지 말라고 하셨던 것이 아니다. 그러면 여호수아가 두려워하고 있었던 것이 무엇일까?

자신이 개척해서 대형 교회, 그것도 보통 대형 교회가 아니라 초대형 교회를 이룬 목사님이 은퇴하면서 그 교회 후임자로 간 목사님이 있다고 하자. 그런 교회의 후임자가 된다고 하는 것은 엄청난 부담이 아닐 수 없을 것이다. '과연 내가 전임자처럼 교회를 잘 이끌 수 있을까? 전임자처럼 교회를 부흥시킬 수 있을까? 이런 교회에서 내가 충분히 리더십을 발휘할 수 있을까? 이 많은 교인들이 나를 잘 따라줄까? 전임자처럼 성공적인 목회를 할 수 있을까?'

이런 교회의 경우, 후임 목사가 와도 교인들에게는 여전히 전임목사가 그들의 목사로 남아 있을 것이다. 후임 목사가 무엇을 하든 전임자와 비교될 것이다. 후임 목사가 아무리 유능해도 전임 목사의 그늘에서 벗어나기가 쉽지 않을 것이다. 이것이 바로 모세와 여호수아의 관계였다. 더군다나 여호수아는 모세 밑에서 40년 동안 부목사를 하지 않았는가? 이런 경우 담임목사가 되어도 리더십을 발휘하기가 어렵다. 담임목사가 되었어도 교인들에게는 여전히 부목사로 남아 있기 때문이다. 여호수아가 갖고 있었던 문제는 바로 이런 문제였다.

"하나님, 저는 모세의 시종으로 40년이나 모세를 섬겼던 사람입니다. 그런 제가 어떻게 모세의 자리에 올라서 이스라엘 백성의 지도자가 될 수 있겠습니까? 백성들이 저를 리더로 인정해 줄 것이라고 생각하십니까? 이 백성이 모세를 따랐던 것처럼 저를 따를 것이라고 생각하십니까?"

하나님은 그의 이런 심정을 헤아리시고, 그에게 모세에게 주었던 권위와 능력을 주겠다고 하셨던 것이다. 여호수아를 모세처럼 만들어 주겠다고 하신 것이다. 이스라엘 백성들이 그를 모세처럼 대하게 만들어 주겠다고 하신 것이다. 그러니 두려워하지 말라는 것이었다.

하나님께서 요단강을 기적적으로 건너가게 하셨다. 요단강을 건너는 기적을 체험하게 하신 이유가 무엇인가? 두 가지 이유가 나온다. 하나는 하나님이 어떤 분인가를 보여주시기 위해서였다.

이는 땅의 모든 백성에게 여호와의 손이 강하신 것을 알게 하며 너희가 너희의 하나님 여호와를 항상 경외하게 하려 하심이라 하라 (수 4:24).

또 다른 이유는 여호수아를 위해서였다.

그날에 여호와께서 모든 이스라엘의 목전에서 여호수아를 크게 하시매 그가 생존한 날 동안에 백성이 그를 두려워하기를 모세를 두려워하던 것같이 하였더라 (수 4:14).

여호수아의 리더로서의 권위를 세워 주시기 위해, 이스라엘 백성들이 여호수아에게 순종하도록, 여호수아를 믿고 따르도록, 그가 하나님이 세우신 사람임을 이스라엘 백성들에게 확신시켜 주기 위해 요단강을 기적적으로 건너는 체험을 하게 하셨던 것이다. 새로 이스라엘의 리더가 된 여호수아에게 지금 무엇이 가장 필요한지 하나님은 알고 계셨던 것이다. 그래서 그를 높여 주시기 위해 요단강이 갈라지는 기적을 여호수아를 통해서 이루셨던 것이다.

여호수아가 모세의 뒤를 이어받게 되었을 때에 이스라엘 백성들도 그에게 두려워하지 말라고 하면서 이렇게 약속하고 있다.

당신이 우리에게 명령하신 것은 우리가 다 행할 것이요 당신이 우리를 보내시는 곳에는 우리가 가리이다 우리는 범사에 모세에게 순종한 것같이 당신에게 순종하려니와 오직 당신의 하나님 여호와께서 모세와 함께 계시던 것같이 당신과 함께 계시기를 원하나이다 누구든지 당신의 명령을 거역하며 당신의 말씀을 순종하지 아니하는 자는 죽임을 당하리니 오직 강하고 담대하소서 (수 1:16-18).

이스라엘 백성들도 여호수아가 지금 무엇을 걱정하고 있는지, 무엇을 두려워하고 있는지 잘 알고 있었다. 그래서 여호수아에게 그의 리더십을 인정하고 존중하고 그를 지도자로 섬기고 따를 테니 두려워하지 말라고 했던 것이다. 그것이 바로 여호수아가 백성들에게 가장 듣고 싶었던 말이 아니었겠는가?

06

사울 왕이 하나님께 버림받은 진짜 이유는?

사울 당시 이스라엘은 아직 나라가 안정되지 못했다. 그런데 블레셋 족속이 쳐들어왔다. 나라가 풍전등화의 위기에 놓이게 되었다. 블레셋 족속이 쳐들어오자 "이스라엘 사람들이 위급함을 보고 절박하여 굴과 수풀과 바위 틈과 은밀한 곳과 웅덩이에 숨으며 어떤 히브리 사람들은 요단을 건너 갓과 길르앗 땅으로" 도망갔다(삼상 13:6-7).

사울 왕은 빨리 전열을 정비하여 블레셋과 싸우러 나가야 했다. 그런데 사무엘은 자기가 와서 제사를 드리겠다고 약속을 해놓고는 나타나지 않는 것이었다. 사울은 더 이상 기다릴 수 없었다. 그는 "부득이하여" 자신이 번제를 드렸다(삼상 13:12). 그런데 얄궂게도 그가 번제와 화목제사를 드리자마자 사무엘이 나타났다. 그리고 사울에게 하나님께서 그를 버리셨다고 선언하는 것이 아닌가?

사실 모든 문제의 발단은 사무엘에게 있는 것 아닌가? 사무엘이 약속을 해놓고는 나타나지 않아서 '부득이' 사울이 제사를 드린 것 아닌가?

또 사울은 왕으로서 나라를 구하기 위해 전쟁에 나가야 했다. 하나님께 제사를 드리지 않고 그냥 나갈 수도 있었다. 그러나 그는 그래도 제사는 드리고 나가야 된다고 생각했다. 그러나 제사 드릴 사람이 오지 않으니 자신이라도 제사를 드려야겠다고 생각하고 하나님께 제사를 드린 것인데, 그것이 뭐가 그렇게 잘못된 것일까?

우리는 이렇게 들어왔다.

"제사는 아무나 드릴 수 없게 되어 있다. 오직 제사장만이 드릴 수 있다. 사울은 왕이지 제사장이 아니었다. 그렇기 때문에 그가 제사를 드린 것은 월권행위였다. 왕이라고 뭐든 다 할 수 있다고 생각한 것 자체가 큰 죄이다. 왕이 제사장의 역할을 한다고 하는 것은 하나님에 대한 심각한 도전이다. 율법을 크게 범하는 것이다. 사울은 바로 그런 죄를 범했다. 그래서 하나님에게 버림을 받게 된 것이다. 제사를 경홀히 여겨서 결국은 하나님에게 버림을 받게 된 것이다."

정말 그럴까? 다시 한 번 생각해 보자. 사무엘은 자기가 와서 제사를 드리겠다고 했다. 사무엘이 누구인가? 그의 어머니 한나는 아이를 낳지 못하던 여인이었으나, 하나님께서 그녀의 기도를 들으시고 태의 문을 열어 주셔서 사무엘이 세상에 나오게 되었다. 어려서부터 성전에서 엘리 제사장 밑에서 자란 사무엘은 이스라엘의 지도자가 되었다. 그는 예언자였다. 그리고 모든 이스라엘 사람들에게 존경받는 지도자였다. 사울과 다윗을 왕으로 기름 부어 세운 사람도 사무엘이다.

그러나 그는 제사장은 아니었다. 사무엘이 레위 지파였는지(대상 6:26-27), 아니면 에브라임 지파였는지는(삼상 1:1) 확실하지 않다. 레위 지파였다고 하더라도 제사장이 되려면 아론의 계열이어야 했다. 그러나 사무엘은 아론의 계열이 아닌 고핫 자손이었다(대상 6:26-27, 34-35). 그렇기 때문에 사무엘의 선조와 후손들은 회막 앞에서 찬송하거나 회막 일을 도왔다(대상 6:48). 따라서 사무엘은 제사장이 될 수 없는 사람이었다.

그런데 그는 제사를 드렸다. 우리가 잘 아는 '미스바 성회'에서 제사를 드렸다(삼상 7:9). 사실 그것은 중대한 죄였다. 율법에 따라 제사장만이 하나님께 제사를 드릴 수 있었기 때문이다. 그러나 하나님은 그가 제사를 드린 것에 대해 눈감아(?) 주셨다. 사울이나 사무엘이나 둘 다 제사장이 아니다. 그런데 사무엘은 제사를 드려도 괜찮고 사울은 제사를 드리면 안 되는가?

다윗은 어떤가? 다윗도 사울처럼 왕이다. 제사장이 아니었다. 그런데 법궤가 돌아왔을 때 제사장만 입을 수 있는 에봇을 입고 제사를 드렸다(삼하 6:13-17). 사울처럼 중대한 범죄를 저지른 것이다. 그런데 아무 일도 없었다. 하나님께서는 그 일로 다윗에게 벌을 내리시거나, 예언자를 통해 책망하시거나, 사울처럼 버리지 않으셨다. 제사장이 아닌 사울이 제사를 드렸다는 이유로 그를 버리셨다면 다윗도 버리셔야 하는 것 아닌가? 그런데 하나님은 다윗에게 오히려 "내 마음에 합한 자"라고 하셨다. 편애하시는 하나님이신가? 야곱은 사랑하고 에서는 미워하셨다고 했는데, 그래서 사울은 버리시고 다윗은 눈감아 주셨던 것일까?

다윗은 제사장이나 들어갈 수 있는 성소에 들어가 거기에 있는 진설병을 먹었다. 이것은 정말 있을 수 없는 일이다. 돌에 맞아 죽을 짓을 한 것이다. 그런데 왜 아무런 일도 없었을까? 하나님이 다윗을 편애하셔서 다윗은 무슨 잘못을 해도 그냥 다 넘어간 것일까?

둘 중에 하나다. 하나님이 사울은 미워하셔서 그가 죄를 범할 때는 그의 죄를 추궁하시고 다윗이나 사무엘은 하나님이 사랑하시기 때문에 그들이 무슨 죄를 짓더라도 다 용서해 주신 것이든지, 아니면 사울이 버림받은 이유가 제사를 드린 것과는 아무 관련도 없는 것일 것이다.

사울이나 다윗 시대에는 아직 성전 제도가 확립이 되지 않았다. 솔로몬 시대에 가서야 성전이 세워지면서 레위기의 제사법이 그대로 시행되었으며 성전 제도가 확립되었다. 그 전까지는 율법으로는 금하고 있었지만 제사장이 아니더라도 제사를 드렸으며 성전이 아닌 곳에서도 제사를 드렸다. 그래서 기드온 같은 사사도 제사를 드렸다(삿 6:25-28).

그렇다면 사울이 하나님에게 버림받은 이유는 무엇일까?

> 왕이 왕의 하나님 여호와께서 내리신 명령을 지키지 아니하였도다 그리하였더면 여호와께서 이스라엘 위에 왕의 나라를 영원히 세우셨을 것이거늘 (삼상 13:13).

하나님이 그에게 무슨 명령을 내리셨던 것일까? 사무엘은 사울에게 자신이 내려가서 제사를 드릴 테니 그가 갈 때까지 기다리라고 했다. 그러나 사울은 기다리다 못해 자신이 제사를 드렸다. 이것이 문제가 된 것이다. 하나님께서 사무엘에게 "네가 가서 내게 제물을 바치거라" 하셨고, 사무엘은 그 사실을 사울에게 전했다. 그런데 사울이 그 명령을 어기고 자신이 제사를 드렸던 것이다. 사울이 버림받은 이유는 그가 제사장이 아닌데도 제사를 드렸기 때문이 아니라, 하나님의 말씀을 지키지 않았기 때문이다. 다시 말해 그의 불순종 때문에 버림을 받게 된 것이다.

사울이 하나님에게 버림받은 이유가 하나 더 있다. 사울이 신접한 여인을 통해 사무엘을 불러 올렸을 때, 사무엘이 이렇게 말한다.

> 여호와께서 나를 통하여 말씀하신 대로 네게 행하사 나라를 네 손에서 떼어 네 이웃 다윗에게 주셨느니라 네가 여호와의 목소리를 순종하지 아니하고 그의 진노를 아말렉에게 쏟지 아니하였으므로 여호와께서 오늘 이 일을 네게 행하셨고 (삼상 28:17-18).

아말렉과의 전투에서 사람이든 짐승이든 하나도 남기지 말고 다 진멸하라고 하나님이 명령하셨다. 그러나 사울은 좋은 양과 소를 진멸하기가 아까웠기에 그것을 전리품으로 끌고 왔다. 그리고 발각되자 하나님께 제사를 드리려고 가져왔노라고 변명했다. 그때 나온 유명한 말이 있다.

> 순종이 제사보다 낫고 듣는 것이 숫양의 기름보다 나으니 (삼상 15:22).

이 일로 인해 사울은 이런 선고를 받는다.

> 왕이 여호와의 말씀을 버렸으므로 여호와께서도 왕을 버려 왕이 되지 못하게 하셨나이다 (삼상 15:23).

결론은, 사울이 하나님에게 버림받은 것은 그가 드린 제사와는 아무런 관계가 없다는 것이다. 그가 버림받은 이유는 그가 제사법을 어겼기 때문이 아니라 하나님의 말씀에 불순종했기 때문이다.

07

다윗은 왜 법궤를 오벧에돔의 집에 보관하게 했던 것일까?

블레셋과의 전쟁에서 빼앗겼던 법궤가 다시 돌아오게 되었다. 법궤가 가는 곳에 재앙이 일어났기 때문에 이스라엘에 다시 돌려보냈던 것이다. 그러나 이스라엘로 돌아온 법궤는 성소에 안치되지 않았다. 실로의 성소가 블레셋에 의해 불타 없어지고 말았기 때문이다. 사울왕은 이에 대한 조처를 취하지 않고 내버려두었다. 그래서 법궤는 오갈 데 없이 아미나답 제사장의 집에서 20여 년 동안 보관되었다.

다윗은 왕위에 오르자 아미나답의 집에 방치되었던 법궤를 예루살렘으로 가져오기로 하고 웃사를 통해 법궤를 운반하도록 했다. 마차에 법궤를 싣고 오다가 그만 소가 날뛰는 바람에 법궤가 땅에 떨어지려고 하자 웃사는 순간적으로 법궤를 받아서 땅에 떨어지는 것을 막았다. 그러나 웃사는 그 자리에서 즉사하고 말았다. 법궤는 절대로 손을 대지 못하게 되어 있었다. 그러나 그렇다고 해서 법궤를 땅에 떨어지도록 내버려둘 수는 없는 노릇 아닌가? 만일 그렇게 했더라면 하나님의 진노가 임했을지도 모른다.

어떤 이는 웃사가 경거망동하게 행동했기 때문에 급사를 당하게 된 것이라고 한다. 그러나 만일 웃사가 자신의 안전을 위해 법궤가 땅에 떨어지도록 내버려두었다면 어떤 일이 일어났을까? 그리고 그의 행동에 대하여 어떻게 말할지 궁금하다. 아마도 웃사는 거룩한 법궤를 만짐으로 자신이 죽을지도 모른다는 사실을 알고 있었을 것이다. 그렇지만 법궤가 땅에 떨어지는 것을 두고볼 수는 없었을 것이다. 그는 생명의 위협을 무릅쓰고 법궤를 지켜낸 것이었다.

그렇다면 왜 하나님은 무정하게 법궤를 손으로 만졌다는 이유만으로 웃사를 죽이셨을까? 문제는 웃사가 떨어지는 법궤를 손으로 받은 것이 아니라 법궤를 마차에 실어서 운반한 것 자체가 큰 잘못이었다. 법궤는 법궤를 맡은 레위인들이 어깨에 메고 운반하도록 율법에 규정되어 있다. 그런데 마차에 싣고 소가 끌고 가도록 했다. 그래서 하나님이 크게 진노하셨던 것이다(대상 15:13). 웃사가 죽은 책임은 제사장 아미나답과 다윗에게 있다고 해야 할 것이다.

이런 일이 일어나자 다윗은 법궤를 예루살렘으로 운반해가는 계획을 취소한다. 그리고 자기 집에 모시는 대신 오벧에돔의 집에 보관하도록 했다(삼하 6:10-11). 웃사가 죽는 것을 보고 다윗은 법궤를 잘못 다루다 재앙이라도 임할까 두려워서 법궤를 자기 집으로 모셔가기를 꺼렸던 것이다.

오벧에돔은 가드 사람이었다. 가드는 블레셋의 한 도시였다. 그곳 출신으로 우리가 아주 잘 알고 있는 사람이 있다. 블레셋 장군 골리앗이다. 그러면 오벧에돔이 이방인이었다는 말이 되는데, 이것이 사실이라면 다윗은 엄청난 죄를 저지른 것이다. 어떻게 법궤를 이방인에게 맡길 수 있단 말인가? 있을 수 없는 일이다. 그리고 법궤가 가는 곳마다 재앙이 생겨서 블레셋 사람들이 법궤를 돌려보낸 것 아닌가? 그런데 자진해서 블레셋 사람이 다시 법궤를 가져간다는 것은 있을 수 없는 일이다. 여기에서 우리는 오벧에돔은 이방인이 아니었다는 사실을 알 수 있다.

율법에 따르면 법궤는 레위 자손 가운데서도 고핫 자손이 돌보도록 규정하고 있다. 고핫 자손에게 법궤를 보관하고 운반하고 돌보는 책임이 주어져 있었다(민 3:29-31). 오벧에돔은 고핫 자손이었다(대상 26:1, 4). 그는 고라의 후손으로서 그의 자녀들은 성전 문지기로 일했다.

이방인이었던 오벧에돔이 법궤를 자신의 집에 보관했기 때문에 하나님의 축복을 받게 되었고 나중에 그의 자녀들이 성소의 문지기 일까지 맡게 되었다고 하는 설교를 가끔 듣는다. 넌센스다. 성소에서 일하는 사람은 율법에 따라 정해져 있었다. 레위의 후손들만이 성소에서 일할 수 있었다. 절대로 다른 지파는 성소의 일을 맡을 수 없었다.

오벧에돔은 원래 레위인이었다. 고라의 자손이었다. 고핫의 자손이었다. 그렇기 때문에 성소에서 문지기로 일할 수 있었던 것이다. 그리고 바로 그런 이유로 다윗이 법궤를 그의 집에서 보관하도록 했던 것이다. 그렇게 하는 것이 율법의 규정에 합당한 것이었기 때문이다.

법궤가 오벧에돔의 집에 모셔져 있을 때 하나님은 그 집에 복을 주셨다. 그것은 법궤가 그곳에 있는 것을 하나님이 기뻐하신다는 표시였다. 우리는 다윗이 버리고 간 법궤를 오벧에돔이 보관했기 때문에 하나님이 복을 주신 것이라고 생각하는데, 그가 합법적으로 법궤를 보관하고 있었기 때문에 그에게 복을 주신 것이지, 다른 사람들이 다 내버리고 돌보지 않는 법궤를 자기 집에 모셔갔기 때문에 복을 주신 것이 아니다.

하나님은 하나님이 원하시는 대로 할 때 기뻐하신다. 그리고 하나님의 방법대로 할 때 기뻐하신다. 이것이 바로 웃사 사건이 우리에게 말해 주는 메시지이다. 부적처럼 법궤를 집에 모셨다고 해서 복을 받은 것이 아니다.

만일 오벧에돔이 법궤를 집에 모셔서 복을 받은 것이었다면, 엘리의 두 아들이 법궤를 전쟁터로 옮겼을 때 크게 승리했어야 할 것이다. 그러나 대패하지 않았는가? 왜 그랬을까? 법궤는 법궤가 있어야 할 자리에 있어야 한다. 그래야 하나님이 기뻐하신다. 피비린내 나는 전쟁터에 법궤가 있는 것을 하나님은 기뻐하시지 않았던 것이다. 이 일 후에 실로는 블레셋에 의해서 완전히 불타 없어지게 된다. 성막도 불타고 만다. 이렇게 해서 270여 년 동안 성막이 자리잡고 있던 실로는 역사 속에서 사라지게 된다. 성막과 더불어 성막을 지키던 엘리의 가문도 비운에 처하게 된다. 가문이 끊어지고 말았다.

후에 다윗은 법궤를 오벧에돔의 집에서 예루살렘으로 가져간다. 그 때는 레위인들로 하여금 법궤를 메고 가게 했다(대상 15:2, 25-29). 법궤를 예루살렘으로 옮긴 후 오벧에돔은 큰 상급을 받게 된다. 성전에서 오벧에돔의 후손들이 법궤를 지키는 일을 맡게 된 것이다(대상 15:24).

그렇다면 이런 오벧에돔을 왜 가드 사람이라고 소개한 것일까? 아마 오벧에돔을 '가드 사람'(the Gittite)이라고 소개한 것은 그가 단 지파의 경계 안에 있던 레위인의 성읍인 가드 림몬(Gath Rimmon)에서 출생했기 때문인 것으로 보인다(수 19:45; 21:20-24).

08

솔로몬은 왜 일천번제를 성막이 아니라 산당에서 드렸을까?

고대에는 산당은 모두 높은 곳에 위치하고 있었다. 높은 곳(산)을 신성시했던 것이다. 기브온은 "높은 언덕"이라는 뜻이다. 그곳에 가장 큰 산당이 있었다.

> 그들의 자녀가 높은 언덕 위 푸른 나무 곁에 있는 그 제단들과 아세라들을 생각하도다 (렘 17:2).

산당은 성전이 아니다. 이방인들이 우상을 숭배하는 곳이다. 그런 곳에서 일천번제를 드리다니, 어떻게 된 것인가? 하나님께 드리는 제사라면 당연히 성전에서 드려야 하는 것 아닌가?

> 너희가 쫓아낼 민족들이 그들의 신들을 섬기는 곳은 높은 산이든지 작은 산이든지 푸른 나무 아래든지를 막론하고 그 모든 곳을 너희가 마땅히 파멸하며, 오직 너희의 하나님 여호와께서…택하신 곳인 그 계실

곳으로 찾아 나아가서 너희의 번제와 너희의 제물과 너희의 십일조와 너희 손의 거제와 너희의 서원제와 낙헌 예물과 너희 소와 양의 처음 난 것들을 너희는 그리로 가져다가 드리고 (신 12:2, 5-6).

하나님께서는 산당에서 제사를 드리지 말고 성전(성소)에서 제물을 드리라고 명령하셨다. 그런데 왜 솔로몬은 성전에서 일천번제를 드리지 않고 산당에서 제물을 드린 것일까? 솔로몬이 일천번제를 드릴 때에는 아직 성전이 없었다. 그러면 성막에서 드리면 되지 않는가? 이스라엘은 가나안에 들어왔을 때 성막을 실로에 설치했다. 그래서 한나도 절기가 되면 해마다 그곳에 올라갔던 것이다. 그리고 그 성막에서 기도하다가 아이를 잉태하게 된 것이다.

실로는 베델에서 세겜에 올라가는 중간쯤에 위치하고 있다. 성막이 실로에 세워졌기 때문에 실로는 이스라엘의 영적인 센터가 되었다. 그리고 실제로 이스라엘 열두 지파의 수도 역할을 했다. 그렇게 실로에 성막이 380여 년 간 머물러 있었다. 그러다가 다윗과 솔로몬 시대에 예루살렘으로 성소가 옮겨가게 된다. 처음부터 성소(성막)가 예루살렘에 있었던 것이 아니었다(다윗 시대에 가서야 예루살렘을 정복했다).

결국 실로에 있던 법궤를 블레셋에게 빼앗기게 된다. 법궤는 여기저기 돌아다니다가 이스라엘로 돌아오지만, 사울은 그 법궤를 잘 보관하지 않았다. 법궤에 대해 관심이 없었다. 그래서 개인 집에서 오랫동안 머물다가 다윗에 의해 예루살렘으로 돌아오게 되었다. 성막이 실로에 있었는데, 왜 법궤를 실로가 아니라 예루살렘으로 가져왔던 것일까? 다윗 궁이 그곳에 있었기 때문일까?

그러므로 내가 실로에 행함 같이 너희가 신뢰하는 바 내 이름으로 일컬음을 받는 이 집 곧 너희와 너희 조상들에게 준 이곳에 행하겠고 (렘 7:14).

실로에 무슨 일이 있었던 것일까? 블레셋은 법궤를 빼앗아간 뒤 얼마 후 실로의 성막까지 불태워버렸다. 예레미야는 하나님이 그렇게 하신 것이라고 선포하고 있다. 이렇게 해서 (원래의) 성막이 사라져 버렸다. 70년에 로마에 의해 예루살렘 성전이 무너졌듯이, 실로에 있던 성소도 불타버리고 말았다.

다윗은 불타버린 장막을 기브온에 다시 만들었다. 그리고 원래부터 있었던 놋 제단을 실로에서 가져다 거기에 두었다. 솔로몬이 기브온 산당에 가서 일천번제를 드린 것은 그곳에 성막과 놋 제단이 있었기 때문이다(대하 1:6; 대상 16:39-40).

솔로몬이 일천번제를 드리기 위해 양 1천 마리를 구하는 것은 그렇게 어려운 일이 아니었을 것이다. 문제는 흠 없는 양을 바쳐야 하는데, 흠 없는 양 1천 마리를 구하는 것은 쉬운 일이 아니었을 것이다. 그 당시 베들레헴에서는 양을 많이 쳤는데, 그 양들은 대부분 성전에서 제물로 드려질 양들이었다. 그 이유는 베들레헴이 성전에서 가까운 곳에 위치하고 있기 때문이다. 제물로 바치는 양들은 흠이 없어야 했다. 먼 곳에서부터 양들을 끌고 오면, 오는 가운데 상처도 나고 더럽혀지고, 흠이 생길 수 있다. 그렇기 때문에 예루살렘에서 가까운 베들레헴에서 치는 양들을 제물로 바쳤던 것이다. 솔로몬도 베들레헴에서 가져온 양들을 제물로 바쳤을 것이다.

기브온 산당의 우물

제물을 바칠 때는 먼저 깨끗이 씻어야 한다. 베들레헴에서부터 양들을 끌고 왔기 때문에 많이 더럽혀졌을 것이다. 제물을 바치기 전에는 먼저 물로 씻는 정결예식을 행해야 했다. 일천 마리의 양들을 다 어떻게 씻었을까? 이스라엘에 물이 귀한 것은 다 잘 알고 있다. 그런데 기브온에는 큰 우물이 있었다(삼하 2:13). 지름이 9미터, 깊이가 45미터나 된다. 중동에서 가장 큰 우물로 알려져 있다. 나선형 계단을 타고 내려가 물을 길러오게 되어 있으며, 주전 12세기경부터 있었다. 고대에는 동네 크기가 우물 크기에 비례했다. 이만한 우물이 있었다고 하는 것은 기브온이 상당히 큰 성읍이었음을 말해준다. 이런 우물이 있었기에 솔로몬이 기브온 산당에서 일천번제를 드릴 수 있었던 것이다.

09

엘리사는 왜 나아만 장군이 찾아왔을 때 나와 보지도 않았는가?

시리아의 사성장군 나아만이 나병에 걸려서 엘리사를 찾아갔다. 나아만은 엘리사가 정중하게 예를 갖추고 자신을 영접해 주리라고 생각했다.

> 그가 내게로 와서 그의 하나님 여호와의 이름을 부르고 그의 손을 그 부위 위에 흔들어 나병을 고칠까 하였도다 (왕하 5:11).

그러나 그는 '코빼기'도 보이지 않고, 시종을 내보냈다. 그리고 이렇게 말한다.

> 엘리사가 사자를 그에게 보내 이르되 너는 가서 요단 강에 몸을 일곱 번 씻으라 네 살이 회복되어 깨끗하리라 하는지라 (왕하 5:10).

이에 나아만은 대노하게 된다.

다메섹 강 아바나와 바르발은 이스라엘 모든 강물보다 낫지 아니하냐 내가 거기서 몸을 씻으면 깨끗하게 되지 아니하랴 하고 몸을 돌려 분노하여 떠나니 (왕하 5:12).

자존심이 구겨질 대로 구겨졌다. 자신에 대한 모독으로 여겼다. 그는 돌아가려고 했다. 그러나 신하들의 만류로 참았다.

그의 종들이 나아와서 말하여 이르되 내 아버지여 선지자가 당신에게 큰 일을 행하라 말하였더면 행하지 아니하였으리이까 하물며 당신에게 이르기를 씻어 깨끗하게 하라 함이리이까 하니 (왕하 5:13).

나아만은 할 수 없이 분을 삭이고 엘리사가 시킨 대로 했다.

나아만이 이에 내려가서 하나님의 사람의 말대로 요단 강에 일곱 번 몸을 잠그니 그의 살이 어린 아이의 살 같이 회복되어 깨끗하게 되었더라 (왕하 5:14).

그후 엘리사가 나아만에게 나타난다. 나아만이 그에게 엎드려 감사를 표하고 떠난다.

나아만은 시리아의 사성장군이었다. 왕의 친서까지 들고 이스라엘을 찾아왔다. 국사 자격으로 이스라엘을 찾아온 것이다. 그런데 왜 엘리사는 나아만이 찾아왔을 때 그를 영접하지 않았는가? 왜 나가 보지도 않았는가? 왜 최소한의 예의도 갖추지 않았는가?

'당신이 사성장군이면 사성장군이지 내가 당신을 두려워할 줄 아느냐? 나는 하나님의 사람이다. 하나님의 사람인 내가 당신에게 굽실댈지 아느냐? 당신이 아쉬워서 나를 찾아온 것이지 나는 당신에게 하나도 아쉬울 것이 없다. 사성장군이라고 해서 내가 당신을 특별 대우할 줄로 생각하느냐? 그렇다면 오산이다. 나는 그 누구도 두려워하지 않는다. 그 누구도 특별 대우를 하지 않는다. 나에게 특별 대우 받을 생각을 하지 말라.' 이러한 마음 때문에 나아만을 영접하지 않은 것일까?

아니면 "말들과 병거들을 거느리고"(왕하 5:9) 위풍당당하게 그를 찾아온 나아만이 눈꼴 사나워서 그를 영접하지 않은 것인가?

'당신이 진정 고침을 받고 싶다면 겸손해야 한다. 그렇지 않으면 나는 당신을 고쳐 주지 않을 것이다.' 이러한 마음으로 나아만이 겸손하게 그에게 나아와 무릎 꿇고 사정하기를 기다리면서 엘리사가 그를 영접하지 않은 것인가?

만일 나아만이 신하들의 만류를 뿌리치고 그냥 돌아갔더라면, 그는 돌아가자마자 10만 대군을 이끌고 이스라엘에 쳐들어와 이스라엘을 쑥대밭으로 만들어놓았을 것이다. 만일 그런 일이 일어났다고 하면 엘리사는 엄청난 실수를 저지른 것이 되고 만다. 엘리사가 이런 사실을 모르고 괜한 자존심을 부렸던 것일까?

아니다. 엘리사가 나아만을 만나지 않았던 데는 이유가 있었다. 위에서 여러 성경 구절들을 인용했다. 거기에 공통적으로 나오는 단어가 있다. 바로 '깨끗하다' '깨끗하게 되다'이다. 나아만이 나병에 걸렸다. 그래서 '깨끗하게' 되기 위해 엘리사를 찾아왔다. 엘리사는 '깨끗하게' 되려면 요단강에 일곱 번 들어가라고 했다. 나아만은 요단강에 들어가 몸을 '씻는다'고 해서 '깨끗하게' 된다는 것이 말이 되느냐고 반문한다. 그리고 돌아자려고 한다. 이에 신하들이 말리면서 '깨끗하게' 될 수만 있다면 일곱 번이 아니라 칠백 번이라도 요단강에 들어가셔야 마땅하다고 설득을 한다. 나아만은 요단강에 들어간다. 그리고 마침내 '깨끗하게' 되었다.

'깨끗하다'로 번역된 히브리어는 'taher'이다. 이 단어는 실제적인 정결함뿐만 아니라 도덕적인 정결함과 제의적인 정결함을 모두 포함하는 말이다. 레위기의 정결법에 나오는 핵심적인 단어는 '정결'이다. 바로 이 단어가 taher이다.

레위기에 따르면 대표적인 부정이 나병이다. 나아만은 제의적으로 부정케 된 사람이다. 나병에 걸린 사람은 부정한 사람이다. 그래서 다른 사람과 접촉할 수 없다. 접촉하게 되면 그 사람의 부정이 다른 사람에게 옮겨가기 때문이다. 그는 나병에서 완전히 낫기 전까지는 누구도 접촉할 수 없다. 격리 생활을 해야 한다. 그리고 나병이 완전히 나은 다음 제사장에게 확인을 받아야 다시 정상적인 삶으로 돌아갈 수 있었다.

나아만은 바로 이런 나병에 걸렸던 사람이다. 그러기 때문에 엘리사는 그를 만날 수 없었다. 교만해서가 아니고, 자존심을 지키기 위해서가 아니고, 상대방에게 모욕을 주기 위해서도 아니고, 정결법을 지키기 위해서 그를 만나지 않았던 것이다. 더군다나 그는 일반 사람이 아니고 예언자였다. 그렇기 때문에 정결법을 어길 수가 없었던 것이다. 엘리사는 나아만이 '깨끗하게' 된 후에 그를 만난다. 왜냐하면 깨끗하게 되었기 때문에 만날 수 있었던 것이다.

나아만 장군의 이야기에 '깨끗하다'는 단어가 반복해서 강조되고 있는데, 이 사실을 간과해서는 안 된다. 이 이야기는 '정결법'의 관점에서 이해되어야 한다. 그리고 그런 맥락에서 엘리사의 행동도 이해되어야 한다.

10

눈물을 흘리며 씨를 뿌리는 사람도 있을까?

눈물을 흘리며 씨를 뿌리는 자는 기쁨으로 그 단을 거두리로다 (시 126:5).

눈물을 흘리며 씨를 뿌리는 사람이 있을까? 그런 사람은 없을 것이다. 이 구절은 "땀을 흘리며 씨를 뿌리는 자는 기쁨으로 거두리로다"로 고쳐야 맞는 것 아닌가? 씨를 뿌리는데 땀도 아니고 왜 눈물을 흘릴까? 힘이 든다면 땀을 흘려야 할 텐데 말이다. 씨 뿌리는 일이 슬픈 일이라면 눈물을 흘릴 수 있겠지만, 씨를 뿌리는 일은 슬픈 일이 아니라 기쁜 일이다. 이제 그가 뿌린 씨앗들이 앞으로 30배, 60배, 100배로 결실을 맺을 텐데, 왜 우는가? 울 이유가 없지 않는가? 미래를 위해서 희망의 씨앗을 뿌리는데 왜 우는가? 오히려 웃으면서 노래하면서 즐겁게 씨를 뿌려야 하는 것 아닌가?

그런데 왜 시편 기자는 울면서 씨를 뿌린다고 했을까? 잘못 번역한 것은 아닐까? 씨를 뿌려서 확실하게 30배, 60배, 100배 결실을 맺을 수 있다면 노래를 부르면서 즐겁게 씨를 뿌릴 수 있을 것이다. 그런데 지금 시편 기자는 그런 상황이 아니다. 씨를 뿌릴 수도 없고 그렇다고 안 뿌릴 수도 없는 그런 처지다.

브엘세바라고 하는 곳이 있다. 성경을 보면 "단에서 브엘세바까지"라는 표현이 많이 나온다(삿 20:1; 삼상 3:20; 삼하 3:10). 가나안을 가리킬 때 그런 표현을 하는데, 이 말은 가나안에서 사람이 살 수 있는 지역을 표현하는 말이다. 사람이 살 수 있는 최북단이고, 최남단은 브엘세바라는 뜻이다. 브엘세바 남쪽으로는 사람이 살지 못한다. 네게브 광야이기 때문이다. 브엘세바는 사람이 살 수 있는 남방한계선이다.

사람이 살아가기 위해서는 최소한 비가 1년에 200mm는 내려야 하는데, 브엘세바는 그 정도밖에 비가 오지 않는다. 농사를 겨우 지을 정도밖에 안 되는 것이다. 비가 조금이라도 덜 오게 되면 씨 뿌린 것이 다 말라 버려 허사가 되고 만다. 가라시반 열리게 된다. 흉년이 들게 되는 것이다. 씨를 뿌려도 거둔다는 보장이 없다. 그러니 씨를 뿌려야 할지 말아야 할지 고민이 되는 것이다. 먹고 살기도 어려운데, 보릿고개를 넘겨야 하는데, 먹을 것이라곤 씨 뿌리려고 남겨둔 씨앗밖에 없는데, 그것을 먹어야 할지 아니면 뿌려야 할지 고민이 되는 것이다.

그러나 씨를 안 뿌릴 수가 없지 않는가? 굶더라도 씨는 뿌려야 한다. 안 뿌리면 내년에는 거둘 것이 없기 때문이다. 그러면 다 굶어죽게 되기 때문이다. 그런데 씨를 뿌리면서도 마음이 무겁다. 씨를 뿌리긴 뿌리는데, 그것이 허사가 될 수도 있기 때문이다.

우리나라 상황에서 본다면 씨를 뿌리면서 '이것이 열매를 맺을까?'

베두인이 광야에서 추수를 하고 있다.

하고 걱정하는 사람은 아무도 없다. 그러나 이스라엘은 상황이 다르다. 비가 조금이라도 덜 오면 그 해 농사는 다 망한다. 그러니 가슴 졸이면서, 기도하면서 씨를 뿌려야만 했던 것이다. 그렇게 가슴 졸이면서 눈물을 삼키면서 씨를 뿌렸는데, 감사하게도 하나님이 때를 따라 적당한 비를 내려 주셔서 기쁨으로 단을 거두게 되었던 것이다.

씨를 뿌렸는데 하나도 거두어들이지 못한 때도 많았다. 그러나 그래도 씨를 뿌렸다. 그랬더니 기쁨으로 단을 거두게 해주셨다. 씨앗은 어떤 일이 있어도 뿌려야 한다. 확신이 없어도, 씨 뿌린 것이 30배, 60배, 100배로 결실을 맺으리라는 보장이 없다고 할지라도 씨를 뿌려야 한다. 작년에 씨를 뿌렸는데 추수를 못했다. 그렇다고 해서 올해 씨를 뿌리지 않으면 그 사람은 내년에 추수하지 못할 확률이 100%이다.

기도의 씨앗을 뿌렸는데, 기도 응답의 열매를 거두지 못했던 때가 있는가? 그래도 기도의 씨앗을 계속 뿌려야 한다. 그래야 기도 응답의 열매를 거둘 수 있다.

십일조 생활을 잘 하고 있는데도 창고가 채워지지 않고 있다. 창고가 점점 비어 가고 있다. 어떻게 해야 하는가? 그럼에도 불구하고 계속 십일조의 씨앗을 뿌려야 한다.

시편 기자처럼 추수에 대한 보장이 없어도, 내가 지금 뿌리고 있는 것이 결실을 맺을지 못 맺을지 몰라도, 씨앗은 뿌려야 한다. 그러면 하나님은 반드시 결실을 맺게 해 주실 것이다.

강원도 산골 깊은 곳에 한 사람이 살고 있었는데, 먹을 것이 없어서 그만 굶어서 죽고 말았다. 베개를 벤 채로 죽었는데, 베개 안에 옥수수 씨앗이 들어 있었다고 한다. 이 씨앗은 생명이다. 먹을 것이 없다고 씨앗마저 먹어버리면 어떻게 되겠는가? 당장은 배가 부를지 몰라도, 봄에 뿌릴 씨앗이 없다. 그러면 다음 해에 온 식구가 굶어 죽게 되는 것이다. 그래서 이 사람은 굶어 죽어 가면서까지도 그 씨앗을 먹지 않았던 것이다.

농부는 수확을 하면 먼저 가장 좋은 놈을 골라서 남겨 놓는다. 먹기 위해서? 아니다. 다음 해 파종할 씨앗으로 삼기 위해서다. 아무거나 씨로 남겨 두는 것이 아니라 제일 좋은 것들만을 골라서 씨로 남겨 놓는다. 만일 그렇지 않고 시원찮은 것을 씨로 남겨 두면, 다음 해 수확도 시원찮을 수밖에 없게 된다.

우리는 하나님 앞에서 가장 좋은 씨앗으로 씨를 뿌려야 한다. 그래야 가장 좋은 수확을 기대할 수 있다.

11

10월의 Happy New Year!

유대인들의 달력은 1월이 아니라 10월부터 되어 있다. 10월달 달력을 보면 "Rosh Hashannah"라고 씌어 있다. 이 날이 유대인의 새해이다. 성경에서는 이날을 나팔절이라고 부른다.

새해가 되면 제사장이 성전에서 새해가 되었음을 알리기 위해 '쇼파르'(shofar)라고 하는 뿔나팔을 불었다. 그래서 나팔절이라고 부르게 된 것인데, 지금도 유대인들은 새해가 되면 회당에서 쇼파르를 분다. 나팔을 불면서 새해가 되었음을 알리는 것이다. 회당에서는 적어도 이날 예배를 드리면서 100번 이상의 쇼파르를 불게 되어 있다.

새해를 맞이했으니까 축하하기 위해서 뿔나팔을 부는 것일까? 유대인들은 이 뿔나팔 소리를 들으면서 아브라함과 이삭을 생각한다. 뿔나팔과 아브라함 이삭이 무슨 관계가 있을까? 아브라함이 이삭을 모리아 산에서 바친 이야기를 잘 알고 있을 것이다. 아브라함이 이삭을 바친 것은 아브라함과 이삭의 합작품이다. 아브라함이 아들 이삭을 하나님께 바치려고 했을 때, 이삭은 우리가 생각하는 것처럼 결코

어린아이가 아니었다. 그는 청장년이었다. 그는 아버지가 자신을 하나님 앞에 제물로 바치려고 한다는 사실을 잘 알고 있었다. 그렇기 때문에 아버지가 자신을 묶어서 바위 제단에 눕힐 때 조금도 저항하지 않았던 것이다. 그는 죽기까지 순종했다. 이러한 아브라함의 믿음과 이삭의 순종을 보고 하나님은 이삭 대신에 양을 제물로 바치도록 하셨다.

유대인들은 나팔절(신년축제)에 바로 이 양의 뿔로 만든 나팔을 분다. 그들은 새해 나팔 소리를 들으면서 아브라함의 믿음과 이삭의 순종, 그리고 하나님의 자비를 회상한다. 그러면서 이렇게 다짐을 한다.

'올 한 해도 아브라함과 이삭처럼 하나님 앞에 믿음으로 순종하면서 살면 하나님께서 자비를 베풀어 주실 거야. 아브라함처럼 믿음으로 살자. 이삭처럼 순종하면서 살자. 그러면 하나님께서 자비를 베풀어 주실 거야.'

유대인들은 새해가 되면 생명록(The Book of Life)을 가운데 놓고 그 주변을 함께 빙빙 돌면서 이렇게 서로 인사를 한다.

"당신의 이름이 생명록에 기록되기를 바랍니다. 당신의 이름이 생명록에서 흐려지지 않기를 바랍니다."

유대인들은 이렇게 새해가 될 때마다 내가 정말 구원받았는지, 정말 내 이름이 확실하게 분명하게 영원히 생명록에 기록되었는지를 확인한다.

랍비들은 세 종류의 사람이 있다고 한다. 이미 생명록에 이름이 기록된 사람들, 너무 악해서 이미 죽음의 책에 이름이 기록된 사람들, 그리고 아직 어느 책에도 이름이 기록되지 않은 사람들이다. 어떻게 하면 생명록에 이름이 올라갈 수 있을까? 유대인들의 3대 신앙 덕목이 있는데, 그것은 기도와 구제(선행)와 금식이다. 기도는 하나님과 나의 관계를 바로 하기 위해서 하는 것이고, 금식은 나와 나 자신의 관계를 바로 맺기 위해서 하는 것이고, 구제(선행)는 나와 이웃의 관계를 바로 맺기 위해서 하는 것이다. 새해가 되면 유대인들은 열흘 동안 선행과 기도에 힘쓴다. 그리고 마지막 날에는 온 백성이 다 금식을 한다. 랍비들은 그렇게 하면 자신들의 이름이 생명록에 올라갈 수 있다고 가르쳤다.

열흘 동안의 신년 축제 기간이 끝나면 마지막 날에 대제사장이 온 이스라엘 백성들을 위해서 지성소에 들어가 하나님 앞에 죄의 용서를 빈다. 그런 다음 나와서는 온 이스라엘 백성들에게 그들의 지난 날의 모든 죄가 다 사함을 받았다고 선포한다. 그러면 이스라엘 백성들은 기뻐하며 한 해를 새사람이 되어 새롭게 출발한다. 이 날이 바로 속죄일(Yom Kippur)이다.

예수님은 구제와 기도와 금식에 대해서 이렇게 가르치셨다(마 6:1-18). 구제할 때에 오른손이 하는 것을 왼손이 모르게 해야 한다. 기도할 때에 골방에 들어가 문을 닫고 기도해야 한다. 중언부언해서는 안 된다. 금식할 때는 얼굴에 슬픈 표정을 짓지 말고 아무도 금식하는 것을 모르게 해야 한다. 나팔을 불면서 선행을 하면 안 된다. 하나님은 은밀한 가운데 행하시는 것을 눈여겨 보시는 분이다. 나팔을 불면서 하는 사람들은 이미 그들이 받을 상급을 다 받았다. 그들에게는 하나님 앞에서 받을 상급이 없다.

그러면 왜 예수님은 구제와 기도와 금식, 이 세 가지 덕목에 대해서 연결해서 말씀하셨을까? 유대인들은 새해가 되면 기도와 구제(선행)와 금식에 힘썼는데, 바로 그것을 보시고 참된 기도와 구제(선행)와 금식에 대해 가르치셨던 것이다. 다시 말해 마태복음 6장 1-18절은 신년축제와 관련해서 주신 가르침이다.

12

장막절에 장막에 관한 설교는 하지 않고 왜 '생수'에 대해 설교하셨을까?

장막절이 되면 이스라엘에서는 마당이나 아파트 베란다, 골목골목마다 임시로 만들어놓은 집(장막, 초막)들로 가득 차 있는 진풍경을 볼 수 있다.

이스라엘 민족은 출애굽하여 광야에서 40년 동안 텐트를 치고 살았다. 장막절은 바로 그것을 기념하는 날인데, 이때가 되면 유대인들은 하늘이 보이는 곳에다 임시로 거할 집을 만들어 놓고 거기서 1주일 동안 지낸다.

장막절은 명절 가운데 가장 기쁘고 즐거운 명절이다. 1년 농사를 마치고 모든 것을 거두어들이고 하나님께 일종의 추수감사절로 지키는 절기가 바로 이 장막절이다. 그래서 모두가 실컷 먹고 마시고 즐기고 노래하고 춤추면서 축제를 즐긴다.

예수님도 이런 절기를 지키기 위해 예루살렘에 올라가셨다. 그리고 이렇게 외치셨다.

> 누구든지 목마르거든 내게로 와서 마시라 나를 믿는 자는 성경에 이름과 같이 그 배에서 생수의 강이 흘러나오리라 (요 7:37-38).

모든 사람이 실컷 먹고 마시고 즐기고 있다. 누구나 포만감과 만족감에 취해 있다. 배고프거나 목마른 사람은 아무도 없다. 그런데 그러한 사람들을 보고 목마르면 내게로 와서 마시라고 외치셨던 것이다. 장막절은 이스라엘 백성이 광야에서 40년 동안 장막을 치고 살던 것을 기념하는 날이다. 이런 장막절에 예수님은 장막에 대해서 설교하신 것이 아니고 생수에 대해서 설교를 하셨다. 좀 이상하지 않는가? 예수님이 상황파악을 못하신 것일까?

장막절이 되면 사람들의 머릿속에는 한 가지 생각으로 가득 차게 된다. 장막에 대한 생각? 아니다. 비다. 이스라엘은 여름 내내 비가 한 방울도 내리지 않는다. 바로 이 긴 여름의 끝에 장막절이 있다. 산천초목이 다 비를 애타게 갈구하는 때가 바로 이 장막절이다. 하나님이 비를 내려 주셔야 밭을 갈고 씨를 뿌리게 된다. 비가 오지 않으면 큰일이다. 내년 농사가 망하게 되는 것이다. 그래서 누구나 하나님께서 비를 내려 주시기를 바라는 마음으로 장막절을 지낸다.

그래서 제사장들은 장막절 마지막 날 일종의 기우제 같은 것을 드리게 된다. 제사장이 황금 물동이를 가지고 실로암 연못에 가서 물을 길어온다. 그 제사장이 성전에 들어오면 다른 제사장들이 은 나팔을 불어대고, 백성들은 나뭇잎을 흔들면서 환호를 한다. 제사장은 황금 물동이 속에 들어 있는 물을 제단에 부으면서 비를 내려달라고 기도한다. 성전에서는 매일 제단에 피를 뿌리거나 바치는데, 장막절만큼은 제단에 피를 뿌리지 않고 물을 붓는다. 그러면서 비를 구하는 것이다.

예수님이 장막절에 장막에 대해서 말씀하시지 않고 물에 대해서 말씀하신 이유가 바로 여기에 있다. 모든 사람들이 비에 목말라 있는 때에, 모든 사람들이 빨리 가뭄이 끝나고 비가 내리기를 간절히 기도하는 그런 장막절에, 예수님은 '생수'에 대해서 설교를 하셨던 것이다.

하늘에서 내리는 비보다 우리에게 더 필요한 것은 우리 안에 생수의 강이 넘쳐나는 것이다. 여름 가뭄에 쩍쩍 갈라진 땅을 적셔 줄 비보다 우리의 심령을 흡족히 적셔 줄 은혜의 단비, 성령의 단비가 더 필요하다고 말씀하셨던 것이다.

예수님이 생수를 주겠다고 하셨는데, 이스라엘에는 샘이 별로 없다. 그래서 대부분의 사람들이 웅덩이를 만들어놓고 거기에 물을 받아놓았다가 그 물을 마셨다. 예수님 당시에 예루살렘에는 5-7만 명이 모여 살았다. 그런데 샘은 딱 하나밖에 없었다. 그렇기 때문에 생수를 마신다고 하는 것은 하늘의 별따기였다.

이스라엘은 지반이 석회암으로 이루어져 있어서 비가 와도 땅 속으로 스며들어가지 못하고 다 흘러가버리고 만다. 그래서 샘이 많지 않다. 그래서 생수를 마시기가 쉽지 않다. 그런데 예수님이 생수를 주겠다고 외치신 것이다. 그것을 듣는 사람들은 귀가 번쩍 뜨였을 것이다.

"생수? 생수를 주겠다고? 생수가 어디 있는데?"

나를 믿는 자는 성경에 이름과 같이 그 배에서 생수의 강이 흘러나오리라 (요 7:38).

이스라엘은 거의 다 이런 돌산이다.

하나님이 은혜의 비, 축복의 비를 내려 주신다. 그런데 그것이 우리 안으로 스며들어가지 않고 다 흘러가버리고 만다. 은혜가 우리 안으로 스며들어가야 우리 안에 생수의 강이 흘러넘치게 되는 것인데, 그렇지 못한 것이다.

장마철에 비가 억수로 퍼부어도 수박 속으로는 한 방울의 물도 스며들어가지 않는다. 겉만 적시고 다 흘러가버리고 만다. 우리의 모습이 바로 그렇지 않은가? 돌 같은 마음이 깨어져야 하나님의 은혜가 우리 안으로 스며들어갈 수 있다. 호두 껍데기 같이 단단한 우리의 심령이 깨어져야 은혜가 우리 안으로 스며들어갈 수 있다.

깨어져야 한다. 그래야 우리 안에 생수의 강이 흘러넘치게 될 것이다. 그렇게 되면 우리는 영원히 목마르지 않게 될 것이다. 세상의 것에 목마르지 않게 될 것이다.

13

혼인 잔치 비유에 나오는 사람은 왜 예복을 입지 않았을까?

왕이 아들이 혼인을 하게 되어 잔치를 열었다. 그런데 초청한 사람들이 아무도 오지 않았다. 왕은 아무나 데려다가 자리를 채우라고 했다. 그래서 잔치 자리가 가득 찼다. 그때 한 사람이 예복을 입지 않고 그 자리에 들어와 있었다. 왕은 그 사람을 쫓아냈다(마 22:14).

이 자리에 참석한 사람들은 초청받고 온 사람들이 아니다. 지나가다 "끌려서" 들어온 사람들이다. 급하게 불려온 사람들이다. 준비하고 온 사람들은 아무도 없다. 그런데 예복을 안 입고 왔다고 쫓아내다니, 이게 무슨 경우인가? 그들은 예복을 준비할 시간이 없었다. 예복 같은 것을 갖고 있을 만큼 부자들도 아니었다. 물론 빌려서라도 입고 오면 되겠지만, 빌릴 시간도 없었다. 지나가는 사람을 데려다놓고는 무슨 예복 타령인가?

그런데 그 잔치에 참여한 사람들은 모두다 예복을 입고 있었다. 어떻게 그럴 수 있었을까? 사람들이 예복을 집에서 입고 온 것이 아니라 왕이 예복을 준비해 놓았다가 나누어 주었던 것이다. 보통 잔치에는 예복을 입지 않았다. 그러나 이 잔치는 왕의 잔치였다. 그래서 예복을 입어야 했다. 왕 앞에 나아갈 때는 예복을 입어야 했기 때문이다. 성경에서도 왕이 예복을 준비해둔 경우들을 찾아볼 수 있다.

> 예후가 온 이스라엘에 사람을 두루 보냈더니 바알을 섬기는 모든 사람이 하나도 빠진 자가 없이 다 이르렀고 무리가 바알의 신당에 들어가매 바알의 신당 이쪽부터 저쪽까지 가득하였더라 예후가 예복 맡은 자에게 이르되 예복을 내다가 바알을 섬기는 모든 자에게 주라 하매 그들에게로 예복을 가져온지라 (왕하 10:21-22).

이런 정황으로 볼 때 예복은 본인들이 준비해 간 것이 아니고 왕이 준비해 놓은 것이 확실하다. 예를 들어, 성가대원들은 가운을 입는다. 집에서 각자가 준비해서 입고 오는가? 아니다. 교회에 준비되어 있다. 교회에 와서 가운을 입기만 하면 된다. 이 잔치도 마찬가지였을 것이다.

왕이 왜 예복을 입지 않았느냐고 물었을 때 그는 유구무언이었다. 이유나 핑계를 댈 것이 없었던 것이다. 왜냐하면 왕이 다 준비해 놓았는데도 입지 않았기 때문이다.

왕은 왜 그 사람에게 그렇게 노했을까? 예복을 입지 않은 것이 그렇게 큰 죄인가? 보잘것없는 사람들을 혼인 잔치에 초청할 정도로 관대한 왕이 단지 예복을 입지 않았다는 이유로 그 좋은 날 잔치 자리에서 화를 내며 쫓아낼 필요까지 있었을까?

왕은 단순히 예복을 입지 않아서 진노한 것이 아니었다. 예복까지

다 준비해 주었는데도 입지 않았기 때문에 분노한 것이었다. 그것은 왕을 무시하는 처사였다. 왕에 대한 올바른 자세가 아니다. 왕에 대한 무례이고 불손이다. 왕을 경시하는 것이다. 비상식적인 일이다. 오만방자한 태도이다. 왕의 기분을 충분히 상하게 할 만한 일이었다. 그가 쫓겨난 것은 예복을 입지 않아서가 아니라 바로 그의 이런 태도 때문이었다. 예복을 입고, 안 입고의 문제가 아니었던 것이다. 이 사람은 먼저 청함을 받았으나 거절한 사람들과 다를 바가 하나도 없는 사람이었다. 그래서 쫓겨났던 것이다.

그러면 이 예복은 무엇을 뜻하는 것일까? 설교를 들어 보면 백이면 백, 다 그 예복이 '선한 행실'을 의미한다고 한다.

> 그에게 빛나고 깨끗한 세마포 옷을 입도록 허락하셨으니 이 세마포 옷은 성도들의 옳은 행실이로다 (계 19:8).

이런 '선한 행실'의 예복을 입어야 천국 잔치 자리에 들어갈 수 있다는 것이다.

정말 그럴까? 이 잔치 자리에는 선한 사람과 악한 사람 모두 참석했다. '선한 행실'의 옷을 입어야 한다면, 악한 자들은 그 자리에 있을 수 없다. 모두 예복을 안 입은 사람처럼 쫓겨나야 한다. 그러나 그들은 쫓겨나지 않고 예복을 입지 않은 사람만 쫓겨나지 않았는가?

또한 예복은 왕이 준비해 준 것이었다. 사람들이 준비해 온 것이 아니었다. 쫓겨난 사람은 '선한 행실'의 예복을 입지 않아서 쫓겨난 것이 아니라 왕을 무시했기 때문에 쫓겨난 것이었다. 그 자리에는 자신이 준비해 온 '선한 행실'의 예복을 입은 사람은 아무도 없다. 모두 왕이 준비해 준 예복을 입은 사람들이다.

예복을 입지 않은 사람은 예복을 준비하지 못한 사람이 아니라, 입으라고 주는 예복을 고집을 부리면서 입지 않은 사람이었다. 그는 왜 주는 예복을 입지 않았을까? 누더기 옷이나 더러운 옷을 입고 왔다면 예복으로 갈아입었을 것이다. 아마 그는 다른 사람보다 좋은 옷을 입었던 것 같다. 그래서 구태여 갈아입지 않아도 된다고 생각했을 것이다. 좋은 옷을 입고 왔으니 자랑하고 싶은 마음도 있었을 것이다. 예복보다 더 좋은 옷이었을 수도 있다. 좋은 옷을 입고 왔으니 옷을 갈아입지 않아도 된다고 생각했을 것이다. 옷은 신분을 말해 준다. 그는 일반 평민이 아니었는지도 모른다. "나는 이런 사람이다" 하고 자랑하고 싶었을지도 모른다.

천국은 우리의 행위나 선행이나 업적, 공로를 통해 들어가는 곳이 아니다. 천국은 이 자리에 참석한 사람들처럼 자격이 없지만 하나님의 은혜로 들어가는 곳이다. 그런데 '선한 행실'의 옷을 입지 않으면 천국에 들어갈 수 없다니, 그런 일은 있을 수 없다. 예복을 입지 않은 사람은 자신의 옷을 입고 그 자리에 들어가 앉아 있었다. 자기 자신의 의의 옷, 공로의 옷, 선행의 옷을 입고 들어갔던 것이다. 그랬다가 쫓겨난 것 아닌가?

이 비유에서 보면 왕이 준비해 둔 옷을 입은 사람들만 잔치에 들어갈 수 있었다. 마찬가지다. 예수님이 우리를 위해 준비해 주신 옷을 입어야만 그분 앞에 나아갈 수 있다. 예수님이 입혀 주시는 의의 옷을 입은 자만이 그분 앞에 나아갈 수 있다. 그리스도로 옷 입은 자만이 그 자리에 참예할 수 있다(갈 3:27).

예수님이 우리를 위해 준비해 두신 옷이 있다. 천국 잔치에 들어가려면 그 옷을 입고 들어가야 한다. 그런데 예복을 입지 않고 자기 옷을 입고 들어가 앉아 있는 사람처럼 자기 의의 옷, 선한 행실의 옷을 입고 들어가려고 하는 사람이 있다. 그런 사람은 쫓겨나게 된다.

비록 남의 것보다 더 좋은 옷이라 할지라도(다른 사람보다 더 선한 사람이라고 할지라도) 그 옷을 입고는 잔치 자리에 들어갈 수 없다. 내 의의 옷, 내 공로의 옷, 내 선행의 옷을 벗고 예수님이 우리에게 입혀 주시는 구원의 옷을 입어야 한다. 그래야 혼인 잔치에 들어갈 수 있다.

> 내가 여호와로 말미암아 크게 기뻐하며 내 영혼이 나의 하나님으로 말미암아 즐거워하리니 이는 그가 구원의 옷을 내게 입히시며 공의의 겉옷을 내게 더하심이 신랑이 사모를 쓰며 신부가 자기 보석으로 단장함 같게 하셨음이라 (사 61:10).

14

아흔아홉 마리의 양을 산에 두고 잃은 양 한 마리를 찾아 나서는 목자도 있을까?

예수님은 잃은 양의 비유에서 이렇게 가르치셨다.

어떤 사람에게 백 마리의 양이 있었다. 저녁 무렵 집으로 돌아가기 위해 양들을 세어 보았다. 하나, 둘, 셋…아흔일곱, 아흔여덟, 아흔아홉…. 한 마리가 비는 것이었다. 다시 세어 보았다. 마찬가지였다. 그렇다면 어떻게 해야 하는가? 그 잃은 양 한 마리를 찾기 위해 나머지 아흔아홉 마리의 양을 산에 두고 찾아 나서겠는가? 그럴 사람은 없을 것이다.

"그러나 나는 선한 목자다. 한 마리의 양이라도 잃어버리는 것은 하나님의 뜻이 아니다. 나는 그 잃은 양 한 마리를 위해 나머지 아흔아홉 마리의 양을 산에 두고 당장 찾아나설 것이다."

예수님이 그렇게 가르치셨는가? 아니다.

예수님은 이렇게 질문하신다.

너희 생각에는 어떠하냐 만일 어떤 사람이 양 백 마리가 있는데 그 중의 하나가 길을 잃었으면 그 아흔아홉 마리를 산에 두고 가서 길 잃은 양을 찾지 않겠느냐(마 18:12).

잘 읽어 보라. "한 마리의 잃어버린 양을 찾겠다고 아흔아홉 마리의 양을 산에다 두고 양을 찾으러 가는 사람이 있을까? 그런 사람은 아무도 없을 것이다." 그런 뜻인가? 아니다.

이런 뜻이다. "너희가 백 마리 양 가운데 한 마리를 잃어버렸으면 어떻게 하겠느냐? 아흔아홉 마리를 그 자리에 두고 당장 잃어버린 한 마리 양을 찾아 나설 것이다. 안 그러냐?"

유대인 청중들은 모두가 고개를 끄떡이면서 이렇게 대답했을 것이다.

"당연히 당장 찾으러 가야지요."

우리의 상식으로는 이해가 안 간다. 그러나 이스라엘 목자들에게는 그렇게 하는 것이 지극히 당연하다.

이렇게 생각해 보자. 여기 목자가 있다. 예수님의 비유에서처럼 백 마리의 양들 가운데 한 마리를 잃어버렸다. 날은 저물어가고 피곤하다. '내일 찾지'라고 생각하고 양들을 몰고 집으로 돌아온다. 그다음 날 아침 일찍이 잃은 양을 찾으러 간다. 그러나 양은 보이지 않는다. 이미 늑대의 밥이 되고 만 것이다. 양은 목자 없이는 하룻밤도 넘기기 어렵다. 항상 이리나 늑대가 양들을 주시하고 있다. 목자에게서 떨어져나가기를 기다리고 있다. 양이 목자를 떠나 이탈하는 순간 그는 이리나 늑대의 밥이 되고 만다.

다행히 맹수의 밥이 되지 않을 수도 있다. 그러나 그런 경우도 하

"사망의 음침한 골짜기"를 지나고 있는 양들

룻밤을 무사히 넘기기란 쉬운 일이 아니다. 목자가 보이지 않으면 양은 당황한다. 공포심에 떨게 된다. 캄캄해진다. 앞이 보이지 않는다. 헤매게 된다. 그러다가 벼랑에 떨어져 죽고 만다.

양의 시력이 15미터도 안 된다는 사실은 알고 있을 것이다. 또한 양은 절대로 목자가 없이 혼자서 살아갈 수 없는 짐승이라는 것도 알고 있을 것이다.

목자들은 너무 잘 알고 있다. 내일이면 늦는다는 것을. 그래서 잃어버린 것을 알게 된 즉시 잃은 양을 찾아나서는 것이다. 그래서 예수님도 "너희가 양을 잃어도 당장 찾아 나서지 않느냐? 하물며 잃어버린 영혼을 찾는 것을 언제까지 미룰 생각이냐? 당장 잃어버린 영혼을 찾으러 나가야 하지 않겠느냐?"라고 반문하시는 것이다.

15

그렇게 접붙이는 사람은 아무도 없을 텐데…

바울은 이스라엘과 이방인의 관계를 설명하기 위해 참감람나무와 돌감람나무의 비유를 들었다(롬 11:17-24). 그렇다고 참감람나무가 있고 돌감람나무가 있는 것이 아니다. 참감람나무라는 것은 없다. 그냥 감람나무로 이해하면 된다. 돌감람나무는 야생 올리브를 말한다. 인간이 야생 감람나무를 재배하기 시작한 것은 주전 2500년경부터이다. 돌감람나무는 열매가 맺히지 않거나 맛이 없는 것은 아니다. 야생으로 자라서 열매를 많이 맺지 못하거나 품질이 떨어질 수는 있지만 열매를 맺지 못하거나 맛이 없는 것은 아니다.

우리에게는 익숙하지 않지만 올리브나무는 지중해 지역에서 많이 자란다. 이스라엘의 7대 주산물 가운데 하나이기도 하다. 그래서 바울은 올리브나무를 소재로 유대인과 이방인의 관계를 설명하였다.

바울은 이렇게 이야기하고 있다. 참감람나무가 있다. 그런데 어느 날 과원지기가 그 가지의 일부를 잘라버리고는 그 자리에 돌감람나무의 가지를 가져다 접을 붙였다. 간단한 이야기다. 여기에서 참감람나무는 이스라엘을, 돌감람나무는 이방인을 말한다. 이스라엘은 잘라버림을 당하고 이방인은 접붙임을 받았다는 것이다. 택함을 받은 이스라엘이 버림을 당하고, 버림을 받았던 이방인이 택함을 받았다는 말을 하고 있는 것이다.

바울은 참감람나무에 돌감람나무를 접붙였다고 했는데, 이런 식으로 접을 붙이는 사람은 아무도 없다. 왜냐하면 참감람나무에 돌감람나무를 접붙이면 돌감람을 맺기 때문이다.

쉽게 감나무를 생각해 보라. 고욤나무가 있다. 고욤밖에 맺지 못한다. 그러나 고욤나무에 감나무 가지를 꺾어 접을 붙이면 감이 열린다(설교할 때 이런 예들을 들어가면서 참감람나무와 돌감람나무 이야기를 하는데, 한 번만 더 생각해 보면 앞뒤가 맞지 않는 것을 알 수 있다). 뿌리가 어떤 나무냐가 아니라 가지가 어떤 가지냐에 따라 열매가 달라진다. 원목이 어떤 나무냐가 아니라 접붙인 나무가 어떤 나무냐에 따라 열매가 결정된다. 이것이 접붙인의 원리이다.

접을 붙이는 이유는 좋은 열매를 맺기 위해서다. 그렇기 때문에 돌감람나무에 참감람나무 가지를 접붙여야지 거꾸로 접붙이지는 않는다. 그렇다면 바울은 공부만 한 학자라서, 원예에 대해서는 잘 아는 바가 없어서 적절치 못한 비유를 든 것일까?

어떤 이들은 모든 나무들은 주목(主木)과 관계 없이 접목(接木)의 열매가 맺히지만, 올리브나무는 예외로 접목과 관계없이 주목의 열매가 맺힌다고 설명한다. 그러나 그런 주장은 전혀 근거가 없다. 성경을 억지로 변호하기 위해 만들어낸 말일 뿐이다. 간혹 야생 올리브나무를 배양한 올리브 나무에 접붙일 때도 있다. 그것은 좋은 열매를 맺기 위해서가 아니라 좋은 씨(열매 안에 있는 씨)를 얻기 위해서다.

일반적으로 접붙임을 하는 가장 큰 이유는 열매 때문이다. 그런데 바울은 접붙임에 대해 이야기하면서 단 한 번도 열매에 대해서는 이야기하지 않고 있다는 사실에 주목할 필요가 있다. 물론 성경에서도 열매를 중요시한다. 예수님이 우리에게 찾고 계신 것도 꽃이 아니라 열매이다. 열매를 맺지 못하면 도끼로 찍힘을 당할 것이라고 경고하고 있다. 우리는 예수님과 연결되어 있어야 한다. 그래야 많은 열매를 맺을 수 있다. 열매가 중요하다.

하나님이 돌감람나무인 이방 기독교인들을 참감람나무인 이스라엘에 접붙이신 이유를 바울은 이렇게 설명하고 있다.

> 또한 가지 얼마가 꺾이었는데 돌감람나무인 네가 그들 중에 접붙임이 되어 참감람나무 뿌리의 진액을 함께 받는 자가 되었은즉…네가 뿌리를 보전하는 것이 아니요 뿌리가 너를 보전하는 것이니라 (롬 11:17-18).

여기에 열매에 관한 이야기는 없다. 접붙임의 원리를 통해서 뿌리와 가지의 관계를 설명하고자 했던 것이지, 뿌리와 열매의 관계를 설명하고자 한 것이 아니다. "우리가 좋은 나무에 접붙임을 받았으므로 좋은 열매를 맺어야 한다는 것이 아니다. 우리가 좋은 나무에 접붙임을 받았으므로, 그 좋은 나무의 뿌리로부터 생명의 진액을 빨아들여 생명을 얻게 되었다. 그리고 우리가 좋은 나무와 하나가 되었고, 좋은 나무가 되었다"라는 것을 말하려고 하는 것이다. 그리고 이 사실을 설명하기 위해서는 접붙이는 비유보다 더 좋은 비유가 없을 것이다.

우리는 하나님의 은혜로 참 이스라엘에 접붙임을 받게 되었다. 참 이스라엘의 뿌리에 연결되었다. 참 이스라엘이 되었다. 참 이스라엘이 누리는 축복을 받아 누리게 되었다. 우리의 뿌리인 '아브라함'을 통해 하나님의 언약 안에 거하게 되었다. 접붙임은 다른 나무에 연결되는 것이다. 다른 나무 속으로 들어가는 것이다. 다른 나무와 하나가 되는 것이다. 양자 됨의 원리도 마찬가지다. 우리는 하나님의 자녀가 아니었다. 그런데 하나님이 우리를 양자로 받아들이셨다. 그래서 하나님의 가족이 되었다. 접붙임의 원리와 같은 원리이다.

> 그러므로 이제부터 너희는 외인도 아니요 나그네도 아니요 오직 성도들과 동일한 시민이요 하나님의 권속이라 (엡 2:19).

접붙임을 통해서 그렇게 된 것이다.

바울이 이 비유를 통해 말하고자 했던 요점은 이것이다. 우리는 하나님의 은혜로 믿음을 통해 '이스라엘'에 접붙여졌다. 우리를 이스라엘 나무에 접붙이기 위해 하나님은 원가지의 일부를 잘라버리셨다. 그리고 그 자리에 우리를 접붙이셨다. 그래서 우리는 이스라엘을 통해 생명의 진액을 공급받게 되었다. 접붙여진 가지가 자기를 지탱해 주는 뿌리를 향해 교만해서는 안 된다. '하나님이 나를 접붙여 주기 위해 너를 잘라버리셨지'(롬 11:19-20)라고 생각하면 안 된다는 것이다. 우리가 누구인지를 잊지 말아야 한다는 것이다. 뿌리를 기억해야 하는 것이다. 우리는 단지 접붙여진 존재라는 사실을 잊지 말아야 한다는 것이다. 뿌리가 가지를 지탱해 주는 것이지, 가지가 뿌리를 살리는 것이 아니다(롬 11:18).

하나님께서 지금은 잠시 우리를 위해 이스라엘을 잘라버리셨지만, 언젠가는 잘라버린 가지들을 다시 원목에 붙여 주실 것이다. 그러므로 우리는 자긍해서는 안 된다(롬 11:24). 결코 우리가 이스라엘을 대신하게 된 것이 아니다. 잠시 하나님이 이스라엘을 잘라버리신 것뿐이다. 다시 회복시킬 때가 올 것이다. 이것이 접붙임의 비유를 통해서 바울이 말하고자 했던 바이다.

16

베드로는 왜 잠만 자고 있었을까?

베드로가 옥에 갇혀 있다. 내일이면 참수형을 당하게 되어 있다. 그런데도 쿨쿨 잠만 자고 있었다. 천사가 급하게 잠자고 있는 베드로를 깨워서 감옥 밖으로 인도했다. 베드로는 교인들이 모여서 기도하는 마가의 집으로 찾아갔다. 교인들은 돌아온 그를 보고 모두 놀랐다(행 12장).

베드로가 감옥에 갇혔을 때 교인들은 밤늦도록 모여서 베드로를 위해 기도하고 있었다. 그러나 정작 본인은 감옥에서 잠만 자고 있었다. 물론 기도하다가 잠이 들었을 수도 있다. 그렇지만 그를 구출하고자 천사가 나타났을 때 베드로는 깊은 잠에 빠져 있었다. 교인들은 그 시간에 기도하고 있었는데, 베드로는 잠만 자고 있었던 것이다.

성경에는 베드로가 깨어서 기도하기보다는 졸거나 자는 모습으로 더 많이 그려져 있다. 변화산에서도 그랬고, 감람산에서도 그랬다. 그리고 감옥에 갇혀서도 그랬다.

교인들은 베드로의 신상의 위협을 느껴 밤늦게까지 기도하고 있었다. 하나님도 급하셔서 천사를 급파하셨다. 그런데 어떻게 베드로는 잠을 자고 있었을까? 내일이면 끌려 나가 참수형을 당하게 되는데, 그런 상황에서 어떻게 잠이 온단 말인가?

베드로는 헤롯이 절대로 자신을 죽이지 못할 것이라는 확신이 있었다. 그랬기 때문에 속 편하게 잘 수 있었던 것이다. 그러면 그런 확신을 어디에서 얻을 수 있었을까? 부활하신 예수님은 베드로에게 나타나셔서 "네가 나를 사랑하느냐?"라고 세 번 물으셨다. 그때 예수님이 베드로에게 그의 미래에 대해 이렇게 말씀하셨다.

> 내가 진실로 진실로 네게 이르노니 네가 젊어서는 스스로 띠 띠고 원하는 곳으로 다녔거니와 늙어서는 네 팔을 벌리리니 남이 네게 띠 띠우고 원하지 아니하는 곳으로 데려가리라 (요 21:18).

베드로는 천수를 다 누리다가 죽게 될 것이라고 하셨다. 그러니 내일 죽을 리가 없는 것이다. 베드로는 바로 이 말씀을 믿었다. 그랬기 때문에 맘 편히 잘 수 있었던 것이다.

큰 어려움을 만날 때 며칠씩 철야 기도를 한다. 그것은 어떻게 보면 믿음이 없어서 그렇게 하는 것일 수도 있다. 기도하고서도 믿지 못하니까 계속 기도하는 것이다.

어떤 목사님이 큰 걱정거리가 있어서 잠을 이루지 못하고 밤늦게까지 기도하고 있었다. 그때 예수님이 그에게 이렇게 말씀하셨다고 한다.

"네 문제는 내가 걱정해 줄 테니까, 이제 그만 기도하고 가서 자거라."

part 02 정말 그랬을까?

17

아말렉 군대와의 전쟁이 희한한 전쟁인 진짜 이유는?

애굽을 탈출한 이스라엘은 가나안을 향하는 도중에 아말렉 군대를 만났다. 모세는 이스라엘 사람들을 여호수아와 함께 전쟁터로 내보내고 자신은 그들이 싸우는 것이 보이는 높은 산에 올라갔다. 모세가 기도의 두 손을 높이 올리면 이스라엘이 이기고 피곤해서 내리면 아말렉이 이겼다(출 17:8-16). 전쟁의 승패가 전쟁터에 나가 싸우는 군인들에게 있던 것이 아니라, 기도에 있었던 것이다. 이스라엘은 이 전쟁에서 기도로 이겼다. 이 이야기를 가지고 우리 앞에 어떠한 아말렉이 길을 막고 있어도 기도의 힘으로 그들을 능히 이겨낼 수 있다고 설교하는 것을 많이 들었을 것이다.

그러나 다시 한 번 생각해 보자. 정말 아말렉 군대는 최강의 막강한 군대였을까? 그들은 광야에 살고 있었다. 그러면 무엇을 하면서 살고 있었을까? 광야에서 할 수 있는 일은 하나밖에 없다. 양을 치면서 사는 것이다. 이런 사람들을 지금도 볼 수 있다. 바로 베두인들이다. 그들은 평생을 조상 대대로 몇 천 년 동안 세상 문화를 등지고 광야에서 양을 치면서 살아가고 있다.

그들은 이스라엘 네게브 광야, 시내 반도, 요르단, 그리고 사우디 아라비아 지역에 흩어져 살고 있다. 지금도 성지 순례를 가면 광야에서 양을 치는 베두인들을 어렵지 않게 만날 수 있다. 아말렉 족속은 바로 그런 사람들이었다. 오늘날 베두인 족속들 조상쯤 되는 사람들로 이해하면 틀림없다.

이들은 양을 통해서 의식주 문제를 거의 해결할 수 있지만 푸른 채소는 먹을 수 없다. 광야에서 채소를 가꿀 수 없기 때문이다. 그들은 이 문제를 해결하기 위해 노략질을 해야만 했다. 미디안 족속(지금의 사우디아라비아)이 추수 때만 되면 그 먼 곳에서 이스라엘의 이즈르엘 평야까지 쳐들어온 것도 바로 이런 문제를 해결하기 위해서였던 것이다. 고대의 베두인들은 약탈 민족으로 알려져 있다. 전사들이 많았다. 그들은 싸움에 능한 사람들이었다.

그러나 광야에 살고 있는 아말렉 족속이 많으면 얼마나 많겠는가? 몇 천 명 정도였을 것이다. 몇 만 명씩 광야에서 모여 살지는 않았을 것 아닌가? 그러나 이스라엘은 이집트를 떠날 때 적어도 장정만 60만 명이었다. 60만 명이라는 숫자는 고대에 엄청난 숫자였다. 당시 이집트의 병력과 맞먹는 숫자였다. 그렇기 때문에 이집트가 이스라엘 사람들에게 위협을 느끼고 그들을 종으로 삼았던 것이다.

이스라엘 장정 60만 명이 몇 천 명의 아말렉 군대와 맞붙어 싸운다면 어떻게 될까? 싸우고 말고 할 것도 없다. 그냥 지나가기만 해도 그들이 사는 곳을 쑥대밭으로 만들어버리고 말 것이다.

그렇다면 아말렉 군대는 왜 쳐들어왔을까? 도망가야 하는 것 아닌가?

> 그들이 너를 길에서 만나 네가 피곤할 때에 네 뒤에 떨어진 약한 자들을 쳤고(신 25:17).

아말렉과 이스라엘은 전면전을 벌인 것이 아니었다. 아말렉은 이스라엘이 다 지나갈 때까지 숨을 죽이고 있다가, 이스라엘의 후미를 쳤다. 광야 길에 다 지쳐 있을 것 아닌가? 부상자도 있었을 것이고 병자들도 있었을 것이고 노약자들도 있었을 것이다. 그들은 대열의 맨 뒤에 뒤처져서 따라가고 있었을 것이다. 아말렉이 쳤던 사람들은 바로 그런 사람들이었다. 아말렉이 이스라엘의 후미를 친 것은 바로 절대적인 숫자적 열세 때문이다.

아마 모세는 뒤늦게 이 사실을 깨닫고는 가던 길을 멈추고 돌아와서 아말렉 군대와 전투를 벌였을 것이다. 그때 모세는 여호수아에게 이렇게 지시한다.

> 우리를 위하여 사람들을 택하여 나가서 아말렉과 싸우라 (출 17:9).

다 나가서 싸울 필요가 없었던 것이다. 일부만 나가서 싸워도 넉넉히 이길 수 있기 때문이었다. 이렇게 이 전쟁은 기도하지 않고도 얼마든지 이길 수 있는 전쟁이었다. 아니 전쟁을 하고 말고 할 것도 없었다. 모세는 하나님의 도우심이 절실해서 기도했던 것이 아니다. 하나님이 아니면 이길 수 없었기 때문에 기도했던 것이 아니다. 하나님 없이도 얼마든지 넉넉하게 이길 수 있는 전쟁이었다.

그런데 하나님은 모세에게 기도하게 하셨다. 그리고 모세가 기도의 손을 내리면 이스라엘이 패배하게 하셨던 것이다. 모세가 기도하면 이스라엘이 승리했기 때문이 아니라 기도하지 않으면 이스라엘이 패배했기 때문에 이 전쟁은 희한한 전쟁이었던 것이다. 절대로 이스라엘이 패배할 수 없는 전쟁인데, 기도를 안 하면 패배했다. 그러니 희한한 전쟁이라고 하는 것이다.

이스라엘이 이긴 것은 병력이나 무기나 전략 때문이 아니었다. 기도로 이겼다. 아무리 무기가 좋고 병력이 많고 전략이 뛰어나다고 하더라도, 하나님의 도우심 없이 넉넉히 이길 수 있다고 할지라도, 기도하지 않고 이길 수 있다고 할지라도, 하나님이 도와주시지 않으면, 기도하지 않으면 이길 수 없다. 패할 수밖에 없다. 하나님이 그렇게 만드신다. 왜냐하면 전쟁은 여호와께 속한 것이기 때문이다(삼상 17:47).

하나님은 우리가 우리 힘으로 무엇을 하는 것을 제일 싫어하신다. 우리가 우리 힘으로 우리의 노력으로 얼마든지 할 수 있는 일이라고 할지라도, 기도하지 않으면, 하나님을 의지하지 않으면, 그 일을 못하게 하신다. 실패하게 하신다.

우리는 우리 힘으로 할 수 없는 일에 대해서는 기도한다. 그러나 우리 힘으로 할 수 있는 일은 기도하지 않는다. 아말렉 전쟁 이야기는 기도하면 이길 수 있다는 것뿐만 아니라, 기도하지 않으면 질 수밖에 없다는 것을 말해 주고 있다.

18

이스라엘 백성들은 40년간 광야에서 만나와 메추라기만 먹고 살았을까?

이스라엘 백성은 광야에서 하나님이 매일 내려 주시는 만나와 메추라기를 먹고 살았다. 그렇다면 그들은 40년 동안 하나님이 내려 주시는 만나와 메추라기만 먹고 살았을까? 하루 이틀도 아니고 40년씩이나 말이다. 정말 그랬더라면 그들의 불평은 충분히 이해하고도 남는다.

> 우리가 애굽에 있을 때에는 값없이 생선과 오이와 참외와 부추와 파와 마늘들을 먹은 것이 생각나거늘 이제는 우리의 기력이 다하여 이 만나 외에는 보이는 것이 아무 것도 없도다 (민 11:5-6).

이집트에서 이스라엘 백성이 떠날 때 그들은 수십만 마리의 양떼를 데리고 나갔다.

> 여호와께서 애굽 사람들에게 이스라엘 백성에게 은혜를 입히게 하사

> 그들이 구하는 대로 주게 하시므로 그들이 애굽 사람의 물품을 취하였더라 이스라엘 자손이 라암셋을 떠나서 숙곳에 이르니 유아 외에 보행하는 장정이 육십만 가량이요 수많은 잡족과 양과 소와 심히 많은 가축이 그들과 함께 하였으며 (출 12:36-38).

광야에서 이스라엘 백성이 겪었던 어려움 가운데 하나는 양에게 마시게 할 물이 없다는 것이었다.

> 너희가 어찌하여 여호와의 총회를 이 광야로 인도하여 올려서 우리와 우리 짐승으로 다 여기서 죽게 하느냐 (민 20:4).

모세가 반석을 쳐서 물이 흘러나왔을 때 사람만 마신 것이 아니라 그것을 짐승들도 같이 마셨다.

> 그 손을 들어 그 지팡이로 반석을 두 번 치매 물이 많이 솟아나오므로 회중과 그들의 짐승이 마시니라 (민 20:11).

하나님께서는 모세에게 두 번째 십계명 돌판을 주실 때 이렇게 경고하셨다.

> 아무도 너와 함께 오르지 말며 온 산에 아무도 나타나지 못하게 하고 양과 소도 산 앞에서 먹지 못하게 하라 (출 34:3).

이때까지도 이스라엘 백성들은 이집트에서 끌고 나온 양들을 계속 데리고 다녔음을 알 수 있다. 광야 40년이 거의 끝나갈 무렵에 이스라엘 백성은 가나안에 들어가기 위해 에돔 땅을 지나야 했다. 그때 모세가 에돔 왕에게 그들의 땅을 지나갈 수 있도록 허락해달라고 하면서 만일 짐승이 물을 마시거나 농작물에 해를 끼치면 배상을 하겠다고 했다.

> 이스라엘 자손이 이르되 우리가 대로로 통과하겠고 우리나 우리 짐승이 당신의 물을 마시면 그 값을 줄 것이라 우리가 도보로 통과할 뿐인즉 아무 일도 없으리이다 (민 20:19).

우리는 여기에서 광야 40년 내내 이스라엘 백성들이 양을 쳤음을 알 수 있다.

그러면 왜 하나님은 광야로 들어가게 될 이스라엘 백성들에게 양을 데리고 나가게 하신 것일까? 광야에서 어떻게 양을 친단 말인가? 질문이 잘못되었다. 광야로 들어가게 하시려고 이스라엘 백성들에게 양을 데리고 나가게 하셨던 것이다. 무슨 말인가?

중동에서 양은 푸른 초원이 아니라 광야에서 친다. 모세가 미디안 광야에서 양을 치다가 불이 붙은 가시 떨기나무 속에서 하나님을 만나게 되고, 출애굽의 소명을 받지 않았는가? 그는 광야에서 40년 동안 양을 치며 살았던 것이다. 지금도 이스라엘을 여행하다 보면 광야에서 양을 치는 베두인들을 자주 만날 수 있다. 그들은 평생을 광야에서 양을 치면서 살아간다. 성경에 나오는 양들은 '저 푸른 초원 위에 그림 같은 집을 짓고…' 라는 것을 모른다. 그 양들은 모두 광야에서 사는 양들이다.

베두인들은 문명의 세계와 완전히 담을 쌓고 아무것도 없는 광야에서 양만 치면서 평생을 살아간다. 어떻게 그것이 가능할까? 앞에서도 잠깐 언급했듯이 양 몇 마리만 있으면 최소한의 의식주 문제를 해결할 수 있다. 그들은 양이나 염소를 통해서 살아가는 데 필요한 모든 것들을 제공받는다.

양이나 염소는 우선 털을 공급해 준다. 이 털로 옷을 만들어 입는다. 양털(wool)로 만든 옷은 여름에는 시원하고 겨울에는 따뜻하다. 양이나 염소는 매일 젖을 공급해 준다. 그래서 매일 신선한 우유를 마실 수 있다. 또 젖으로 치즈나 요구르트도 만들어 먹는다.

양이나 염소가 죽으면 고기를 먹는다. 가죽으로는 장막을 만들기도 하고 물주머니를 만들기도 한다. 뿔로는 나팔을 만들어 양을 칠 때 사용한다. 피는 제사용으로 사용한다. 뼈로는 연장들을 만든다. 광야에는 나무가 없다. 그러면 어떻게 불을 지피는가? 바로 양이나 염소 똥을 사용한다. 그것을 말려서 태우면 아주 화력이 좋다. 이렇게 양은 어느 것 하나 버릴 것이 없다. 양은 인간이 살아가는 데 필요한 의식주의 문제를 다 해결해 준다.

이스라엘 백성이 40년간 광야에서 살아남을 수 있었던 것은 바로 이 양 때문이다. 양이 없었다면 살아남지 못했을 것이다. 하나님이 매일 만나와 메추라기를 내려 주시기는 했지만, 그것만 먹고 산 것이 아니었다. 40년 동안 매일 반석에서 터져나온 물만 마시고 산 것이 아니었다. 이스라엘 백성들은 매일 양과 염소를 통해 신선한 우유를 마실 수 있었다. 요구르트나 치즈도 먹을 수 있었다. 고기도 먹을 수 있었다.

이집트에서 나올 때 입고 나온 옷으로 40년간 입고 산 것이 아니었다. 40년 동안 신 한 켤레로 산 것이 아니었다. 양털로 옷을 해 입기도 했으며 신을 만들어 신기도 했다. 그리고 장막이 낡으면 새로 만들기도 했다. 그렇기 때문에 이스라엘 백성이 40년 동안이나 광야에서 살아남을 수 있었던 것이다.

이미 하나님은 이스라엘 백성들을 이집트에서 데리고 나오실 때 그들을 광야로 데리고 갈 계획을 하고 계셨다. 그래서 수십만 마리의 양들을 데리고 나가게 하셨던 것이다. 그래야 그들이 광야에서 살아남을 수 있기 때문이다.

광야에서 이스라엘 백성들은 하나님이 매일 내려주시는 만나와 메추라기를 먹었다. 그러나 그것만 먹고 산 것이 아니었다. 그리고 그들이 아무 일도 하지 않고 산 것이 아니었다. 그들은 광야에서 40년 동안 매일 양을 치면서 살았다. 그랬기 때문에 광야에서 살아남을 수 있었던 것이다.

19

이스라엘 백성들은 광야에서 매일 바위에서 터져나온 생수만 마시고 살았을까?

사막이 아름다운 것은 어딘가에 오아시스가 숨어 있기 때문이다. 만일 사막에 오아시스가 없다면 누구도 그 사막에 들어갈 수 없을 것이다. 그리고 그 누구도 사막에서 살아서 나올 수 없을 것이다. 대상들이 사막을 통과할 수 있는 것은 사막에 오아시스가 있기 때문이다.

사막에 무슨 길이 있겠는가? 길이 있다고 할지라도 모래바람이 한 번 불고 지나가면 흔적도 없이 사라지고 만다. 그러나 그렇다고 길이 전혀 없는 것은 아니다. 사막에도 길이 있다. 지도가 있다. 사막 지도를 보면 길들이 거미줄처럼 나 있는 것을 볼 수 있다. 왜 지름길로 가지 않고 돌아서 가는 것일까?

이유가 있다. 사막의 모든 길은 출발점에서 목적지까지 가장 빠른 길로 나 있지 않고, 반드시 오아시스를 거쳐서 가게 되어 있다. 사막에서 살아남기 위한 생존 법칙 가운데 하나는, 사막에서 오아시스를 만나면 반드시 들렀다 가라는 것이다. 빨리 광야를 벗어나기 위해 오아시스에 들르지도 않고 그냥 지나친다면 그는 멀리 못 가서 쓰러지고 말 것이다. 그리고 다시는 일어나지 못할 것이다. 광야에서 살아남기 위해서는 반드시 오아시스에 들렀다 가야 한다. 오아시스에 자주 그리고 오래 머물수록 오히려 그 광야를 빨리 통과할 수 있다.

오아시스 근처에는 많은 유골들이 발굴된다. 어떻게 된 것일까? 사막을 지나다 물이 떨어졌다. 오아시스를 얼마나 애타게 찾아 헤맸겠는가? 죽을 힘을 다해 오아시스 근처까지 왔는데, 100미터만 더 가면 오아시스가 있는데, 거기까지 가지 못하고 쓰러져 죽고 만 것이다. 바로 오아시스를 눈앞에 두고서…. 얼마나 안타까운 일인가? 이렇게 사막에서는 오아시스를 만나면 살고 만나지 못하면 죽는다.

〈황야의 무법자〉 같은 영화를 보면 황량한 광야 한가운데를 카우보이가 머리를 푹 숙인 채 말을 타고 뚜벅뚜벅 지나가고 있다. 무슨 생각에 젖어 있는 것일까? 한 가지 생각뿐이다. 시원한 콜라! 그 광야에서는 다른 것을 생각할 여유가 없다. 오직 물, 물만 생각한다. 사막을 지나는 사람들의 머릿속에는 한 가지 생각뿐이다. 무엇일까? 목적지? 아니다. 오아시스다. 다음 오아시스를 바라보며 그 뜨거운 광야를 지나는 것이다.

물이 다 떨어져 가고 있다. 3일만 더 가면 오아시스가 나온다. 그래서 열심히 그곳을 찾아갔다. 그동안 물은 다 떨어지고 말았다. 드디어 오아시스가 눈앞에 나타났다. '이제 살았구나' 하는 생각으로 샘을 향해 달려갔다. 그런데 가서 보니 물이 말라버렸다. 그러면 죽는 것이다. 이렇게 오아시스의 샘이 말라버린 것을 성경에서는 저주라고 부른다.

이스라엘 백성이 40년 광야를 지날 때 하나님은 매일 기적을 통해 만나와 메추라기를 내려 주셨다. 그러나 물에 관한 이야기는 별로 나오지 않는다. 몇 번 반석을 쳐서 물이 나오게 하신 이야기만 나온다. 어떻게 그 광야에서 40년 동안 물 문제를 해결했을까? 오아시스가 있었기 때문이다. 성경에 오아시스라는 단어는 나오지 않지만, 이스라엘 백성이 지나온 시내 광야에는 450여 개의 오아시스가 있다. 아직도 발견되지 않은 수많은 오아시스가 어딘가에 숨어 있을 것이다. 그렇게 오아시스가 많았기 때문에 물 문제를 해결할 수 있었던 것이다.

이스라엘 백성이 광야를 지나며 들렀던 곳이 많다. 그 지명들이 출애굽기와 민수기에 나온다. 그곳을 다 오아시스라고 생각하면 틀림없다. 엘림이라고 하는 곳이 나온다. 그곳에는 종려나무 70그루와 12개의 샘이 있었다(출 15:27). 이런 곳이 바로 오아시스이다. 오아시스에 가면 종려나무가 반드시 있다. 여리고는 종려나무 성읍이라는 별명을 가졌는데(신 34:3; 대하 28:15), 이곳도 대표적인 오아시스이다.

하나님은 광야 길을 지나는 이스라엘 백성들을 오아시스가 있는 곳으로 인도해 가셨다. 그리고 그 오아시스에서 한 달이고 1년이고 머물게 하셨다. 가데스 바네아에서는 38년을 머물러 있었는데, 그 말은 그곳에 그만큼 큰 오아시스가 있었다는 이야기다. 그렇기 때문에 오래 머물 수 있었던 것이다.

하나님은 므리바에서 그러셨던 것처럼 매일 반석을 쳐서 기적적으로 물이 나오게 하시고, 그것만을 마시게 하신 것이 아니었다. 그런 기적을 행하시는 대신 이스라엘 백성들을 물이 있는 오아시스로 인도해가셨다. 하나님은 기적을 통해서만 역사하시지 않는다. 매일 반석을 쳐서 물이 나오게 하시지 않는다. 그 대신 오아시스로 인도하신다. 그것이 하나님의 방법이다. 때로는 반석에서 물이 터지게 하는 기적적인 방법으로 채워 주시기도 하지만, 그보다는 자연적인 방법으로 채워 주실 때가 훨씬 많다.

하나님은 오아시스를 만날 때마다 쉬었다 가게 하셨다. 오아시스에 가면 종려나무가 있다. 종려나무 열매는 광야에 사는 사람들에게 절대적으로 필요하다. 하루에 5-6알만 먹으면 그 열매를 통해서 충분한 수분을 섭취할 수 있다고 한다. 하나님은 이런 방식으로 이스라엘 백성들에게 물을 공급해 주셨던 것이다.

우리가 광야로 들어갈 때 하나님은 우리가 알지 못하는 오아시스가 있는 곳으로 인도하시는 분이다. 그렇기 때문에 우리가 이 인생의 광야에서 살아남을 수 있는 것이다. 인생의 광야를 지날 때 두려워하지 마라. 하나님은 우리를 오아시스로 인도하실 것이다. 그곳에서 우리는 다시 힘을 얻고 힘차게 광야와 같은 인생길을 지치지 않고 걸어갈 수 있을 것이다.

광야의 오아시스, 여리고

20

새벽에 만나를 거두었을까?

흔히 새벽 기도를 독려할 때, 하나님이 만나를 내려 주신 것도 새벽이었고, 홍해를 가르신 것도 새벽이었고, 여리고 성이 무너진 것도 새벽이었음을 강조한다. 정말 그런 일들이 새벽에 일어났을까?

홍해가 갈라진 사건을 살펴보자. 밤새도록 하나님은 동풍을 불게 하셔서 홍해를 가르고 계셨다. 그리고 이집트 군대가 가까이 오지 못하도록 구름 기둥과 불기둥으로 밤새도록 이스라엘 백성들을 지키고 계셨다. 마침내 홍해가 다 갈라지자 이스라엘 백성들은 홍해 속으로 들어갔다. 그리고 바다를 육지같이 건넜다. 이 모든 일들은 한밤중에 일어났다. 새벽녘이 되자 이스라엘 백성들이 다 바다에서 나와 건너편에 올라가게 되었다. 그때 하나님은 이집트 군대가 이스라엘 백성들을 추격하게 하셨다. 그들이 바다 속으로 모두 들어갔을 때 하나님은 홍해를 다시 원상복구시키셨다. 그리고 이집트 군대를 모두 수장시키셨다.

모세가 곧 손을 바다 위로 내밀매 새벽이 되어 바다의 힘이 회복된지라 애굽 사람들이 물을 거슬러 도망하나 여호와께서 애굽 사람들을 바다 가운데 엎으시니 (출 14:27).

홍해가 갈라진 것이 새벽이 아니라, 갈라졌던 홍해가 다시 합쳐진 것이 새벽이었다. 더 정확하게 말하면 새벽이 아니라 아침이었다. 위 구절에서 '새벽'으로 번역된 히브리어는 boker(보케르)로 아침을 뜻한다. 물론 새벽도 포함되긴 하지만, 일반적으로 오전 시간을 칭할 때 사용하는 단어이다. 그러므로 위의 사건이 일어난 것이 반드시 '새벽' 이었다고 단정할 수는 없다. 그리고 홍해가 갈라지기 시작한 것은 새벽이 아니라 위에서 살펴본 대로 밤중이었다.

광야를 지날 때 하나님께서는 매일 만나를 내려 주셨다. 이스라엘 백성들은 40년간 새벽 일찍 일어나 들에 나가 그 만나를 거두었다. 정말일까?

저녁에는 메추라기가 와서 진에 덮이고 아침에는 이슬이 진 주위에 있더니 그 이슬이 마른 후에 광야 지면에 작고 둥글며 서리 같이 가는 것이 있는지라 (출 16:13-14).

하나님은 매일 아침 일찍이 만나를 내려 주셨다. 그러나 하늘에서 내려 주신 것은 먹을 수 있는 것이 아니었다. 하늘에서 내릴 때는 이슬 같은 것이었다. 그것이 해가 뜨고 한참 후에 마르면서 만나가 된 것이다. 이스라엘 백성들이 만나를 거둔 것은 새벽이 아니라 아침이었다. 새벽에 일어나지 않고 늦게 일어난 사람은 만나를 구할 수가 없어서 그날은 굶어야 했다는 이야기는 잘못된 것이다. 오히려 그 반대다. 새벽에는 누구도 만나를 거둘 수 없었다. 해가 나고 한참 후에야 만나를 거둘 수 있었다.

이스라엘 백성들은 여리고 성을 매일 한 바퀴씩 6일 동안 돌았다. 그리고 이레째 되는 날 "새벽에 일찍이 일어나서"(수 6:15) 여리고 성을 일곱 바퀴 돌았다. 그러자 여리고 성이 와르르 무너졌다.

여리고 성을 한 바퀴 도는 데 얼마나 걸렸을까? 당시 여리고 성의 크기는 10에이커 정도였다. 성 주변을 한 바퀴 도는 데 30분 정도면 되었을 것이다. 그러나 문제는 혼자서 돈 것이 아니었다는 것이다. 이스라엘 백성은 군인만 60만 명이었다. 몇 명이 돌았는지 알 수 없지만 꽤 오랜 시간이 걸렸을 것이다. 한 바퀴 도는 데 한 시간이 걸렸다고 하더라도 일곱 바퀴를 돌려면 일곱 시간이 걸린다. 그렇다면 여리고 성이 무너진 것은 새벽이 아니라 낮 12시나 오후였을 것이다.

하나님은 새벽에 도우신다(시 46:5). 그러나 하나님은 홍해 사건에서 보는 것처럼 한밤중에도 역사하신다. 여리고 성 사건에서 볼 수 있는 것처럼 한낮에도 역사하신다. 오병이어의 기적은 저녁 때 일어났다. 갈릴리 호수의 풍랑을 잠잠케 하시는 기적은 한밤중에 일어났다. 예수님은 아침 일찍이 일어나 한적한 곳으로 나가서 기도하셨다. 그러나 동시에 밤을 새워가면서 기도하기도 하셨다. 새벽 기도만 하신 것이 아니고 철야 기도도 하셨던 것이다. 하나님은 새벽 기도만 특별히 잘 들어주시는 분이 아니다.

> 여호와여 오직 내가 주께 부르짖었사오니 아침에 나의 기도가 주의 앞에 이르리이다 (시 88:13).

고넬료는 대낮에 지붕에서 기도하다가 환상을 보았다. 옥에 갇힌 베드로를 위해 예루살렘 교인들은 밤늦게 마가의 집에 모여 심야 기도회를 가졌다.

하나님이 특별히 더 축복해 주시거나 응답을 잘 해주시는 시간이 따로 있는 것은 아니다. 성령님은 주일날 11시부터 12시까지만 집중적으로 역사하시는 분이 아니다. 새벽형 인간은 새벽 기도를 좋아할 것이다. 새벽에 집중을 잘 할 수 있기 때문이다. 올빼미형 인간은 심야 기도를 선호할 것이다. 밤에 집중을 잘 할 수 있기 때문이다. 감사한 것은 하나님은 우리가 언제 기도하느냐에 대해 상관하지 않으신다는 것이다. 시간에 관계없이 언제든 하나님에게 집중하는 시간을 갖는 것이 중요하다. 하나님은 우리가 언제 기도하든 관계없이 언제나 우리에게 귀를 기울이신다.

21

여리고는 난공불락의 철옹성이었을까?

“여러분 앞에 여러분이 무너뜨릴 수 없는 난공불락의 여리고 성이 버티고 있다고 하더라도 두려워하지 마십시오. 하나님이 다 무너뜨려 주실 것입니다. 여리고 전투에서 이스라엘 백성은 싸우지 않고도 그 성을 정복하지 않았습니까? 하나님은 싸우지 않고도 이기게 해주시는 하나님이십니다.”

오래전에 그렇게 설교한 적이 있다. 그러자 “아멘” 소리가 힘차게 울려퍼졌다.

여리고는 인류 역사상 가장 오래된 도시이다. 지금부터 1만 년 전부터 사람들이 모여서 성을 쌓고 살았던 도시이다. 지금도 BC 8500년 전에 세워진 망대가 남아 있다. 크기는 8.5에이커 정도 된다. 인구는 2천 명 정도가 되었을 것이다(지금은 4만 명 정도가 살고 있다). 처음 성을 쌓은 것은 주전 8500년경이었으며, 그 후 여러 차례 무너졌다 다시 쌓았다 하였다.

이스라엘이 쳐들어갔을 때 여리고 성은 이중 벽으로 이루어져 있

구약시대의 여리고 성터

었다. 내벽과 외벽으로 이루어져 있었던 것이다. 성의 두께는 내벽이 4미터, 외벽은 2미터였다. 높이는 10미터 정도가 되었다. 아래는 돌로 쌓아올리고 위는 흙으로 쌓은 토성이었다.

어떤가? 지금까지 생각해왔던 것처럼 역시 대단한 성인가? 아니면 '아니, 별거 아니잖아?' 하는 생각이 드는가? 여리고 성이 우리는 가나안에서 가장 큰 성이었을 것이라고 생각하지만 그렇지 않다. 다른 성들에 비하면 작은 성에 속한다. 당시에 가장 큰 성읍이었던 하솔에 비하면 5분의 1도 안 된다. 하솔에는 3-4만 명이 살고 있었지만 여리고에는 2천 명밖에 살고 있지 않았다. 더군다나 여리고는 평지에 위치하고 있다. 방어라고 하는 측면에서 볼 때 지리적으로 매우 불리

한 데 자리 잡고 있었던 것이다. 성도 이중으로 되어 있긴 했지만, 철옹성이 아니라 흙과 돌로 쌓은 토성이었다.

그러면 이제 이스라엘과 여리고의 전투 장면을 그려 보자. 여리고는 성문을 굳게 잠그고 있었다. 왜 그랬을까? 여리고가 그렇게 강대한 성읍이었다면 성문을 활짝 열고 나와서 적군을 쫓아내야 하는 것 아닌가? 성 밖에서는 이스라엘 군이 에워싸고 있었다. 이스라엘 군인은 60만 명이었다(민 26:54). 이집트에서 나올 때도 60만 명의 장정이 나오지 않았는가? 중간에 다시 한 번 병적 조사를 했을 때도 숫자는 비슷했다. 60만 명이 믿어지지 않으면 3만 명이었다고 생각해 보라(왜냐하면 아이 성을 공격할 때 3만 명이 올라갔기 때문이다). 그러면 게임 끝이다. 안에는 2천 명이 있고 밖에서는 3만 명이 에워싸고 있다. 그러면 보나마나한 전쟁 아닌가?

여리고 성으로 정탐꾼을 보냈을 때 라합이 정탐꾼들을 숨겨 주었다. 그러면서 당신들이 이 성을 함락시킬 때 우리를 살려달라고 부탁하지 않았는가? 그녀도 여리고 성이 함락되리라는 것을 알고 있었던 것이다. 그녀는 이렇게 말한다.

> 우리가 너희를 심히 두려워하고 이 땅 주민들이 다 너희 앞에서 간담이 녹나니…너희가 요단 저쪽에 있는 아모리 사람의 두 왕 시혼과 옥에게 행한 일 곧 그들을 전멸시킨 일을 우리가 들었음이니라 우리가 듣자 곧 마음이 녹았고 너희로 말미암아 사람이 정신을 잃었나니 (수 2:9-11).

그래서 그들은 싸울 엄두도 못 내고 전의를 상실하고 문을 걸어

잠갔던 것이다.

이스라엘 백성은 하루 한 번씩 여리고 성을 돌았다. 100만 명이나 되는 사람들이(민 31:5) 10에이커도 안 되는 작은 성을 한 바퀴씩 돌려면 하루종일 돌고도 모자랐을 것이다. 100만 명이 1주일 동안을 그렇게 돌았으니 그 성이 온전하게 남아날 리가 없지 않은가? 하나님이 무너뜨리지 않으셔도 무너지게 될 판이다. 이렇게 여리고와 이스라엘의 전쟁은 게임이 안 되는 싸움이었다. 싸우고 말고 할 필요도 없는 전쟁이었다. 그러기 때문에 이스라엘이 쳐들어온다는 소식을 듣고는 일찌감치 문을 굳게 걸어 잠그고 숨을 죽이고 있었던 것이다.

하나님은 이스라엘 백성에게 성을 무너뜨리지 말고 그냥 성 주변을 돌기만 하라고 하는 지시를 내리셨다. 이스라엘 백성들은 도무지 하나님의 작전 지시가 이해되지 않았을 것이다. 200만 명이 우르르 몰려가면 한 시간도 되지 않아서 다 무너뜨릴 수 있는데, 왜 일주일씩이나 기다리라고 하신 것일까? 그냥 문을 쳐부수고 들어가면 간단하게 끝날 것을 가지고 왜 번거롭게 성을 돌기만 하라고 하신 것일까? 이해가 가지 않았을 것이다. 하나님에 대한 불만으로 가득 찼을 것이다. 그래서 아마 일주일 동안 그들에게 아무 말도 하지 말라고 하신 것인지도 모른다.

이스라엘이 도무지 그들의 힘으로는 난공불락의 철옹성인 여리고를 무너뜨릴 수가 없어서 하나님께서 그 성을 무너뜨려 주시기 위해 성 주변을 돌라고 하신 것이 아니었다. 이스라엘은 하나님의 도움 없이도 얼마든지 그들의 힘으로 충분히 여리고 성을 무너뜨릴 수 있었다. 그러나 하나님은 그렇게 하지 못하게 하셨다. 칼과 창을 가지고 싸우지 못하게 하셨다. 그냥 성을 돌기만 하라고 하셨다.

왜 하나님은 그런 이상한 작전 지시를 내리신 것일까? 이유는 간단하다. 그들이 그들의 힘으로 여리고 성을 정복했다는 소리를 하지 못하게 하기 위해서였다. 여리고 성은 하나님이 무너뜨리셨다. 이스라엘 백성이 무너뜨린 것이 아니었다. 그들은 그저 하나님이 행하시는 일을 보고 있어야만 했다. 그들은 그들이 싸워서 그 성을 탈취하고 싶었지만 하나님은 그렇게 하지 못하게 하셨던 것이다.

오래전 아말렉과의 전투에서도 그런 일이 있었다. 싸우지 않고도 이길 수 있는 전쟁이었다. 그런데 기도를 안 하면 지는 것이었다. "전쟁이 여호와께 속한 것"임을 보여주기 위해서 그러셨던 것이다. 이런 사실을 다시 한 번 이스라엘에게 보여주려고 하나님은 그런 이상한 방법으로 여리고 성을 무너뜨리신 것이다.

하나님이 가장 싫어하시는 것이 있다. 우리가 우리 힘으로 무엇을 하려고 하는 것이다. 우리가 했다고 하는 우쭐한 마음을 갖지 못하게 하시기 위해서, 하나님은 우리가 우리 힘으로 할 수 있는 일이라고 할지라도 그 일을 못하게 하실 때가 있다.

너희는 가만히 있어 내가 하나님 됨을 알지어다 내가 뭇 나라 중에서 높임을 받으리라 내가 세계 중에서 높임을 받으리라 하시도다 (시 46:10).

22

기드온의 300용사가 과연 정예부대였을까?

추수 때만 되면 미디안 족속이 이스라엘에 쳐들어와 곡식을 약탈해갔다. 그들은 사우디아라비아에 살고 있었던 사람들이다. 그 먼 곳에서 이스라엘까지 올라왔던 것이다. 왜 그 먼 곳까지 올라왔을까? 사우디아라비아는 사막이다. 사막에 살고 있던 미디안 족속은 양과 염소를 키우면서 살아가는 베두인이었다. 양과 염소를 통해서 웬만한 의식주 문제는 다 해결할 수 있었다. 양이나 염소 젖을 통해 매일 신선한 우유를 공급받을 수 있었고 치즈도 만들어 먹을 수 있었다. 털을 통해 옷을 만들어 입을 수 있었고, 가죽을 통해 장막을 만들 수 있었다. 고기도 먹을 수 있었다.

그러나 그들의 힘만으로는 해결할 수 없는 문제가 있었다. 농사를 지을 수 없었기 때문에 곡식과 채소를 얻을 수가 없었던 것이다. 이 문제를 해결하는 방법은 하나밖에 없었다. 약탈하는 것이었다. 베두인들은 생존을 위해 약탈하는 수밖에 없었다. 그래서 베두인들은 전쟁에 능한 전사들이었다.

미디안 족속이 살고 있던 사우디아라비아 주변은 100% 사막 지역이다. 그래서 그들은 사우디아라비아에서 요르단을 거쳐 이스라엘까지 올라와 곡식을 약탈해갔던 것이다.

이스라엘 사람들이 농사만 지어놓으면 이렇게 미디안 족속들이 와서 다 약탈해가니 얼마나 낙심천만이었겠는가? 언제까지나 당할 수만은 없어서 기드온이 군사들을 모았다. 그러자 3만 명이 넘게 모여들었다. 그러나 기드온은 300명만을 데리고 나가 메뚜기 떼처럼 많은 미디안 족속을 대파시켰다. 이것이 그 유명한 기드온의 300용사 이야기다(삿 6-7장).

우리는 이 기드온의 300용사 이야기를 통해 숫자가 문제가 아니라, 적은 수라고 할지라도 기드온의 300용사처럼 잘 훈련된 정예부대만 있다면 어떤 전쟁에서도 승리할 수 있다는 설교를 많이 듣는다.

"하나님은 3만 명이 싸우겠다고 모여들었을 때에 그들 모두를 돌려보내시고 300명의 정예 부대만 남게 하셨습니다. 그리고 그들을 통해서 미디안 군대를 무찌르셨습니다. 우리에게 필요한 것은 3만 명의 오합지졸 군사들이 아니라 300명의 소수 정예부대입니다. 하나님은 그들을 통해 역사하십니다. 여러분이 바로 300명의 정예 요원 가운데 한 사람이 되시기를 바랍니다. 우리 교회에 기드온의 300용사와 같은 잘 훈련된 정예요원들만 있으면 우리는 어떤 미디안 군대도 다 무찌를 수 있습니다. 숫자가 문제가 아닙니다. 훈련 받은 정예 요원 300명만 있으면 3만 명의 미디안 군대라도 무찌를 수 있습니다."

정말 기드온의 300용사가 100대 1의 경쟁률을 뚫고 뽑힌 정예부대였을까? 그래서 적은 수를 가지고도 대승리를 거둘 수 있었던 것

길보아 산 아랫자락에 자리 잡고 있는 하롯 샘

일까? 기드온이 군사를 모집하자 32,000명이 모여들었다. 적지 않은 숫자다. 기드온은 하나님의 명령대로 전쟁에 나가기를 두려워하는 사람은 다 돌려보냈다. 그러자 만 명만 남았다. 하나님은 그들에게 하롯 샘에서 흘러나와 개울로 흘러가는 물을 먹도록 하셨다. 무릎을 꿇고 엎드려서 물을 핥아 먹은 사람들도 있었고, 손으로 떠서 마시는 사람들도 있었다. 하나님은 손으로 떠서 마신 사람들은 돌려보내게 하시고 핥아먹은 사람들만 남게 하셨다. 그리고 그들을 전쟁터로 나가게 하셨다.

전쟁에 나갈 정예 부대를 뽑으려면 칼 솜씨나 체격이나 무술 솜씨를 보고 뽑아야 하는 것 아닌가? 그런데 어떻게 물 먹는 모습을 보고 정예 요원을 뽑는단 말인가? 손으로 떠서 마셨다고 돌려보내고, 혀로 핥아 먹었다고 해서 뽑는다는 것이 말이 되는가? 도대체 하나님의 기준이 무엇이었을까?

손으로 물을 떠서 먹은 사람들이 실격된 것을 그들이 무기를 내려놓고 손으로 물을 마셨기 때문이라고 하는 설명을 들은 적이 있다. 군인정신이 부족한 사람들이기 때문에 돌려보냈다는 것이다. 반면에 엎드려서 물을 핥아먹은 사람들은 두 손에 무기를 들었기 때문에 어쩔 수 없이 개처럼 물을 핥아서 먹을 수밖에 없었다는 것이다.

만일에 물을 혀로 핥아서 마신 사람들을 돌려보내고 손으로 떠서 마신 사람들을 뽑았다면 그 이유를 이렇게 설명할 것이다.

"우리는 어떤 상황이나 순간에도 인간으로서의 품위를 지켜야 한다. 어떻게 인간이 개처럼 물을 핥아서 먹는단 말인가? 군인이 되기 전에 인간이 되어야 한다. 그래서 하나님은 혀로 물을 핥아먹은 사람들을 돌려보내셨던 것이다."

하나님은 그들이 개울물을 마시는 방식을 보시고 사람들을 뽑으려고 하셨던 것이 아니다. 다시 말해 손으로 떠서 마신 사람들이 잘못했기 때문에 그들을 돌려보내도록 하신 것이 아니라는 것이다. 1만 명 가운데 9,700명이 손으로 물을 떠서 마시고 나머지 300명이 엎드려서 혀로 핥아먹는 것을 보시고는, 엎드려서 혀로 물을 핥아먹는 사람들을 뽑으셨다. 반대로 9,700명이 혀로 물을 핥아서 마셨고, 나머지 300명이 손으로 물을 떠서 마셨다면 어떻게 되었을까? 300명은 돌려보내고 9,700명을 전쟁에 내보내셨을까? 아니다. 혀로 물을 핥아먹은 9,700명은 돌려보내시고, 손으로 물을 떠서 마신 사람들은 남게 하셨을 것이다. 무슨 근거로 그렇게 말할 수 있는가?

하나님은 어떤 자세로 물을 마시는가를 보고 최종 선발을 하려고 하신 것이 아니라 1만 명이 너무 많아서, 그들을 돌려보내기 위해 물을 마셔보게 하셨던 것이다. 돌려보낸 사람들은 자격이 없어서 돌려보낸 것이 아니고, 남은 사람들도 자격이 있어서 남은 것이 아니다. 물을 어떻게 마시는가가 기준이 아니었다. 전쟁에 나갈 군인들의 숫자를 줄이기 위해 이런 방법을 사용하신 것뿐이다.

그들이 뽑힌 것은 그들의 실력과는 아무 관계도 없다. 무예 능력이 출중해서 뽑힌 사람들이 아니었다. 자격이 있어서 뽑힌 것도 아니었다. 경쟁을 통해서 뽑힌 것도 아니었다. 다른 사람들보다 더 용맹스러워서 뽑힌 것도 아니었다. 하나님 눈에 들어서 뽑힌 것도 아니었다. 그냥 무작위로 아무나 300명을 뽑은 것이었다. 그들이 뽑힌 유일한 이유가 있다고 하면 그들은 다수에 속해 있지 않고 소수에 속해 있었기 때문이다. 결코 그들은 소수 정예부대가 아니었다.

왜 하나님은 3만 명 가운데 300명만을 뽑아서 전쟁에 나가게 하셨는가? 다 나가 싸우면 훨씬 유리할 텐데, 왜 자원해서 싸우겠다고 나온 사람들을 돌려보내신 것일까?

> 이는 이스라엘이 나를 거슬러 스스로 자랑하기를 내 손이 나를 구원하였다 할까 함이니라 (삿 7:2).

3만 명이 다 나가서 싸워서 이스라엘이 이겼다고 하면 "우리가 우리 힘으로 싸워서 이겼다, 우리가 승리를 거두었다"라고 할 것이다.

그런 소리를 하지 못하도록 하기 위해 3만 명 중에 300명만 남게 하셨던 것이다.

이렇게 300명의 용사들이 전투에 나가게 되었는데, 그들은 싸움 한 번 해 보지 못했다. 칼 한 번 휘두르지 못했다. 하나님이 미디안 군대로 하여금 자기들끼리 칼을 휘두르면서 싸우게 하셨다. 자기들끼리 싸우다 망하게 하신 것이다. 왜 그렇게 하셨을까?

> 이는 이스라엘이 나를 거슬러 스스로 자랑하기를 내 손이 나를 구원하였다 할까 함이니라 (삿 7:2).

3만 명 가운데 300명만 남기신 이유도, 그리고 그 300명마저 칼 한 번 휘두르지 못하게 하신 이유도 바로 여기에 있었다.

23

한나는 서원한 대로 사무엘을 바쳐야만 했는가?

야곱은 외삼촌 라반의 집으로 도망가는 중에 벧엘에 머물게 되었다. 그곳에서 그는 꿈을 통해 고향으로 다시 돌아오게 될 때까지 자신을 지켜 주겠다고 하시는 하나님의 약속을 받았다. 야곱은 그 자리에 돌을 세우고 하나님이 그 약속을 지켜 주시면 그곳에 돌아와 제단을 쌓고 자신의 모든 소유의 십일조를 바치겠다고 서원했다.

20년의 세월이 훌쩍 흘러 하나님이 약속하신 대로 야곱이 다시 고향으로 돌아온다. 야곱은 얍복 강을 건너면서 이름이 이스라엘로 바뀌게 된다. 고향 땅 가나안으로 돌아온 야곱은 세겜에 가서 땅을 사고 그곳에 정착한다. 그러던 어느 날 하나님이 그에게 나타나셔서 왜 서원을 갚지 않느냐고 책망하셨다. 그때서야 정신이 든 야곱은 벧엘로 올라가 서원을 갚게 된다.

서원한 것은 어떤 경우에나 지켜야 한다(민 30:2). 서원한 것은 해로울지라도 갚아야 한다(시 15:4). 서원하고 갚지 아니하면 서원하지 아니한 것만 못하다(전 5:4-5). 정말 서원한 것은 어떤 경우에도 갚아야만 하는가?

자식이 없는 한나는 브닌나에게 멸시 천대를 받았다. 너무 서러워서 하나님 앞에 눈물로 기도했다.

"하나님, 하나님께서 저에게 아들을 주시면 그 아들을 하나님께 바치겠습니다. 아들 하나만 주십시오."

그 기도를 들으신 하나님은 아들을 주셨다. 바로 그 아들이 사무엘이다.

그러자 한나에게 후회되는 것이 하나 있었(을 것이)다. 아들을 낳긴 낳았는데, 서원 기도를 했기 때문에 그 아들을 하나님께 바쳐야 하는 것이었다. 아들을 바치겠다고 하는 서원 기도만 하지 않았더라면 아들을 키우면서 얼마나 행복하게 살 수 있겠는가?

한나는 아이가 젖을 떼자마자 제사장 엘리에게 맡긴다. 사실 젖을 뗄 때까지만 데리고 있겠다고 한 것은 아니었다. 더 큰 다음에 바쳐도 된다. 그러나 한나는 마음을 굳게 먹고 젖을 떼자마자 하나님 앞에 바쳤다. 우리 같으면 조금이라도 더 곁에 두고 싶어서 '걸을 때까지만, 말할 때까지만, 철 날 때까지만, 학교 갈 때까지만…' 하면서 계속 미루었을 텐데, 한나는 그러지 않았다. 한나는 무정할 정도로 무 자르듯이 사무엘을 젖 뗄 때까지만 딱 키우고 하나님께 바쳤다. 자신이 어머니로서 해야 할 최소한의 의무만 행하고 하나님께 바쳤던 것이다.

역시 한나가 대단한 믿음의 여인이었음을 볼 수 있다. 그러나 한나만 대단한 믿음을 가진 것이 아니었다. 그의 남편도 한나 못지않게 믿음이 대단한 사람이었다. 무슨 말인가? 기도해서 아이를 얻은 것도 한나이고, 하나님께 그 아이를 바치겠다고 서원한 것도 한나이고, 그 서원을 갚은 것도 한나이다. 그런데 남편 엘가나가 무슨 일을 했기에 그의 믿음도 대단하다고 하는 것인가?

한나가 남편에게 하나님 앞에 서원한 것이 있어서 하나님께 아들을 바쳐야겠다고 했을 때(삼상 1:22)에는 은근히 남편이 반대해 주기를 바랐을지도 모른다. 그러면 하나님께 "하나님, 저는 아들을 하나님께 바치고 싶은데, 남편이 그러지 못하게 하네요. 하나님도 아시다시피 이 아들이 저만의 아들은 아니지 않습니까? 남편이 동의하지 않는데 저 혼자서 이 아이를 하나님께 바칠 수 있는 것은 아니지 않습니까? 하나님, 죄송합니다만 이해하시고 용서해 주세요"라고 말씀드리고 없었던 일로 할 수 있는 것 아닌가?

그런데 남편은 예상과는 다르게 흔쾌히 허락을 했다(삼상 1:23). 그래서 한나도 어쩔 수 없이 사무엘을 하나님에게 바칠 수밖에 없었다.

남편이 반대한다고 서원한 것을 갚지 않는다고 하는 것이 말이 되느냐고 반문할 수 있다. 한나는 사실 자신이 서원한 것을 반드시 지켜야만 했던 것은 아니다. 위에서 상상해 보았던 것처럼 남편이 반대만 했더라면 사무엘을 바치지 않아도 되었다. 그게 무슨 말인가?

> 그의 남편이 그것을 듣고도 아무 말이 없고 금하지 않으면 그 서원은 다 이행할 것이요 그가 결심한 서약은 다 지킬 것이니라 그러나 그의 남편이 그것을 듣는 날에 무효하게 하면 그 서원과 결심한 일에 대하여 입술로 말한 것을 아무것도 이루지 못하나니 그의 남편이 그것을 무효

하게 하였은즉 여호와께서 그 부녀를 사하시느니라 모든 서원과 마음을 자제하기로 한 모든 서약은 그의 남편이 그것을 지키게도 할 수 있고 무효하게도 할 수 있으니 그의 남편이 여러 날이 지나도록 말이 없으면 아내의 서원과 스스로 결심한 일을 지키게 하는 것이니 이는 그가 그것을 들을 때에 그의 아내에게 아무 말도 아니하였으므로 지키게 됨이니라 그러나 그의 남편이 들은 지 얼마 후에 그것을 무효하게 하면 그가 아내의 죄를 담당할 것이니라 (민 30:11-15).

한나가 사무엘을 하나님께 서원한 대로 드려야 했던 것은 남편 엘가나가 동의를 했기 때문이다. 그가 동의하지 않았다면 한나는 사무엘을 바치지 않아도 되었다. 결국 한나가 하나님께 사무엘을 바쳐야 했던 것은 그녀가 서원을 했기 때문이 아니라 남편 엘가나가 그녀의 서원에 동의를 했기 때문이다. 우리는 한나의 믿음만 이야기를 한다. 그러나 남편 엘가나도 한나 못지 않게, 아니 한나 이상으로 믿음이 좋은 사람이었다.

24

골리앗과 맞섰던 다윗은 결코 '애송이'가 아니었다

〈주몽〉이라는 드라마가 인기를 끈 적이 있었다. 주몽은 부여의 왕자였는데, 나중에 고구려를 세운 인물이다. 당시 부여는 한나라의 속국처럼 살았다. 그 당시 한나라는 철기 문화 시대라서 칼이며 갑옷이며 무기들을 철로 만들었다.

그런데 부여는 아직 청동기 시대를 벗어나지 못하고 있었다. 부여의 무기는 구리에 주석이나 아연 같은 것을 섞어서 만들었기 때문에 강철(쇠)로 만든 무기보다는 훨씬 약했다. 강철로 만든 한나라의 칼을 청동으로 만든 부여의 칼로는 당해낼 수가 없었다. 그래서 한나라와 싸웠다 하면 질 수밖에 없었다. 그러니 속국처럼 살 수밖에 없었던 것이다. 이에 주몽은 나라를 지키는 방법은 한나라처럼 강철로 만든 무기를 만드는 것뿐이라고 생각하고 '철기방'을 만들어 마침내 철검을 만드는 비법을 발견하게 된다. 그리고 그것이 힘이 되어 우리나라 역사상 가장 강력한 국가였던 고구려를 세우게 된다.

구약에는 이스라엘 민족이 가나안에 정착할 시기에 있었던 많은 전쟁 이야기가 나오는데, 대부분이 블레셋과의 전쟁 이야기이다. 이스라엘 사람들은 블레셋이라면 치를 떨었다. 기회만 있으면 쳐들어왔기 때문이다. 그런데 문제는 그들을 쳐부술 수가 없었다는 것이다. 이스라엘이 가나안에 들어갔을 때 가나안의 다른 민족은 다 정복했는데, 블레셋만큼은 정복하지 못했다. 그 이유가 무엇일까?

이스라엘은 당시에 청동기 시대였다. 그러나 블레셋은 이미 철기 문명을 누리고 있었다. 우리나라는 고구려 때 비로소 철기 시대로 접어들게 되는데, 블레셋은 벌써 주전 1100년경에 철기 문명권에 있었다. 거의 1000년 차이가 난다. 블레셋은 그렇게 강대한 민족이었다. 그러기 때문에 이스라엘이 당해낼 수 없었던 것이다.

블레셋 장군 골리앗과 다윗이 대결할 때(삼상 17장), 골리앗은 놋으로 만든 투구를 쓰고, 놋으로 만든 갑옷을 입었다. 다리에는 놋으로 만든 각반을 치고, 어깨에는 강철로 만든 창을 메고 있었다. 칼에 관한 이야기는 나오지 않지만, 분명히 강철로 만들어진 칼을 가지고 있었을 것이다. 방어용 무기는 다 놋으로 만들고, 그보다 중요하면서 전쟁의 승패가 달려 있는 칼과 창은 쇠로 만들었던 것이다.

그러나 이스라엘 군대에서 칼과 창을 가진 사람은 사울 왕과 그의 아들 요나단뿐이었다. 다른 군인들은 그런 것들이 없었다. 그게 무슨 말인가? 전쟁터에 나온 군인들이 칼과 창이 없다고 하는 것이 말이 되는가? 그런데 사실이다.

사무엘상 13장 19-22절을 보라. 이스라엘 사람들 가운데 대장장이는 한 명도 없었다. 칼이나 창을 만드는 것을 블레셋이 허용하지 않았기 때문이다. 〈주몽〉이라는 드라마를 보면 부여가 칼을 만든다는 정보를 입수한 한나라의 황제가, 만일 앞으로도 칼을 계속 만들 시에는 한나라에 대한 선전포고로 받아들이겠다고 경고하는 장면이 나온다. 블레셋이 이스라엘에 대장장이가 한 사람도 없게 한 것도 무기를 만들지 못하도록 하기 위해서였던 것이다.

그래서 이스라엘 사람들은 농기구로 사용하는 곡괭이나 도끼, 낫 같은 것들을 벼릴 때도 블레셋에 내려가서 비싼 돈을 주고 벼려야 했다. 그랬으니 군인들도 칼이나 창이 없었던 것이다.

이스라엘에서 칼과 창을 가진 사람은 사울 왕과 그의 아들 요나단 두 사람뿐이었다(삼상 13:22). 이스라엘 군인들은 몽둥이나 농기구나 물매 같은 것을 가지고 싸워야 했다(삿 3:31, 5:8). 그러니 상대가 되겠는가? 도무지 이길 수가 없는 것이다(구약의 전쟁 이야기를 읽을 때 우리는 칼과 칼이 쨍하고 맞부딪히며 싸우는 장면을 상상했을 것이다. 그러나 다윗 시대 이전에는 그런 전쟁이 거의 없었다. 왜냐하면 이스라엘은 다윗 시대에 이르러서야 비로소 철기 문화에 들어섰기 때문이다).

다윗과 골리앗이 일대일로 싸우기로 했다. 그리고 지는 편이 무조건 상대방에게 항복을 하기로 했다. 이런 전쟁을 일기토(一騎討)라고 한다. 이런 관습은 이스라엘에만 있었던 것이 아니다. 삼국지에도 많이 나오고, 드라마 〈연개소문〉에서도 고구려와 중국과의 전쟁에서 이런 식으로 승패를 가르는 장면이 나온다.

다윗이 이스라엘 대표로 나가게 되었다. 그러면 그에게 갑옷을 입히고 칼이라도 주어야 하는 것 아닌가? 그래서 사울 왕은 자기 갑옷과 칼을 다윗에게 주었다. 왕이 전쟁터에서 갑옷을 벗고 칼을 남에게 주는 일은 있을 수 없는 일이다. 왕의 생명과 직결된 문제이기 때문이다. 그런데 갑옷과 칼을 가진 사람이 왕밖에 없었기 때문에 어쩔 수 없이 그것을 주어야 했다.

그러나 다윗은 사울이 벗어 준 갑옷을 입고 투구를 쓰고 칼을 들어 보더니 다 내려놓았다. 몸에 맞지 않아서? 아니다. 몸에 맞지 않을 것 같으면 아예 사울이 다윗에게 입어 보라고 하지 않았을 것이다.

보통 골리앗은 구척 장신인 데 반해 다윗은 어린 소년으로만 생각한다. 그러나 그렇지 않다. 그때 다윗의 나이는 15세에서 16세 정도 되었을 것이다. 나이는 어렸지만 그렇다고 우리가 생각하는 것만큼 키가 작다거나 힘이 없는 아이는 아니었다. 그는 양을 지키기 위해서 곰과 사자도 때려눕힌 힘센 '장사'였다. 그림이나 삽화에서 볼 수 있는 것처럼 어린아이였다고 한다면 절대로 그렇게 할 수 없었을 것이다. 워낙 골리앗이 키가 커서 다윗이 작아 보이기는 했겠지만, 그렇다고 다윗이 키가 작은 아이는 아니었다.

앞에서 사울 왕과 비슷한 체격을 갖고 있었을 것이라고 지적했다. 사울은 보통 사람들보다 머리 하나 정도가 더 컸다(삼상 9:2). 이렇게 사울은 기골이 장대한 사람이었는데, 다윗도 사울 못지 않은 체격을 가지고 있었다. 다윗은 우리가 생각하는 것처럼 그렇게 어린아이이거나 '애송이'가 아니었다. 만일 정말 우리가 상상하는 것처럼 '애송이'였다면 사울이 그를 골리앗과 맞대결하도록 허락했겠는가?

25

다윗과 요나단은 친구였는가?

다윗과 요나단의 우정은 수천 년의 세월을 뛰어넘어 지금까지 사람들 입에 오르내리고 있을 정도로 유명하다. 요나단은 다윗의 매형이었다. 사울의 딸과 결혼했기 때문이다. 요나단은 아버지 사울의 뒤를 이어 왕이 될 사람이었다. 그러나 하나님은 다윗을 이미 왕으로 정해 놓으셨다. 그렇기에 두 사람은 왕의 자리를 놓고 다투어야 하는 불편한 관계였다. 그들의 우정이 아니었다면 왕권을 놓고 피비린내 나는 싸움을 벌여야만 했던 원수 사이였을 것이다.

사울이 몇 번씩이나 죽이려고 했을 때 다윗은 요나단의 도움으로 가까스로 살아날 수 있었다. 요나단은 다윗에게 있어서 생명의 은인이었다.

성경은 다윗과 요나단의 각별한 우정을 여러 차례 강조하고 있다.

> 사울의 아들 요나단이 다윗을 심히 좋아하므로 (삼상 19:1).
>
> 요나단의 마음이 다윗의 마음과 하나가 되어 요나단이 그를 자기 생명 같이 사랑하니라 (삼상 18:1).

> 요나단은 다윗을 자기 생명 같이 사랑하여 더불어 언약을 맺었으며 요나단이 자기가 입었던 겉옷을 벗어 다윗에게 주었고 자기의 군복과 칼과 활과 띠도 그리하였더라 (삼상 18:3-4).
> 요나단이 다윗에게 이르되 네 마음의 소원이 무엇이든지 내가 너를 위하여 그것을 이루리라 (삼상 20:4).
> 다윗에 대한 요나단의 사랑이 그를 다시 맹세하게 하였으니 이는 자기 생명을 사랑함 같이 그를 사랑함이었더라 (삼상 20:17).

다윗도 요나단을 믿고 따르며 의지하였다. 어려움이 있을 때마다 털어놓았고 도움을 요청했다. 요나단이 전사하자 이렇게 울면서 탄식했다.

> 나의 형 요나단, 형 생각에 나의 마음이 아프오. 형이 나를 그렇게도 아껴 주더니, 나를 끔찍이 아껴 주던 형의 사랑은 여인의 사랑보다도 더 진한 것이었소 (삼하 1:26, 새번역).

다윗과 요나단은 그들 사이의 우정을 가로막는 모든 장애물들을 뛰어넘어 아름답고 순수한, 그리고 진정한 우정을 꽃피웠다. 다윗과 요나단은 우정을 더욱 돈독하게 하기 위하여 영원한 우정을 약속하는 언약까지 맺었다.

> 요나단은 제 목숨을 아끼듯이 다윗을 아끼어, 그와 가까운 친구로 지내기로 굳게 언약을 맺고 (삼상 18:3, 새번역).

그렇다면 진정한 우정이 무엇인가를 잘 보여주고 있는 다윗과 요나단은 정말 친구 사이였을까? 그들의 나이차가 얼마나 나는지 알아보자.

1) 다윗이 사무엘에게 왕으로 기름 부음을 받은 것이 17세쯤이었다.

2) 그 후 13년 동안 사울에게 쫓겨 다니다가 서른이 되었을 때에 헤브론에서 왕위에 오르게 된다.

3) 헤브론에서 5년 정도 다스리고 있었을 때에 사울과 요나단이 전사하고 그의 막내아들 이스보셋이 왕위에 오르게 되어 2년을 다스린다(삼하 2:10). 그때 이스보셋의 나이는 40세였다.

4) 장남인 요나단과 막내인 이스보셋 사이에는 적어도 3명의 형제가 있었던 것으로 보인다(대상 9:39). 이런 점을 감안할 때 적어도 요나단은 40대 후반에 죽은 것으로 보인다.

5) 다윗이 30세에 헤브론에서 왕이 되어 다스리기 시작하고 5년 반이 지날 즈음에, 다시 말해 다윗이 35세 때에 요나단이 죽었으므로, 다윗과 요나단의 나이 차이는 적게는 열 살에서 많게는 열다섯 살까지 난다.

다른 식으로 계산해 보자.

1) 개역 성경에 따르면 사울이 40에 왕이 되고 40년을 다스리다가 80세에 죽었다(삼상 13:1; 행 13:21).

2) 사울이 죽을 때 위에서 살펴본 대로 다윗은 35세였다.

3) 사울이 죽을 때 나이가 80세였으므로 장남인 요나단은 적어도 55세는 되었을 것이다.

4) 이렇게 보면 다윗과 요나단은 스무 살 이상 차이가 난다.

새번역 성경에는 사울이 30세에 왕이 되고 40년간을 다스리다가 70세에 죽은 것으로 되어 있다(삼상 13:1; 행 13:21). 새번역을 따르면 다윗과 요나단은 열 살 이상 차이가 난다.

적어도 요나단과 다윗의 나이는 열 살에서 많게는 스무 살 이상 차이가 나는 것을 볼 수 있다. 열 살 이상 차이가 나는 연인들은 있을 수 있다. 그러나 열 살 이상 나이 차가 나는 친구는 없을 것이다. 더군다나 열다섯 살 정도 나이 차가 난다면 친구라고 할 수 없을 것이다. 스무 살 나이차가 난다면 친구가 아니라 아버지뻘이 된다. 그런데 우리는 다윗과 요나단을 친구인 것처럼 생각해왔다. 사실 성경에서는 어디에서도 이들 관계를 친구로 묘사한 곳이 없다. 하지만 새번역 성경에서 그들이 친구였다고 번역하였다.

> 요나단은 제 목숨을 아끼듯이 다윗을 아끼어, 그와 가까운 친구로 지내기로 굳게 언약을 맺고 (삼상 18:3).

세계 어느 성경에서도 새번역에서처럼 그들이 친구였다고 번역한 성경은 없다. 물론 원문에도 '친구'라는 단어는 없다. 요나단은 나이로 보나, 연륜으로 보나, 신분으로 보나, 다윗의 친구였다고 보기보다는 멘토였다고 보는 것이 더 타당할 것이다.

26

그들은 친구였을까?

침상에 누운 중풍병자를 사람들이 데리고 오거늘 예수께서 그들의 믿음을 보시고 중풍병자에게 이르시되 작은 자야 안심하라 네 죄 사함을 받았느니라 (마 9:2).

중풍병으로 고생하는 사람이 있었다. 그런데 그는 친구들을 잘 두었다. 믿음 좋은 4명의 친구들이 있었는데, 그들이 그를 예수님에게로 데리고 갔다. 예수님이 계신 곳은 사람들로 가득 차서 들어갈 수가 없었다. 그들은 지붕 위로 올라갔다. 지붕을 뜯고 구멍을 낸 다음 그곳으로 친구를 달아 내렸다.

친구는 이런 것이다. 만일 그들이 친구가 아니었다면 그냥 돌아가든지, 아니면 집회가 끝나기를 기다렸을 것이다. 그러나 그들은 그렇게 하지 않았다. 지붕 위로 올라갔다. 지붕을 뜯었다. 구멍으로 친구를 밑으로 달아 내렸다. 친구이기 때문에 그렇게 할 수 있었던 것이다. 예수님은 그들의 우정을 보고 감동을 받으셨다. 그래서 그 중풍병자를 고쳐 주셨다.

이 중풍병자는 어떤 사람이었을까? 예수님은 그를 "작은 자"라고 하셨다. 이는 헬라어로 teknon으로서 아이들을 가리킨다. 새번역 성경에서는 마태복음 9장 2절을 이렇게 번역하고 있다.

> 기운을 내라, 아이야. 네 죄가 용서받았다.

이 중풍병자는 어른이 아니라 어린아이였던 것이다.

이 아이를 예수님에게 데리고 온 사람들이 그 아이의 친구들이었다면, 그들은 모두 어린아이들이었다는 말이 된다. 아이들이 친구를 들것에 싣고서 오는 것이야 그럴 수 있다고 치더라도, 아이들이 지붕 위로 올라가서 지붕을 뚫었다고 하는 것은 이해하기 어렵다. 더군다니 아이들이 중풍병에 걸린 친구를 들것에 실어서 지붕 위에서 밑으로 달아 내린다고 하는 것은 위험천만한 일이다. 상식적으로 생각할 때 그런 일을 한 사람들은 어른들이었을 것이 분명하다.

그렇다면 그들은 중풍병에 걸린 아이의 친구가 아니었다는 말이 된다. 그런데 우리는 친구들이 중풍병자를 예수님에게 데리고 온 것으로 알고 있지 않는가? 사실 성경 어디에도 그들이 그 병자의 친구였다는 이야기는 없다.

> 사람들이 한 중풍병자를 네 사람에게 메워 가지고 예수께로 올새 (막 2:3).

성경 시대의 지붕

아마도 그 아이의 부모가 동네 사람들에게 자기 아들을 예수님께 데려다 달라고 사정했을 것이다. 동네 사람들은 네 사람을 뽑아서 그 아이를 예수님께 데리고 가도록 했다. 다른 사람들도 그들 뒤를 따라서 예수님이 머물고 계신 가버나움에 갔다. 가서 보니 예수님이 계신 곳이 인산인해를 이루어 들어갈 수 없었다.

그랬을 때 우리라면 어떻게 했겠는가? 소리를 질러서 예수님의 관심을 끌 수도 있었을 것이다. 밀치고 안으로 들어가거나, 집회가 끝나기를 기다릴 수도 있었을 것이다. 아니면 돌아갔다가 다시 올 수도 있었을 것이다. 그러나 그들은 그렇게 하지 않았다. 그들은 지붕 위로 올라가 지붕을 뚫고 그 아이를 달아 내렸다. 예수님은 그런 모습을 보고 감동을 받으셨다. "그들의 믿음을 보시고" 그 아이를 고쳐 주셨다.

그들이 누구인지 확실하지는 않지만, 적어도 친구들은 아니었다. 그들이 그렇게 했던 것은 친구에 대한 우정 때문이 아니라, 아마도 중풍병에 걸린 아이의 부모가 그들에게 그렇게 하도록 했기 때문일 것이다. 이런 상황에서 지붕을 뚫을 생각을 할 수 있는 사람은 부모밖에 없을 것이다. 부모가 자식을 위해서 무엇인들 못하겠는가? 지붕을 뚫는 일보다 더한 일도 할 수 있는 것이 부모 아니겠는가?

27

예수님이 아니었다면 그 간음한 여인은 돌에 맞아 죽었을까?

간음한 여인에 대한 이야기는 복음서 중 요한복음(8:1-11)에만 나오며, 괄호 안에 넣어져 있다. 이는 후대에 삽입된 이야기라는 표시이다. 이 이야기는 비록 성경에 포함되지는 않았지만 초대 교회 시대에 널리 알려져 있었을 것이다. 누구나 다 아는 이야기이기 때문에 구태여 성경에 넣을 필요가 없었을 것이다. 그러나 시간이 흘러가면서 자칫 잘못하면 잊혀질 수도 있다는 우려에서 그 이야기가 요한복음에 첨가된 것으로 보인다. 결코 후대에 첨가된 이야기라고 해서 만들어진 이야기이거나 다른 이야기들보다 중요하지 않은 이야기로 여겨서는 안 된다. 잊혀서는 안 되는, 너무 중요한 이야기라서 뒤늦게나마 복음서에 첨가시킨 것이었다.

이른 아침 바리새인들이 간음 현장에서 붙잡은 여인을 예수님께 데리고 왔다. 율법은 이런 여인을 돌로 쳐 죽이도록 규정하고 있다. 그들은 예수님께 물었다.

"이 여인을 율법에 따라 돌로 쳐 죽여도 되겠습니까?"

예수님은 한참 뜸을 들이다가 무언가 땅바닥에 쓰셨다. 그리고는 죄가 없는 자가 돌로 치라고 하셨다. 그러자 노인으로부터 시작해서 젊은이에 이르기까지 손에 들고 있던 돌을 내려놓고 한 사람 한 사람씩 그 자리를 떠났다. 예수님이 아니었더라면 이 여인은 죽은 목숨이었을 것이다. 예수님 때문에 생명을 건질 수 있었던 것이다.

그 여인을 예수님께 끌고 온 군중들의 손에는 돌이 들려 있었다. 누구를 향해 던지려고 들고 온 것일까? 그 여인? 성경에서는 우상숭배자, 하나님을 모독하는 자, 아이들을 희생 제물로 바치는 자, 안식일을 범하는 자, 그리고 간음한 자들을 돌로 쳐 죽이도록 규정하고 있다. 그러나 실제로 돌로 쳐 죽이는 경우는 거의 없었다. 율법을 엄격하게 지키는 바리새인들도 그런 자들을 돌로 쳐 죽인 일은 거의 없었다. 주후 30년에 산헤드린은 그 누구도, 어떤 죄에 대해서도 돌로 쳐 죽이지 못하도록 하는 법을 제정했다. 인간이 잘못 시형을 집행할 수도 있기 때문이다. 이것이 바리새인의 입장이다. 그들은 간음한 여인을 돌로 쳐 죽이기 위해 예수님 앞으로 끌고 온 것이 아니었다.

그렇다면 그들의 손에 들려 있던 돌은 누구에게 던지기 위한 것이었을까? 예수님? 바리새인들이 그 여인을 예수님께 끌고 온 것은 예수님을 시험하기 위해서였다. 율법대로 돌로 쳐 죽이라고 하면 그 여인은 예수님 때문에 죽게 되는 것이다. 예수님이 그렇게 하실 리는 만무하다는 것을 바리새인들은 잘 알고 있었다. 예수님은 그녀를 돌로 쳐 죽이지 못하게 하실 것이다. 그렇게 되면 예수님은 율법을 부정하고 마는 것이 된다. 그러면 바리새인들은 손에 들고 있던 돌을 예수님께 던질 구실을 찾게 되는 것이다.

사실일까? 그렇지 않다. 율법을 엄격하게 적용하지 않는다고 해서 돌로 쳐 죽이는 일은 없다. 설령 율법을 어겼다고 하더라도 돌을 던지는 일은 없다. 죄를 범한 사람을 용서하거나 관대하게 대했다고 해서 돌로 쳐 죽이는 일은 세상 어디에도 없다. 바리새인들은 어떤 이유로도 예수님께 돌을 던질 수가 없었다. 비록 바리새인들이 예수님을 시험하기 위해 간음한 여인을 끌고 오긴 했고, 그들이 예수님을 싫어했지만, 예수님께 돌을 던지기 위해 준비해 온 것은 아니었다.

그렇다면 그들은 왜 손에 돌을 들고 있었던 것일까? 사실은 그들의 손에는 돌이 들려 있지 않았다. 본문 어디에도 그들이 돌을 들고 왔다는 이야기는 없다. 간음한 여인을 돌로 위협하면서 예수님께 "이 여인을 어떻게 할까요?"라고 물은 일도 없다. 죄 없는 사람이 먼저 돌로 치라는 예수님의 말씀을 듣고 한 사람, 한 사람 자리를 떠났을 때도 그들이 돌을 내려놓고 떠났다는 이야기가 없다.

> 그들이 이 말씀을 듣고 양심에 가책을 느껴 어른으로 시작하여 젊은이까지 하나씩 하나씩 나가고 (요 8:9).

그 현장에는 아무도 돌을 들고 있는 사람이 없었다.

더군다나 그곳은 성전 안이었다. 성전 뜰에서 있었던 일이다. 어느 누구도 성전에서 돌에 맞아 죽은 사람은 없다. 돌로 쳐 죽일 때는 반드시 성 밖으로 나가도록 규정하고 있다. 그래서 예수님도 예루살렘 성 밖에서 십자가 형을 받으셨던 것이다. 성전은 죄를 용서하는 곳이지 죄인에게 형벌을 내리는 곳이 아니다. 성전은 살리는 곳이지 죽이는 곳이 아니다. 사람을 죽이려고 돌을 가지고 성전에 들어오는 사람이 어디 있겠는가?

설혹 그들이 돌을 들고 있었다고 하더라도 위에서 살펴본 대로 절대로 그 돌을 그 여인에게나 예수님께 던질 수 없었다. 그들은 애초부터 간음한 여인에게 돌을 던져 죽일 생각이 없었다. 예수님에게도 마찬가지다. 그들은 예수님을 '고발할 조건'을 찾기 위해 그 여인을 예수님에게 끌고 왔던 것이지(요 8:6), 구실을 찾아 예수님에게 돌을 던지려고 그 여인을 데리고 왔던 것이 아니다.

예수님은 그날 그 여인의 생명을 구해 주었다. 그러나 예수님이 아니였더라도 그날 돌에 맞아 죽지는 않았을 것이다. 그들에게는 그렇게 할 수 있는 권한이 없었으며, 그럴 의도도 없었기 때문이다.

28 열매가 없어서 무화과나무를 저주하신 것일까?

예수님이 아침 일찍 감람산을 넘어 성전에 가시다가 길가에 있는 무화과나무를 보셨다. 일찍 나오느라 아침을 드시지 못해서 시장했던 터라 먹을 것이 있을까 해서 가 보셨다. 그런데 열매가 하나도 없었다. 그러자 예수님은 그 자리에서 그 나무를 저주하셨다. 돌아오는 길에 그 나무를 보니 뿌리째 말라 죽어 있었다.

이 말씀을 읽으면서 늘 궁금한 것이 하나 있었을 것이다. 그때는 아직 무화과 철이 아니라서 그 무화과나무에 열매가 없었다고 했는데(막 11:13), 그렇다면 왜 예수님은 그 무화과나무에 열매가 없다고 저주를 하셨던 것일까? 무화과 철이 아니라서 열매가 없는 것은 당연한 것 아닌가? 배고프면 참지 못하고 화를 내는 사람들이 있는데, 예수님도 배가 고파서 홧김에 저주를 한 것일까?

제자들이 그 나무가 뿌리째 말라버린 것을 보고 깜짝 놀라자 예수님이 "너희들도 열매를 맺지 못하면 저 무화과나무처럼 될 것이니 열매 맺는 자가 되도록 하라"고 하셨는가? 아니다.

> 내가 진실로 너희에게 이르노니 만일 너희가 믿음이 있고 의심하지 아니하면 이 무화과나무에게 된 이런 일만 할 뿐 아니라 이 산더러 들려 바다에 던져지라 하여도 그대로 되리라 (마 21:21, 개역한글).

우리가 예상했던 것과는 전혀 다른 말씀을 하셨다. 예수님처럼 우리도 무화과나무를 저주하면 그 나무가 말라버리게 될 것이라는 것이다. 그뿐만 아니라 믿음을 가지고 산에게 명령하기를 바다에 가서 풍덩 빠지라고 하면 산이 그 말에 순종하여 바다에 가서 빠질 것이라는 것이다. 나무에게 귀가 있는 것도 아니고 산에 귀가 있는 것도 아닌데, 우리가 명령하면 그들이 알아듣고 순종할 것이라는 말이다. 믿음으로 선포하면 그대로 될 것이라는 뜻이다. 믿음으로 명령하면 그대로 된다는 것이다.

우리도 열매가 없으면 그 나무처럼 심판을 받게 되리라는 경고를 하시기 위해 그 나무를 말라버리게 한 것이 아니다. 우리도 믿음을 가지고 명령하면 무화과나무가 말라버리고 산이 바다로 옮겨지는 역사가 일어날 것이라는 사실을 보여주기 위해 그 나무를 말라버리게 하신 것이었다.

성경은 분명히 그때가 아직 무화과 철이 아니었다고 밝히고 있다. 그 의미는 그 나무가 열매를 맺지 못해서 저주를 받은 것이 아니라는 것이다. 그 나무를 저주하신 데는 다른 이유가 있다는 것이다.

그것이 무엇인가? 바로 우리들에게 믿음의 능력, 기도의 능력, 말의 능력을 보여주기 위해 그러셨던 것이다.

> 내가 진실로 너희에게 이르노니 누구든지 이 산더러 들리어 바다에 던

지우라 하며 그 말하는 것이 이룰 줄 믿고 마음에 의심치 아니하면 그 대로 되리라 (막 11:23).

산이 바다에 빠지게 해달라고 기도하라고 하셨는가, 아니면 산에게 바다에 가서 빠지라고 명령하라고 하셨는가? "기도하라"가 아니고 "명령하라"고 하셨다. 그런데 우리는 반대로 한다. 기도는 하는데, 말로 명령을 하지 않는다. 선포를 하지 않는다. 고백을 하지 않는다. 기도만 한다. 기도만 하고 있다. 기도한 다음 말로 명령하라! 말로 선포하라! 그리고 말로 고백하라! 그러면 그대로 이루어질 것이다. 기도하고 기도한 대로 이루어질 줄을 믿고 입으로 선포하고 고백해야 한다. 그러면 그대로 된다는 것이다.

하나님은 말씀으로 세상을 창조하셨다. 말은 창조의 능력이 있다. 말할 때 무엇인가 사건이 일어난다. 하나님이 말씀하실 때만 그런 것이 아니다. 우리가 말할 때도 무엇인가 일어난다. 하나님의 말씀은 좌우에 날이 선 어떤 예리한 검보다 더 날카로워 우리의 영과 혼과 골수를 쪼개고도 남는다. 우리의 말도 마찬가지다. 말이란 의사의 손에 달린 메스와 같아서 사람을 살리기도 하고 죽이기도 한다.

찬송가 "내 맘에 한 노래 있어"를 작사 작곡한 빌혼(Peter Billhorn)이라는 가수가 있었다. 이 사람이 어느 날 아이오와 포메디슨 형무소에 가서 노래를 불렀는데 "날개가 상한 새는 다시 하늘을 날 수 없다네"라는 가사의 노래였다. 노래가 끝나자 한 죄수가 찾아와서 말했다.

"내게는 새로운 인생이 불가능합니까? 나는 다시 하늘을 날 수 있는 소망이 없습니까?"

자기 노래의 가사 때문에 상처받은 한 영혼을 생각할 때 빌혼은 잠을 이룰 수가 없었다.

그는 다시 가사를 쓰고 곡을 지어 그 형무소에 찾아갔다. 그리고 "예수님께 맡기면 삶이 새로워진다네, 상한 날개 고침 받아 하늘을 날 수 있다네"라는 찬양을 불렀다.

20년 후 YMCA에서 이 곡을 다시 부르게 되었는데, 찬양이 끝나자 한 육군 대령이 찾아 왔다. 그리고 "제가 20년 전에 그 찬양을 감옥에서 듣고 새 힘을 내어 오늘처럼 날 수 있었습니다"라고 고백했다.

> 죽고 사는 것이 혀의 권세에 달렸나니 혀를 쓰기 좋아하는 자는 그 열매를 먹으리라 (잠 18:21).

말은 사람을 살리기도 하고 죽이기도 한다. 예수님은 말씀 한 마디로 무화과나무를 말려버리셨다. 그리고 우리에게도 그렇게 할 수 있다고 하셨다. 이것이 말의 능력이다. 말에는 권세가 있다. 말한 대로 된다. 그래서 말이 씨앗이 된다는 말이 있지 않는가?

격려의 말 한 마디, 위로와 힘이 되는 성경 말씀 한 구절, 칭찬 한 마디가 죽어 가는 무화과나무와 같은 우리의 자녀들이나 친구나 이웃을 살릴 수도 있다. 그러나 무심코 내뱉는 한 마디의 말이 우리의 무화과나무를 죽일 수도 있다. 말라버리게 할 수도 있다. 무심코 던진 한 마디의 비평과 비난이 누군가의 가슴에 비수처럼 꽂혀 평생을 갈 수도 있다. 그것 때문에 말라버린 무화과나무와 같은 인생을 사는 사람이 있을 수도 있다. 정말 무서운 일이다. 살리는 말을 하자!

29

오순절에 성령의 불이 임했는가?

성령 강림 사건을 그린 성화들에는 모두 불이 등장한다. 기독교 2천 년 역사를 통해 성령은 불로 상징되어 왔다. 미 연합감리교회의 로고에도 성령의 불꽃과 십자가가 사용되었다. 기도할 때도 성령의 불이 임하도록 구하지 않는가? 우리에게 "성령의 불"은 친숙한 용어이다. 모두 사도행전 2장 3절에 근거한 것이다.

> 마치 불의 혀처럼 갈라지는 것들이 그들에게 보여 각 사람 위에 하나씩 임하여 있더니 (개역개정).
>
> 그리고 불길이 솟아오를 때 혓바닥처럼 갈라지는 것 같은 혀들이 그들에게 나타나더니, 각 사람 위에 내려앉았다 (새번역).
>
> And there appeared unto them cloven tongues like as of fire, and it sat upon each of them (KJV).

성령이 불처럼 임했다고 말씀하고 있는가? 아니다. 불꽃이 활활 타오를 때 (혀처럼) 갈라진다. 성령이 그렇게 갈라진 혀처럼 임했다고 되어 있다. 갈라진 혀를 설명하기 위해 불꽃이라는 표현이 등장한 것이다. 활활 타오르는 불꽃처럼 성령이 임했던 것이 아니라, 불이 활활 타오를 때 불꽃이 혀처럼 갈라지는데, 성령이 마치 그런 모습으로 임했다고 되어 있다. 각 사람들 머리 위에 불꽃이 임해 있던 것이 아니라 혀같이 생긴 것들이 임해 있었던 것이다. 그것이 불꽃처럼 생기기는 했으나, 불과는 아무 관계가 없다. 불꽃이 타오르는 모양과 비슷했다는 말이지 불꽃이 임했던 것은 아니다.

성령이 혀처럼 각 사람 머리 위에 임해 있었다고 하는데, 여기에 사용된 혀는 헬라어로 glossa이다. 그런데 이 단어가 본문에 세 번이나 사용되고 있다.

> 마치 불의 혀(glossa)처럼 갈라지는 것들이 그들에게 보여 각 사람 위에 하나씩 임하여 있더니 (2:3).

그러자 어떤 일이 벌어졌는가?

> 그들이 다 성령의 충만함을 받고 성령이 말하게 하심을 따라 다른 언어들(glossa)로 말하기를 시작하니라 (2:4).

그러자 사람들이 몰려들었다. 그리고 다 놀랐다. 그들은 모두 무식한 갈릴리 사람들인데 자기네 나라 언어로 말하였기 때문이다.

우리가 다 우리의 각 언어(glossa)로 하나님의 큰 일을 말함을 듣는도다 하고 (2:11).

혀와 언어는 같은 단어(glossa)이다. 혀로 말을 하기 때문이다. 혀(glossa)의 형상을 한 성령이 각 사람에게 임하자 사람들은 혀(glossa)로 이상한 말(방언, glossa)을 하기 시작했다.

오순절 성령 강림 사건이 일어났을 때 수많은 사람들이 모여들었던 이유는 바로 방언에 있었다. 그 자리에는 16개 나라에서 오순절을 지키기 위해 예루살렘에 올라왔던 유대인 디아스포라들이 있었다. 그런데 그들이 살고 있는 나라 말로 말하는 것을 보고 놀랐다.

우리가 우리 각 사람이 난 곳 방언으로 듣게 되는 것이 어찌 됨이냐 (행 2:8).

하늘로부터 불이 임하는 모습을 보고 사람들이 놀라서 모여든 것이 아니었다.

우리는 성령의 불이 임해서 우리의 가슴이 뜨거워지기를 열망한다. 물론 성령께서 불처럼 임하셔서 우리의 냉랭한 심령을 뜨겁게 하시기도 한다. 그러나 오순절에 임했던 성령은 다른 모습으로 임하셨다. 불처럼 임하셔서 심령에 불을 붙이신 것이 아니라 혀처럼 임하셔서 방언으로 말하게 하셨다.

이렇게 최초로 성령이 임하셨을 때 일어났던 현상은 방언이었다. 왜 방언의 역사가 일어나게 하셨던 것일까?

오직 성령이 너희에게 임하시면 너희가 권능을 받고 예루살렘과 온 유대와 사마리아와 땅끝까지 이르러 내 증인이 되리라 (행 1:8).

성령의 은사가 우리에게 주어지는 것은 우리 개인의 영적인 유익을 위해서라기보다 우리로 하여금 예수님의 증인이 되게 하기 위함이다. 예수님은 제자들에게 예루살렘을 떠나지 말고 약속하신 성령을 기다리라고 하셨다. 제자들은 모여서 성령을 기다렸다. 그리고 마침내 성령이 임하셨다. 성령이 임하셨을 때 어떤 일이 일어났는가? 그들은 방언으로 말하기 시작했다.

그런데 그들에게 나타난 방언의 역사는 오늘날과 차이가 있다. 오늘날은 방언으로 기도를 한다. 방언은 기도의 언어이다. 다른 사람들에게 말하기 위해 방언하는 것이 아니라, 하나님께 기도할 때 사용한다. 그리고 오늘날의 방언은 이 세상의 언어가 아니다. 천국 언어(?)이다.

그러나 오순절 성령 강림 사건 때 나타났던 방언은 외국어였다. 이 세상에서 사용하는 언어였다. 그리고 기도를 하기 위한 것이 아니고 말하기 위한 것이었다. 오순절 성경 강림 때 방언을 한 사람들은 무슨 말을 했을까?

우리가 다 우리의 각 언어로 하나님의 큰 일을 말함을 듣는도다 (행 2:11).

외국에서 올라와 그 자리에 있던 사람들은 성령 받은 사람들이 방언으로 기도하는 것을 들은 것이 아니라, 그들의 나라 말로 하나님이 행하신 위대한 일들을 선포하는 것을 들었던 것이다. 그들은 사도행전 1장 8절 말씀처럼 성령이 임하자 성령의 능력으로 "땅 끝까지" 복음을 전했던 것이다. 예수 그리스도를 증거하도록 하기 위해 방언의 은사가 주어졌던 것이다.

그러면 왜 오순절에 최초로 성령께서 임하셨는가? 사도행전 1장 8절 말씀대로 "땅 끝까지" 복음을 증거하도록 하기 위해서였다. 오순절에는 전 세계에서 수많은 경건한 유대인들이 명절을 지키러 예루살렘에 올라온다. 사도행전 2장에도 16개 나라에서 올라온 사람들의 명단이 나와 있다. 하나님께서는 예루살렘을 떠나지 않고 전 세계로 복음을 전할 수 있도록 오순절에 성령을 보내셔서 방언으로 복음을 증거하게 하셨던 것이다.

그 자리에 있던 사람들은 놀라운 성령의 역사를 목격하게 되고 이어서 베드로를 통해서 복음을 듣게 된다. 그날 세례 받은 사람들만 3천 명이 넘었다. 그들 중에 상당수가 다른 나라에서 살던 디아스포라들이었을 것이다. 그들은 크리스천이 되어 고향으로 돌아갔다. 그리고 고향에서 그들이 체험한 것과 복음을 전하지 않았겠는가? 사실은 바울보다 그들이 먼저 복음을 듣고 전 세계로 흩어져 나갔던 것이다.

30 전혀 기도하는 일에만 힘썼을까?

마음을 같이하여 전혀 기도에 힘쓰니라 (행 1:14, 개역한글).

저희가 사도의 가르침을 받아 서로 교제하며 떡을 떼며 기도하기를 전혀 힘쓰니라 (행 2:42, 개역한글).

여기에 사용된 '전혀'는 문법적으로는 맞지 않는 표현이다. '전혀'는 부정적인 표현을 할 때 사용하는 부사이기 때문이다. 문법적으로는 개역개정에서처럼 '오로지'라는 단어를 넣어야 맞다. 그러나 오히려 '전혀'라는 문법적으로 맞지 않는 부사가 들어감으로 유명한 구절이 되었다.

새번역과 비교해 보자.

이들은 모두, 여자들과 예수의 어머니 마리아와 예수의 동생들과 함께 한 마음으로 기도에 힘썼다 (행 1:14).

그들은 사도들의 가르침에 몰두하며, 서로 사귀는 일과 빵을 떼는 일과 기도에 힘썼다 (행 2:42).

개역한글에서는 "전혀 기도에 힘썼다"고 번역했는데, 새번역에서는 단순히 "기도에 힘썼다"로 번역했다. "전혀 힘썼다"고 번역한 헬라어는 'proskartereo'으로 '힘쓰다. 몰입하다. 열심히 하다'는 뜻이다. 새번역 성경처럼 기도에 힘썼다고만 표현해도 충분하다. 그런데 개역성경 번역자는 그것으로 양이 차지 않았다. 그래서 "전혀 기도에 힘썼다"고 번역했던 것이다. 한국 교회에서 기도를 특별히 강조하는데, 이 구절과 무관하다고 할 수 없을 것이다.

proskartereo라는 단어가 기도와 관련해서 사용된 구절이 하나 더 있다.

기도를 계속하고(proskartereo) 기도에 감사함으로 깨어 있으라 (골 4:2).

사도행전 번역자가 이 구절을 번역했다면 이렇게 했을 것이다.

"오로지 기도에 힘쓰고 기도에 감사함으로 깨어 있으라."

그러나 골로새서를 번역한 사람은 단순하게 "기도를 계속하라"고만 번역했다. 그렇다고 원문에 충실하지 않은 번역이냐 하면 그렇지 않다. 그 정도로 번역해도 충분하다.

proskartereo라는 단어가 사용된 다른 한 구절을 더 살펴보자.

날마다 마음을 같이하여 성전에 모이기를 힘쓰고 (proskartereo)(행

2:46).

여기에서는 웬일인지 단순하게 '힘쓰고'로만 번역했다. 기도와 관련해서는 전혀 기도에 힘썼다고 번역했으나 모이는 것과 관련해서는 그저 '힘썼다'라고만 번역하였다. 여기에서 알 수 있는 것은 사도행전을 번역한 사람이 의도적으로 기도를 강조하기 위해 기도와 관련해서만 "전혀 힘썼다"고 번역을 했다는 사실이다.

"전혀 기도에 힘쓰니라"는 표현은 오직 기도하는 일에만 전념했다는 뉘앙스를 풍긴다. 그러나 초대 교인들이 다른 것은 하지 않고 오직 기도하는 일에만 전념했던 것은 아니다. 그들이 열심히 기도한 것은 사실이지만, 오직 기도하는 일에만 전념한 것은 아니었다.

저희가 사도의 가르침을 받아 서로 교제하며 떡을 떼며 기도하기를 전혀 힘쓰니라 (행 2:42).

이 구절을 잘못 이해해서 초대 교인들은 사도들의 가르침도 받고, 서로 교제도 나누고, 떡도 떼고(성만찬) 했지만, 특별히 기도하는 일에 전념했던 것처럼 생각할 수 있다. 하지만 그렇지 않다.

새번역을 보면 그런 것이 오해라는 사실이 드러난다.

그들은 사도들의 가르침에 몰두하며, 서로 사귀는 일과 빵을 떼는 일과 기도에 힘썼다.

이것이 맞는 번역이다. 그들이 전혀 힘썼던 것은 기도뿐만이 아니었다. 사도들의 가르침을 받는 일에도 전혀 힘썼다. 서로 교제하는 일에도 전혀 힘썼다. 떡을 떼는 일에도 전혀 힘썼다. 그리고 기도하는 일에도 전혀 힘썼다.

이 구절을 개역개정에서는 개역한글의 '전혀'가 문법적으로 맞지 않으므로 그것을 '오로지'라는 단어로 대체하였다.

> 그들이 사도의 가르침을 받아 서로 교제하고 떡을 떼며 오로지 기도하기를 힘쓰니라.

여기에서도 '오로지'라는 부사가 '기도하다'라는 동사만을 수식하고 있다. 그래서 독자들은 마치 초대 교인들이 다른 어떤 것보다 기도를 중요시하고, 기도하는 일에 최우선 순위를 두고, 기도하는 일에만 몰두했던 것으로 오해를 할 수도 있다. 굳이 '오로지'라는 단어를 사용하려고 한다면 그 단어가 이 문장에 나오는 모든 동사들을 다 수식하도록 문장을 만들어야 한다.

"그들은 오로지 사도의 가르침을 받고 서로 교제하고 떡을 떼고 기도하는 일에 힘쓰니라."

> And they continued stedfastly in the apostles' doctrine and fellowship, and in breaking of bread, and in prayers (KJV).
> They devoted themselves to the apostles' teaching and to the fellowship, to the breaking of bread and to prayer (NIV).

초대 교인들은 오로지 성전에 모이는 일에 힘썼다. 그들은 가르침을 받는 일에 힘썼다. 교제에 힘썼다. 성만찬을 나누는 일에 힘썼다. 그리고 기도하는 일에 힘썼다. 결코 말씀을 배우는 일보다 기도에 더 힘썼던 것이 아니다. 성만찬보다 기도를 더 중요시했던 것이 아니다. 기도에 전념하고 남는 시간에 교제를 나누었던 것이 아니다. 말씀과 교제와 성만찬, 그리고 기도를 모두 중요시했고, 그 모든 것들이 초대 교인들에게 있어서는 균형을 잘 이루었다.

31

바울과 실라가 기도해서 감옥 문이 열린 것일까?

빌립보에서 전도를 하다가 붙잡힌 바울과 실라는 심한 매를 맞고 감옥에 던져졌다. 그들은 피곤하고 지쳐 일찍 잠이 들었다가 한밤중에 일어나 찬양과 기도를 드렸다. 그들이 기도를 마치자마자 지진이 나면서 옥문이 열리고 죄수들을 매고 있던 차꼬가 다 풀어졌다(행 16:16-40).

무슨 기도를 드렸기에 이런 역사가 일어났을까? 기적적으로 감옥을 빠져나갈 수 있게 해달라고 기도했을까? 그래서 그 기도의 응답으로 지진이 나면서 옥문이 열리고 쇠사슬이 풀어지는 기적이 일어난 것일까?

아니다. 만일 감옥에서 탈출할 수 있게 해 달라고 기도했더라면 감옥 문이 열리고 쇠사슬이 풀리자마자 바울은 기도의 응답으로 믿고 도망갔을 것이다. 그러나 바울은 그러지 않았다. 그리고 다른 죄수들도 도망가지 못하게 했다.

이튿날 간수장이 사람들을 보내서 바울과 실라를 풀어 주라고 했다. 바울과 실라가 지은 죄는 경범죄 정도였다. 결코 목숨의 위협을 받을 만한 큰 죄를 저지른 것이 아니었다. 말하자면 훈방 조치 정도로 끝나는 사소한 죄였던 것이다.

더군다나 바울과 실라는 소란죄(?)로 이미 매를 맞았다. 그것으로 그들에 대한 처벌은 이미 끝났다. 그들은 죽이거나 아니면 감옥에 오래 가두기 위해 바울을 잡아 둔 것이 아니다. 만일 그랬더라면 바울은 쇠사슬이 풀리자마자 당연히 도망갔을 것이다.

더군다나 바울은 로마 시민권자였기 때문에 함부로 대할 수 없었다. 나중에 그가 로마 시민권자임을 알고 당국자들이 당황하며 사과하지 않았는가? 어느 모로 보나 바울이 위험한 상황에 처해 있었던 것이 아니었다. 하나님께서 그들이 위험에 처해 있기 때문에 기적적으로 그들을 구출하시기 위해 지진이 일어나게 하고, 옥문이 열리게 하고, 쇠사슬이 풀어지게 한 것이 아니었다.

성경 시대에는 형벌 제도로서의 감옥이라는 개념은 거의 없었다. 형벌로는 대부분 신체형이나 벌금형이 주어졌다. 율법에서는 신체형이나 벌금형에 대해 많이 언급되고 있으나 감옥에 대해서는 전혀 언급이 없다. 예레미야가 지하에 감금된 사실이 있으나(렘 32:2-3), 이는 오늘날의 감옥 개념이 아니었다. 임시로 구금해두는 시설이었지, 처벌하기 위해 장기간 가두어두는 격리나 구금의 장소가 아니었다.

그리스 시대에도 벌금형, 추방형, 사형이 주로 행해졌으며, 구금이나 감금형은 없었다. 로마 시대에도 마찬가지였다. 바울은 황제에게 항소를 한 후 로마로 가기까지 2년 동안 가이사랴 병영에 구금되어 있었다. 그러나 바울이 오늘날과 같은 감옥 생활을 한 것은 아니다.

그가 죄를 지었기 때문에 감옥에 갇혔던 것이 아니라, 재판을 받기까지 기다리기 위해 감금 시설에 갇혀 있었던 것이다.

고대에는 감옥이라는 특별한 시설이 따로 있지 않았다. 오늘날과 같은 개념의 감옥이 최초로 생긴 것은 19세기 유럽에서였다. 1807년에 제정된 〈나폴레옹 법전〉에 의해 비로소 신체형이 사라지고 그 대신 감옥으로 상징되는 구금형이 생겨나게 되었다.

이렇게 고대에는 오늘날과 같이 감옥에 넣어서 격리를 통해 죗값을 치르게 하는 형벌 제도가 없었다. 감옥 제도는 특별한 시설과 많은 경제적 지원이 요구되기 때문에 그런 시설을 운영한다는 것이 쉬운 일이 아니었다. 그리고 죄수들에게 감옥에 넣어 먹여 살리는 혜택을 줄 필요가 없다고 생각했던 것이다. 죄를 지었으면 벌금을 물게 하든지, 신체형을 가하든지, 아니면 추방이나 사형을 시켰지, 교화나 격리를 목적으로 감옥에 가두는 일은 없었다. 그렇기 때문에 바울과 실라는 감옥에 오래 갇혀 있게 될 것을 두려워해서 감옥에서 빠져나갈 수 있게 해 달라고 기도할 필요가 없었다. 바울과 실라는 늘 하던 대로 기도하고 찬송했던 것이지, 특별히 위기에서 구해달라고 기도한 것이 아니다.

바울과 실라가 한밤중에 일어나 찬송과 기도를 하자 지진이 나면서 옥문이 열리고 차꼬들이 풀어지게 되었다. 왜 지진이 일어났던 것일까? 옥문이 열리도록 하기 위해서였는가? 쇠사슬이 풀어지도록 하기 위해서였는가? 우리는 지진이 일어나서 옥문이 열리고 쇠사슬이 풀어진 것으로 생각한다. 그러나 지진이 일어나서 옥문이 열릴 수 있을까? 쇠사슬이 풀어질 수 있을까? 지진이 일어나면서 기둥이 무너지고 건물이 파괴되었다고 하더라도 쇠사슬이 어떻게 풀어질 수 있겠는가? 지진이 일어났다고 어떻게 자물쇠로 잠근 것이 열릴 수 있을까?

그런 지진은 없다. 지진이 일어난 것과 옥문이 열리고 쇠사슬이 풀려진 것은 연관이 없다. 지진도 일어나고 옥문도 열리고 쇠사슬도 풀어졌던 것이지, 지진이 일어나서 옥문이 열리고 쇠사슬이 풀어지게 된 것이 아니다.

part 03 아하 그렇구나

32

백 세가 될 때까지도?
백 세가 되었을 때?

아브라함은 하나님이 자식을 주시겠다는 약속 하나를 붙들고 75세의 나이에 고향과 친척과 아버지 집을 떠났다. 그러나 아무리 기다려도 감감무소식이었다. 그래서 이러다가는 안 되겠다 싶어서 여종 하갈을 통해 이스마엘을 보지 않았는가? 그때 아브라함의 나이가 86세였고 아내 사라는 76세였다.

그런데 아브라함에 대해 성경은 이렇게 기록하고 있다.

> 그가 백 세나 되어 자기 몸이 죽은 것 같고 사라의 태가 죽은 것 같음을 알고도 믿음이 약하여지지 아니하고 믿음이 없어 하나님의 약속을 의심하지 않고 믿음으로 견고하여져서 하나님께 영광을 돌리며 (롬 4:19).

정말 그랬는가? 기다려도 기다려도 하나님께로부터 아무런 기별이 없으니까 여종을 통해서 이스마엘을 보지 않았는가? 그런데 바울은 아브라함의 나이가 100세가 되었는데도 하나님이 그에게 아들을 주시겠다고 한 약속을 굳게 붙들었다고 한다. 믿음이 흔들리지 않았다고 한다. 믿음의 조상답게 100세가 될 때까지 하나님이 아들을 주시지 않았음에도 불구하고 아들을 주실 것을 믿고 감사를 드렸다는 것이다. 아브라함의 믿음을 너무 미화시키고 있는 것이 아닌가?

"그가 백 세가 되어"에 주목하라. 아브라함이 백 세가 되도록이 아니라, 백 세가 될 때까지가 아니라, 백 세가 되었을 때라는 말이다.

아브라함이 100세가 되었을 때, 더 정확하게 말하면, 99세가 되었을 때, 그는 지나가던 나그네들을 대접했다. 그들은 잘 대접받고 돌아가면서 내년 이맘때쯤에 그 집에 아이의 울음소리가 들릴 것이라고 했다. 그 이야기를 옆방에서 듣고 있던 사라는 피식 웃고 말았다. 90세가 된 할머니인데 아들을 낳겠다니 무슨 그런 해괴한 일이 다 있단 말인가? 그래서 자신도 모르게 피식 웃고 말았던 것이다.

그런데 아브라함은 그 약속을 받는 순간에 의심하지 않았다. 그는 사라가 이미 경수가 끊어진 지 몇 십 년이 지났지만 하나님이 하시면 하실 수 있다고 믿었다. 하나님의 약속을 믿었다. 아들을 주실 줄로 믿었다. 그래서 1년 동안 믿고 기다렸다. 바로 그 이야기를 바울이 하고 있는 것이다.

그러나 아브라함이 이스마엘을 보았을 때는 그런 믿음이 없었다. 그때는 하나님의 약속을 믿지 못했다. 하나님의 약속을 의심했다. 언제까지나 하나님만 바라보고 있을 수는 없는 노릇이었을 것이다. 그래서 여종을 통해서라도 후손을 보아야겠다고 해서 얻은 아들이 이스마엘이었다.

그때도 아브라함이 100세가 되었을 때 그랬던 것처럼 자기 몸의 죽은 것 같음과 사라의 태의 죽은 것 같음을 알고도 믿음이 약해지지 아니하고 믿음이 없어 하나님의 약속을 의심치 않고 믿음이 견고해져서 하나님께 영광을 돌렸더라면(롬 4:19) 얼마나 좋았겠는가? 그런데 그렇지 못했던 것이다.

33

요게벳은 의자에 앉아서 모세를 낳았다

영화 〈The Nativity〉(우리말 제목: 위대한 탄생)를 보면 세례자 요한이 태어나는 장면이 나온다. 요한의 어머니 엘리사벳이 의자에 앉는다. 그리고 천장에 매달린 끈을 붙들고 아이를 해산하기 위해 힘을 쓴다. 옆에서는 여자 가족들이 돕고 있다. 남편인 사가랴는 문 밖에서 서성이며 아이의 울음소리를 기다리고 있다. 우리나라에서 아이 낳는 풍습과 비슷하다.

성경에는 고대 이스라엘에서 어떻게 아이를 낳았는지를 알려 주는 자료들이 거의 없다. 그러나 모세의 출생에 대해서 성경은 다음과 같이 기술하고 있다.

> 너희는 히브리 여인을 위하여 해산을 도울 때에 그 자리를 살펴서 아들이거든 그를 죽이고 딸이거든 살려두라 (출 1:16).
> 너희는 히브리 여인이 아이 낳는 것을 도와줄 때에, 잘 살펴서, 낳은 아기가 아들이거든 죽이고, 딸이거든 살려 두어라 (새번역).

물론 여기 산파들은 아이 낳는 것을 도와주기 위한 사람들이었으나 그들이 산모 옆에서 지켜보고 있었던 중요한 이유는 아들이면 죽이기 위해서였다. 그런 암울한 시절에 모세가 태어났다.

그런데 공동번역은 모세가 태어나는 순간을 다르게 묘사하고 있다.

> 히브리 여인이 해산하는 것을 도와줄 때에, 사타구니를 보고 아들이거든 죽여버리고 딸이거든 살려두어라.

산파들은 아이가 아들인지 딸인지 알기 위해서 "사타구니"를 살펴보았다고 했다. 그러나 다른 성경에서는 사타구니라는 말이 없다. 단지 아들인지 딸인지 구분하기 위해 아이를 낳은 "그 자리"를 살펴보았다고 되어 있다.

그러나 영어 성경에는 다르게 묘사되고 있다. 모든 영어 성경에는 "사타구니"라는 말은 물론 "그 자리"라는 말도 없다. 몇 개만 예로 들어보겠다.

> When ye do the office of a midwife to the Hebrew women, and see [them] upon the stools (KJV).
>
> When you help the Hebrew women in childbirth and observe them on the delivery stool (NIV).
>
> When ye do the office of a midwife to the Hebrew women, and see them upon the birth-stool (ASV).

여기에는 “stool”이 등장한다. stool은 등 없는 의자나 변기를 말한다. 여기에 사용된 히브리어 abnaim은 eben(돌)에서 온 말인 oben의 복수로서, 두 개의 돌을 뜻한다. 고대에는 아이를 낳을 때 벽돌 두 개를 깔아놓고 그 위에 앉아서 낳았다. 그러다가 벽돌이 돌로 바뀌고, 후에는 의자 형태로 바뀌었다. 이 의자에는 구멍이 나 있어서, 아이가 나오면 그곳을 통해 받았다.

모세는 이집트에서 태어났는데, 고대 이집트의 아이를 낳는 풍습 가운데 하나가 바로 이런 의자에 앉아서 아이를 낳는 것이었다. 모세의 어머니는 모세를 이런 의자에 앉아서 낳았든지 아니면 두 개의 돌을 깔아놓고 그 위에 앉아서 낳았든지 했을 것이다.

영어 성경에서는 (해석하기에 따라 다르겠지만) 해산용 의자에 앉은 사람이 모세의 어머니가 아니라 산파였다고 보는 것 같다. 바로의 명령을 받고 산파가 이 의자에 앉아 사내아이를 낳는지 여자아이를 낳는지 확인했다고 하는 것이다.

그러나 위에서 살펴본 대로 고대에는 이런 의자에 앉아서 해산하는 풍습이 널리 퍼져 있었다. 이러한 해산용 의자에 산파가 앉아서 해산을 도왔다는 것은 설득력이 없다. 따라서 영어 성경을 이렇게 번역하면 의미가 더 분명해질 것이다.

"When you help the Hebrew women in childbirth and observe them (who are) on the delivery stool."

"너희는 히브리 여인을 위하여 해산을 도울 때에, 그들이 해산용 의자에 앉아서 아이를 낳을 때, 아들인지 딸인지 살펴서 아들이면 죽이고 딸이면 살릴지니라."

34

모세가 잘생겨서 숨겨서 키웠던 것일까?

친구에게 룻기에 나오는 보아스는 왜 청상과부에다 찢어지게 가난하고 더군다나 이방인이기까지 한 룻과 결혼했는지 물어 보았다. 그러자 0.1초도 걸리지 않고 대답했다. "이~~쁘니까!" 교인들에게도 물어 보았다. 그런데 놀랍게도(?) 같은 대답을 했다. 흔히 하는 말 가운데도 예쁘면 다 용서된다는 말이 있다.

성경의 인물들 가운데 잘생긴 사람들은 또 누가 있을까?

야곱이 라헬을 레아보다 더 사랑했던 것은 "레아는 시력이 약하고 라헬은 곱고 아리따웠기 때문이다"(창 29:17). 다윗이 우리야의 아내 밧세바를 취했던 이유도 그녀가 목욕을 하는데 "심히 아름다워" 보였기 때문이다(삼하 11:2). 에스더도 "용모가 곱고 아리따운 처녀라" 왕의 눈에 들어 왕비가 될 수 있었다(에 2:7). 갈멜에서 큰 양떼를 치고 있었던 나발은 "완고하고 행실이 악했으나" 그의 아내 아비가일은 "총명하고 용모가 아름다웠다"(삼상 25:3). 그래서 다윗은 그녀의 남편이 죽은 다음 그녀를 아내로 맞아들였다.

요셉도 "용모가 빼어나고 아름다웠다"(창 39:6). 그래서 보디발의 아내는 그에게 "눈짓하다가 동침하기를 청했다"(창 39:7). 미모에 반했던 것이다.

사울에 대해서는 자세하게 묘사하고 있다.

(사울은) 준수한 소년이라 이스라엘 자손 중에 그보다 더 준수한 자가 없고 키는 모든 백성보다 어깨 위만큼 더 컸더라 (삼상 9:2).

이러한 그의 외모는 백성들이 그를 왕으로 추대한 이유와 무관하지 않을 것이다.

사무엘이 하나님이 왕으로 점찍어 놓으신 이에게 기름을 부어 왕으로 세우기 위해 이새의 아들들을 만나러 갔다. 그들 가운데 용모가 뛰어나고 키가 큰 엘리압을 보자 사무엘은 '아, 이 사람이구나'라고 생각했다. 그러자 하나님이 이렇게 말씀하셨다.

그의 용모와 키를 보지 말라…내가 보는 것은 사람과 같지 아니하니 사람은 외모를 보거니와 나 여호와는 중심을 보느니라 (삼상 16:7).

사무엘은 결국 다윗을 기름 부어 왕으로 세웠다. 다윗에 대해서는 이렇게 묘사하고 있다.

빛이 붉고 눈이 빼어나고 얼굴이 아름답더라 (삼상 16:12).

하나님은 다윗의 중심을 보고 그를 왕으로 선택하셨지만 그의 외모도 출중했음을 알 수 있다. 사울의 신하가 다윗을 사울에게 소개할 때에도 그를 "준수한 자"라고 했다(삼상 16:18). 골리앗과 대결하기 위해 나가는 다윗을 성경은 이렇게 묘사하고 있다. "젊고 붉고 용모가 아름다움이라"(삼상 17:42). 다윗은 대단한 미남이었던 것 같다.

모세는 태어나자마자 죽어야 할 운명을 갖고 태어났다. 바로가 히브리 사내아이는 태어나자마자 모두 죽이도록 했기 때문이다. 그러나 그의 어머니는 생명의 위협을 무릅 쓰고 세 달 동안이나 몰래 숨겨서 키웠다. 성경은 그 이유를 이렇게 설명하고 있다.

> 아들을 낳으니 그가 잘생긴 것을 보고 석 달 동안 그를 숨겼더라 (출 2:2).

이상한 것이 있다. 모세의 어머니가 아들이 잘생겨서 죽이지 않고 숨겨놓고 키웠다는 것이다. 이게 무슨 말인가? 만일 모세가 평범한 얼굴을 가진 아이로 태어났다면 무슨 일이 일어났을까? 자기 자식이 잘생겼다고 살려두고, 못생겼다고 죽게 내버려두는 부모가 세상에 어디 있겠는가? 그런데 잘생겨서 살려두었다고 하니, 이 말을 어떻게 이해해야 하는가?

현재 번역의 문제는 이 구절을 인과관계로 해석하는 것이다. 어머니가 보기에 잘생겨서 그래서 아들을 세 달 동안 숨겨놓고 키웠다는 것이다. 이 구절을 이렇게 번역하면 어떨까?

"그 여자가 임신하여 아들을 낳았는데 그는 잘 생겼다. 어머니는 석 달 동안 그를 숨겨두었다."

이렇게 번역하면 아무 문제도 없다. 사실 설명만 하고 있을 뿐이다.

> And the woman conceiveth, and beareth a son, and she seeth him that he [is] fair, and she hideth him three months (YLT).
> And the woman conceived, and bore a son. And she saw him that he was fair, and hid him three months (DBY).
> It was by faith that Moses' parents hid him for three months when he was born. They saw that God had given them an unusual child, and they were not afraid to disobey the king's command 히 11:28, NLT).

"잘생겼다"로 옮긴 히브리어는 토브(tov)이다. 이 말은 상태나 성품이나 가치를 나타날 때 사용하는 단어로 "좋은"이라는 뜻이 있다. 영어로는 "good, fine, healthy"의 뜻을 갖고 있다.

"모세의 어머니가 아이를 낳았는데 보니까 건강했다(정상이었다). 그래서 석 달 동안 숨겨서 키웠다."

여기에서 주목할 것은 "석 달 동안"이라고 하는 기간이다. 왜 석 달 동안만 숨겨서 키웠는가? 석 달 동안은 큰 문제없이 숨겨서 키울 수 있었는데 갑자기 더 이상 그렇게 할 수 없게 된 어떤 이유라도 있었던 것일까?

유대 문헌에 따르면, 모세는 석 달 일찍 미숙아로 태어났다고 한다. 그 옛날에는 석 달이나 미리 태어난 아이는 도무지 살아남을 수 없었을 것이다. 그런데 석 달이나 일찍 태어났는데도 아이를 보니 건강한(토브) 것이었다. 기적이 아닐 수 없다. 모세가 건강한 것을 보는 순간 모세의 어머니는 하나님이 모세를 살리시려고 기적을 행하신 것이라고 믿을 수밖에 없었다. 그래서 어떻게 해서라도 이 아이를 살려야 한다는 생각으로 목숨을 걸고 그를 숨겨서 키웠다는 것이다.

그러면 하나님께서는 왜 모세를 석 달 먼저 태어나게 하신 것일까? 모세가 열 달을 다 채워서 나왔으면 나오자마자 산파들이 달려와 그가 사내아이인 것을 확인하고는 그 자리에서 죽였을 것이다. 산파들이 모세가 태어난 것을 눈치채지 못하도록 하기 위해서 하나님이 모세를 세상에 일찍 내보내셨던 것이다.

만일 모세가 이렇게 미리 태어나지 않았다면 어떻게 그를 석 달 동안이나 집에서 숨겨놓고 키울 수 있겠는가? 그것은 거의 불가능한 일이다.

이렇게 미숙아로 태어났지만 아이는 건강했다. 모세의 어머니는 세 달 동안 그를 키웠다. 산파들이 들이닥칠 때가 되었다. 모세의 어머니는 더 이상 아이를 집에서 키울 수 없게 되었다. 그래서 할 수 없이 방주를 만들어 그 안에 아이를 넣고 나일 강에 띄워 보냈다. 산파들이 모세의 집에 들이닥쳤을 때 모세는 이미 바로의 궁중에 가 있었다.

유대인들의 해석에 따르면 하나님은 모세를 나일 강에서 구해준 것이 아니라 태중에 있을 때부터 그를 선택하셨던 것이다. 그리고 그를 살리시기 위해 미리 이 세상에 내보내기로 계획하셨던 것이다. 이런 기막힌 계획은 하나님만이 생각해내실 수 있는 것이고, 이런 일은 하나님만이 하실 수 있는 일이다. 하나님은 그를 출애굽의 리더로 세우시기 위해 모세가 태중에 있을 때부터 준비하셨던 것이다. 모세의 어머니는 이런 하나님의 계획과 섭리를 깨닫고 그를 살리기 위해 위험을 무릅쓰고 석 달 동안 집에서 키웠던 것이다. 이런 관점에서 보면 히브리서 11장에 나오는 모세의 어머니의 믿음이 새롭게 이해될 수 있을 것이다.

> 믿음으로 모세가 났을 때에 그 부모가 아름다운 아이임을 보고 석 달 동안 숨겨 왕의 명령을 무서워하지 아니하였으며 (히 11:23).

35
대제사장과 제사장들은 성전에서 맨발로 일했다

성경은 대제사장이 입는 옷에 대해 출애굽기 28장과 39장에서 자세하게 규정하고 있다. 대제사장은 세마포로 짠 모자를 썼다. 모자에 단, 얇은 금판으로 된 관에는 "여호와께 성결"이란 글자가 새겨져 있었다.

대제사장은 에봇이라고 부르는 겉옷을 입었다. 이 에봇에는 흰색, 청색, 자색, 홍색실로 수를 놓았다. 에봇의 받침 겉옷은 순 하늘색으로 되어 있다. 그 옷자락에는 세 가지 색으로 된 석류와 금방울이 달려 있다.

대제사장은 양쪽 어깨 위에 호마노라고 불리는 견대를 찼다. 이 견대에는 이스라엘의 아들들의 이름이 새겨져 있다. 가슴에 차는 흉패에는 12종류의 보석이 물려 있었는데, 거기에 이스라엘의 열두 아들들의 이름이 새겨져 있다.

흉패는 두 겹으로 되었고, 그 안에는 우림과 둠밈이 들어 있었다. 그것 역시 보석인데 대제사장은 이 우림과 둠밈을 이용해 하나님의 뜻이 무엇인지를 알려 주었다.

허리에 차는 띠는 금실과 청색, 자색, 홍색 실과 가늘게 꼰 베 실로 만들었다. 성경은 대제사장의 속옷을 어떻게 만들어야 하는지에 대해서도 밝히고 있다.

> 너는 가는 베 실로 반포 속옷을 짜고 가는 베 실로 관을 만들고 띠를 수 놓아 만들지니라 (출 28:39).

평상시에 대제사장은 이런 예복을 입고 성소에서 일했다. 그러나 지성소에 들어갈 때는 이런 옷을 입지 않았다. 대제사장은 1년에 단 하루, 속죄일에만 지성소에 들어갈 수 있었다. 이날은 대제사장이 평상시에 입는 관복을 입지 않고 세마포 옷을 입는다.

대제사장이 지성소에 들어갔다가 잘못해서 죽으면 어떻게 해야 하는가? 대제사장 외에는 아무도 지성소에 들어갈 수 없으므로 밖에서 그를 끌어내야 한다. 그러기 위해 대제사장이 지성소에 들어갈 때는 발목에 밧줄을 매고 들어갔다고 한다. 대제사장이 죽었는지 살았는지는 어떻게 알 수 있는가? 방울 소리로 알 수 있었다. 대제사장이 입는 옷에는 금방울이 달려 있기 때문에 지성소에서 방울 소리가 나면 대제사장이 살아 있는 것이다. 그러나 방울 소리가 나지 않으면 변고가 생긴 것이다.

그러나 이런 이야기는 유대인들이 만들어 낸 "전설 따라 삼천리"이다. 왜냐하면 지성소에 들어갈 때는 평상시에 입는 금방울이 달린 관복이 아니라 세마포 옷(세마포 옷에는 방울이 달려 있지 않았다)을 입고 들어가게 되어 있기 때문이다.

대제사장은 맨발로 성전에서 섬겼다.

그런데 흥미로운 사실이 하나 있다. 대제사장이 입는 관복에 대해서 모자부터 심지어는 속옷까지 자세하게 규정하고 있는데, 여기에 빠진 것이 있다. 신발과 양말에 관한 것이다. 어떻게 된 것일까?

대제사장은 신발을 신지 않았다. 양말도 신지 않았다. 그는 성소에서 항상 맨발로 일했다. 제사장도 마찬가지였다. 어떻게 거룩한 성전에서 일하는 사람이 양말도 신지 않고 일할 수 있는가? 신체 중에 가장 더러움을 많이 타는 곳인 발을 어떻게 하나님 앞에다 드러내놓을 수 있는가? 다른 어떤 부위보다도 하나님 앞에서 가려야 할 곳인데, 맨발로 일한다는 것이 우리에게는 잘 이해되지 않는다.

성경이나 중동의 문화는 우리의 문화와 다르다. 지금도 이슬람교도들은 사원에 들어갈 때 신발만 벗는 것이 아니라 양말까지 다 벗는다. 그것이 신 앞에 나아가는 예의라고 여기는 것이다.

하나님께서 가시떨기 불꽃 가운데서 모세에게 나타나셨을 때 그에게 "네가 선 곳은 거룩한 땅이니 네 발에서 신을 벗으라"(출 3:5)고 하셨다. 이스라엘 백성들이 요단강을 건너 가나안에 들어갈 때에도 하나님은 그들에게 신을 벗으라고 하셨다(수 3:13). 그리고 맨발로 요단강에 들어가도록 하셨다. 그들이 가나안 땅에 첫발을 디뎠을 때에도 그들은 맨발이었다(수 4:18).

가나안에 들어가서 전열을 준비하고 첫 번째 전투(여리고 전투)를 준비하고 있었을 때 하나님의 천사(군대장관)가 여호수아에게 나타나 "네 발에서 신을 벗으라"고 했다(수 5:15).

하나님은 가나안 정복의 사명이 주어져 있는 여호수아에게 이렇게 약속하셨다.

> 내가 모세에게 말한 바와 같이 너희 발바닥으로 밟는 곳은 모두 내가 너희에게 주었노니 곧 광야와 이 레바논에서부터 큰 강 곧 유브라데 강까지 헷 족속의 온 땅과 또 해 지는 쪽 대해까지 너희의 영토가 되리라(수 1:3-4, 참조. 신 11:24).

하나님 앞에 서려면 모세처럼 신발을 벗어야 한다. 하나님의 일을 하려면 모세처럼 신발을 벗어야 한다. 성전에 들어가려면 제사장들처럼 신발을 벗어야 한다. 하나님을 예배하려면 신발을 벗어야 한다. 앞을 가로막고 있는 요단강을 건너려면 신발을 벗어야 한다. 약속의 땅 가나안에 들어가려면 신발을 벗어야 한다. 우리 앞에 버티고 서 있는 여리고 성을 무너뜨리려면 먼저 신발을 벗어야 한다. 우리에게 주신 가나안 땅을 정복하려면 신발을 벗어야 한다.

하나님 앞에서 신발을 벗는 것이 이렇게 중요하다. 신발만 아니라 양말까지 벗어야 한다. 내가 벗어야 할 신발은 무엇인가?

36

죄의 경중에 따라 제물을 다르게 바쳐야 했을까?

1. 죄를 범했을 때만 속죄제물을 바친 것은 아니었다

율법은 실수로 범한 죄에 대해서도 책임을 져야 한다고 가르치고 있다. 속죄제는 이렇게 고의성이 없이 범한 죄를 사함 받기 위해 드리는 제사이다.

그렇다고 거기에만 국한되는 것은 아니다. 왜냐하면 이 제사는 단순히 죄를 범한 자만이 드리는 제사가 아니기 때문이다. 죄를 범하지 않은 경우에도 이 제물을 드리도록 되어 있다. 아이를 낳은 여인이 바로 그러한 경우이다(레 12:6). 이 경우에 이 제물을 드려야 하는 이유는 그녀가 죄를 범했기 때문이 아니라 아이를 낳음을 통해서 제의적으로 부정하게 되었기 때문이다.

성경에서 '죄'라는 말은 단순히 일반적으로 사용되는 도덕적이거나 종교적인 개념의 죄를 의미할 뿐만 아니라 "정상적인 상태에서 벗어난 것"을 의미한다. 여인이 아이를 낳은 것은 바로 이러한 상태이다. 따라서 그 여인은 속죄제를 바쳐야 했던 것이다. 그래서 속죄 제사를 "정결 제사"라고 부르기도 한다.

2. 왜 짐승의 피와 기름을 먹지 못하게 했던 것일까?

속죄 제물로는 수송아지나 암염소, 또는 암양을 드리도록 규정하고 있으나, 그것이 여의치 못한 사람은 산비둘기나 집비둘기 두 마리를 바치도록 하였다. 대부분의 평민들은 비둘기를 바쳤다. 소나 염소, 양을 제물로 가져온 사람은 그 제물 위에 손을 얹고 자신의 죄를 제사장 앞에서 고백했다(레 5:1-5, 26:40; 민 5:7). 그렇게 자신의 죄를 제물에게 전가시킨 다음에 그가 직접 제물을 잡았다.

제사장은 피를 받아서 제단 주위에 뿌렸다. 그리고 기름기 있는 것을 떼어내 제단 위에서 불살랐다. 나머지 부분은 재를 버리는 "거룩한 곳"으로 옮겨서 태웠다. 율법은 짐승, 특별히 소나 양, 염소의 피와 기름을 먹지 못하게 규정하고 있는데(레 7:22-27), 그렇게 하도록 한 중요한 이유는 그것들은 제사를 드릴 때 100% 하나님에게 드리게 되어 있었기 때문이다.

3. 제물의 피를 흘리지 않고도 죄 사함 받을 수 있었다

히브리서는 "피 흘림이 없은즉 죄 사함도 없느니라"고 말하고 있다(9:22). 이것이 제사법의 대원칙이다. 구약의 거의 모든 제사들은 다 피를 흘려 제물을 바쳤다. 그러나 항상 그랬던 것은 아니다. 가난해서 속죄 제물로 짐승이나 새를 바칠 수 없는 경우에는 밀가루를 바칠 수 있었다(레 5:11).

율법은 속죄제물로서 짐승이나 밀가루를 바치도록 규정하고 있다. 부자는 짐승을 바쳐야 했고, 가난한 사람은 밀가루를 바쳐도 되었다. 왜 그렇게 했던 것일까? 부자는 교만하기 쉽다. 죄를 짓고도 곧 회개하지 않는다. 반면에 가난한 사람들은 겸손하여 죄를 지으면 곧 회개한다. 그러므로 가난한 사람들은 죄를 속함 받기 위해서 부자들만큼 큰 제물을 가져올 필요가 없었기 때문이라고 한다(Ephraim Solomon).

또한 가난한 사람들에게는 죄에 대한 대가로 그들이 바칠 수 있는 최선의 것인 밀가루 같은 것을 바치도록 하는 것이 실제적인 징벌이라 할 수 있다. 그러나 부자에게 밀가루를 바치라고 한다면 그것은 적당한 징벌이 되지 않는다. 부자가 밀가루 정도 바치는 것은 아무것도 아니기 때문이다. 그러므로 그들에게는 밀가루가 아니라 짐승을 바치도록 한 것이라고 해석하기도 한다(Alshekh).

또한 가난한 사람이나 부자나 다 죄 사함 받기 위해서 짐승을 제물로 바쳐야 한다면 가난한 사람들 가운데는 제물이 없어 죄 사함 받지 못하는 사람이 많이 생길 것이다. 이것은 공평의 원칙에 어긋난다. 부자나 가난한 사람이나 다 똑같이 죄 사함 받을 수 있는 기회를 주어야 한다. 그래서 하나님은 가난한 사람들은 밀가루만 바쳐도 죄를 사해 주시겠다고 하신 것이다. 이렇게 가난한 사람들은 죄 사함 받기 위해 짐승의 피를 흘리지 않고 밀가루만 바쳐도 되었다.

4. 죄의 경중 여부에 따라 제물을 다르게 바쳐야 했을까?

제물의 종류는 죄의 경중 여부에 따라 결정된 것이 아니라, 제물을 바치는 사람의 경제적인 여유에 따라 결정되었다. 무거운 죄를 범했을 때는 소를 바치고 가벼운 죄를 범했을 때는 비둘기를 바치도록 한 것이 아니다. 여유가 없는 가난한 사람은 아무리 큰 죄를 범했다 하더라도 밀가루만 바쳐도 되었다. 그러나 부자는 아주 작은 죄를 지었더라도 양이나 염소를 바쳐야 했고, 더 부자인 경우는 황소를 바쳐야 했다. 우리는 여기에서 제물을 바치는 문제에 있어서도 하나님께서 인간을 얼마나 배려하셨는가를 볼 수 있다.

37

가나안에 들어가려면 요단강을 건너야만 하는가?

40년 광야 생활을 끝내고 요단강 앞까지 왔다. 이 강을 건너기만 하면 꿈에도 그리던 가나안 땅에 들어가게 된다. 그런데 문제가 생겼다. 요단강이 넘치는 것이다. 홍수가 나서 건널 수가 없게 된 것이다.

그때는 3월경으로 막 우기철이 끝나서 요단강이 넘치는 때이다. 보통 때는 강 한가운데로만 물이 흐른다. 그러나 우기 때가 되면 강 전체에 걸쳐 거의 3-4마일이 다 물로 차게 된다. 그러니 건널 수가 없게 된 것이다.

왜 하나님은 하필이면 그런 때에 그곳에 이르게 하셨을까? 3월이 아니라 두세 달 정도 후에 도착했으면 바지를 걷어 올리고 건너면 된다. 그런데 하필이면 요단강이 넘쳐서 도저히 건널 수 없는 그런 때에 그곳에 도착하게 된 것이다. 하나님이 타이밍을 잘못 정하신 것일까?

또 하나 문제가 있다. 우리는 당연히 가나안에 들어가려면 요단강을 건너야 되는 것으로 생각하는데, 그렇지 않다. 여리고가 있는 곳으로 해서 가나안에 들어가려니까 요단강을 건너야 했던 것이지, 다른 곳으로 가면 굳이 요단강을 건너가지 않아도 된다.

예를 들면 한 이틀 정도 남쪽으로 내려가서 사해 남쪽으로 가면 요단강을 건너지 않아도 된다(4번 루트). 그쪽에는 강이 없다. 아니면 하루 정도 북쪽으로 올라가면 강을 건너긴 건너야 하지만, 그렇게 깊은 강은 아니다(2번 루트). 상류이기 때문이다. 좀 더 올라가면 갈릴리 호수가 내려다보이는 골란 고원이 나온다. 그곳까지 올라가면 요단강을 건너지 않고 쉽게 가나안에 들어갈 수 있다(3번 루트).

사실 이스라엘 백성들은 그곳까지 갔었다. 모세는 이스라엘 백성들을 이끌고 가나안 동쪽에 있는 왕의 대로(지금의 요르단)를 따라 북쪽으로 올라갔다. 그는 올라가면서 아모리 족속의 시혼 왕과 바산(지금의 골란 고원) 왕 옥을 대파했다. 그리고 그 지역들을 르우벤 지파와 갓 지파, 므낫세 지파에게 나누어 주었다. 만일 모세가 그곳에서 가나안에 들어갔더라면 이스라엘 백성들은 요단강이 아니라 요단 개울을 건넜을 것이다(2번 혹은 3번 루트). (지금도 요단강 상부는 강이라기보다는 개울이라고 할 만큼 폭이 좁다.)

그러나 모세는 방향을 돌려 다시 남쪽으로 내려왔다(1번 루트). 모세의 인도를 따라 내려와서 가나안에 들어가려고 보니 요단강이 넘쳐서 도저히 건널 수 없는 상황이었다. 이스라엘 백성들이 보기에는 분명히 모세의 실수였다. 모세를 원망하는 사람들도 많았을 것이다. 다시 올라가자고도 했을 것이다. 그러나 하나님은 모세에게 홍수로 인해 넘치는 요단강을 건너가라고 하셨다. 돌아가지 말고 직접 건너라는 것이었다. 왜 그러셨던 것일까?

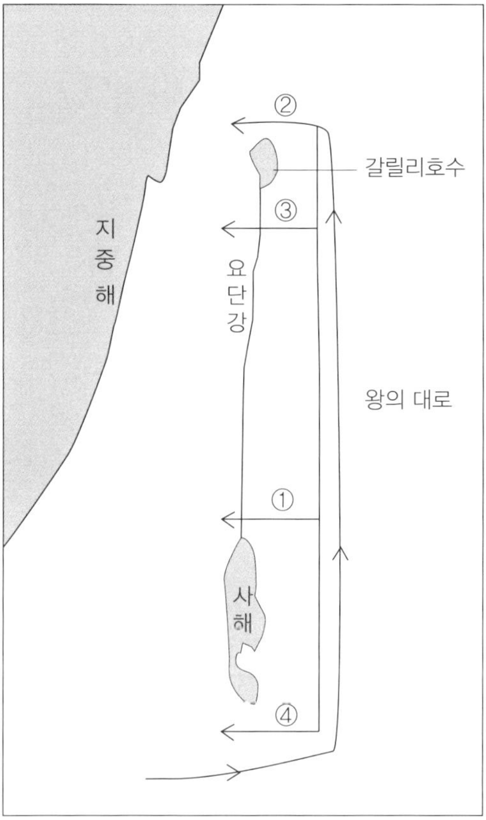

홍해의 기적을 체험한 출애굽 1세대는 다 광야에서 죽었다. 지금 가나안에 들어가는 사람은 출애굽 2세대이다. 그들은 이야기를 통해서만 홍해의 기적을 알고 있었다. 그들이 직접 체험하지는 못했다. 그래서 하나님께서는 그들에게 제2의 홍해를 체험 하도록 하기 위해 바로 그 시간에 그 장소로 인도하신 것이었다. 만일 5월이나 6월에 가나안에 들어갔다면, 그리고 여리고 맞은편이 아니라 다른 곳을 통해 가나안에 들어갔더라면, 그들은 요단강이 갈라지는 체험을 하지 못했을 것이다. 그들은 요단강을 걸어서 건넜을 것이다.

하나님이 하시는 일은 타이밍이 정확하다. 늦지도 않고 이르지도 않다. 성경을 보면 "때가 차매"라는 표현이 많이 나온다. 하나님이 정해 놓으신 시간이 있다. 그 시간이 되었을 때에 하나님은 역사하신다.

우리가 기도하고 있는데도 불구하고 하나님은 이 물이 넘쳐흐르는 때에 요단강 앞으로 인도하시는가? 요단강에 물이 넘쳐흐르는 것을 보고 낙심하지 마라. 하나님은 우리에게 요단강이 갈라지는 것을 보여주실 것이다.

하나님은 언제나 우리를 right time에 right place로 인도하신다. 내가 지금 여기 있는 것이 무엇인가 잘못된 것처럼 보일지라도 내가 지금 여기 있는 것은 right time, right place에 있는 것이다. 하나님의 섭리와 목적에 의해 내가 지금 여기 있는 것이다. 내가 지금 여기 있는 것이 잘못된 것처럼 보이는 것은 우리가 하나님의 섭리와 목적을 제대로 알지 못하기 때문이다. 그러나 곧 알게 될 것이다. 내가 지금 여기 있는 것이 잘못된 것이 아님을, 하나님이 그렇게 하신 것임을.

38
아간만 죽였는가? 아간의 가족도 죽였는가?

아골 골짝 빈들에도 복음 들고 가오리다
소돔 같은 거리에도 사랑 안고 찾아가서
종의 몸에 지닌 것도 아낌없이 드리리다
종의 몸에 지닌 것도 아낌없이 드리리다

아골 골짜기를 가 본 적도 없고 어디 있는지도 모르지만, 아골 골짜기가 이 찬송으로 인하여 유명해졌다. 이제 이 골짜기에 얽힌 이야기를 살펴보겠다.

가나안에 들어간 이스라엘 백성들이 여리고 성을 무너뜨렸다. 그리고 완전히 그 성을 불태워버렸다. 하나님이 그렇게 지시하셨기 때문이다. 그런데 아간이라고 하는 사람이 약탈물들을 다 불태워버리기 아까웠는지 아무도 모르게 일부를 감춰두었다. 당시 여리고 전투에는 수만 명이 참가했을 것이다. 그런데 그렇게 많은 사람들 가운데 하나님의 명령을 어기고 탈취물을 취한 사람이 단 한 사람뿐이었다는 것은 놀라운 일이 아닐 수 없다.

그러나 하나님은 아간이 범죄한 것에 대해 진노하셔서 이스라엘 백성이 여리고 성 전투에 이은 아이 성 전투에서 패배를 당하게 하신다. 죄는 아간이 지었는데, 왜 하나님은 이스라엘 백성 모두에게 진노하셨던 것일까? 그것은 공동체의 연대 책임(collective responsibility) 때문이다.

여호수아는 범인을 색출하기 위해 제비를 뽑았다. 그리고 결국 아간의 죄가 다 드러나게 된다.

여리고 근처에 있는 아골 골짜기

여호수아가 이스라엘 모든 사람과 더불어 세라의 아들 아간을 잡고 그 은과 그 외투와 그 금덩이와 그의 아들들과 그의 딸들과 그의 소들과 그의 나귀들과 그의 양들과 그의 장막과 그에게 속한 모든 것을 이끌고 아골 골짜기로 가서 여호수아가 이르되 네가 어찌하여 우리를 괴롭게 하였느냐 여호와께서 오늘 너를 괴롭게 하시리라 하니 온 이스라엘이 그를 돌로 치고 물건들도 돌로 치고 불사르고(수 7:24-25).

개역개정에는 아간만 쳐 죽이고 가족들은 죽이지 않은 것으로 되어 있다. 그러나 새번역 성경에는 다르게 되어 있다.

온 이스라엘 백성이 그를 돌로 쳐서 죽이고, 남은 가족과 재산도 모두 돌로 치고 불살랐다.

어떤 것이 맞는 것일까? 왜 이렇게 다르게 번역된 것일까? 히브리 본문에는 이스라엘 백성들이 "그를 죽이고 그들을(혹은 그것들을) 돌로 쳐 죽이고 불살랐다"라고 되어 있다. "그들"을 아간의 짐승으로 보느냐 아니면 아간의 가족들로 보느냐에 따라 번역이 달라진다. 개역개정에서는 "그들"을 아간의 재산으로 보았고 새번역 성경에서는 아간의 가족들과 그의 재산 모두를 의미하는 것으로 보았다.

아마도 새번역 성경처럼 아간만 돌로 쳐 죽인 것이 아니라 그의 가족들도 모두 돌로 쳐 죽였을 것으로 보인다. 아간의 죄가 드러나자 이스라엘 백성들은 그와 그의 가족, 그리고 그의 모든 재산을 다 가지고 아골 골짜기로 갔다. 아간만 쳐 죽일 계획이었다면 그의 가족들은 왜 끌고 간 것일까? 아버지와 남편이 죽는 것을 보여줌으로써 가족들에게 본보기로 삼기 위해서 그렇게 했던 것일까? 설득력이 약하다.

그러면 물을 것이다. 죄는 아간이 지었는데 왜 애꿎게 그의 가족들도 같이 죽임을 당해야 하는가? 그의 가족들이 아간의 죄를 숨겨 준 것은 확실하다. 그렇다면 그들도 같이 죄에 가담한 것이 된다. 따라서 그들도 벌을 받아 마땅하다. 이런 것이 '연대 책임'이다. 아간이 혼자 죄를 지었는데, 그것 때문에 이스라엘 전체에 하나님이 벌을 내리지 않았는가? 이런 것이 '연대 책임'이다.

39

하나님은 기상(氣象)천외한 방법으로 전쟁의 승패를 결정 지으신다

하솔 군대가 쳐들어왔을 때 여 선지자 드보라가 분연히 일어나서 그들을 대파시켰던 이야기를 잘 알 것이다. 하솔 군대는 병거 900대를 앞세우고 이즈르엘 평야로 진격해왔다. 그러나 이스라엘에는 병거가 한 대도 없었다. 이스라엘은 왕정 시대에 들어서야 비로소 병거를 갖게 되었다.

병거는 말이 이끌었으며, 두세 사람이 탔다. 그 당시의 병거는 오늘날로 말하자면 탱크라 할 수 있다. 산악지대에서는 병거가 별로 쓸모가 없지만, 평지에서는 이것을 당해낼 수 있는 것이 없다. 이즈르엘 평야에서는 병거가 100% 그 위력을 발휘할 수 있었다. 이스라엘이 탱크 군단을 앞세우고 진격해오는 하솔 군대를 어떻게 당해낼 수 있겠는가? 그런데 이스라엘이 대승을 거두었다. 하솔의 모든 병거는 파괴되었다.

어떻게 병거 한 대 없는 이스라엘이 병거를 900대나 가지고 있던 하솔 군대를 전멸시킬 수 있었을까? 드보라 이야기를 읽다 보면 희한한 이야기가 나온다.

> 여호와께서 바락 앞에서 시스라와 그의 모든 병거와 그의 온 군대를 칼날로 혼란에 빠지게 하시매 시스라가 병거에서 내려 걸어서 도망한지라 (삿 4:15).

시스라는 하솔의 군대장관이었다. 그런데 쫓기는 중에 하도 급해서 병거에서 내려 뛰어서 도망갔다는 것이다. 아니 성경의 표현에 따르면 걸어서 도망을 했다고 한다. 아무리 달리기를 잘해도 말이 이끄는 병거가 훨씬 빠를 텐데 왜 병거를 타고 도망가다 병거에서 내려서 도망간 것일까? 더군다나 병거에서 내려서 "걸어서" 도망을 갔다고 했다. 쫓기는 마당에 걸어서 도망가는 사람이 어디 있는가? 이상하지 않는가?

요압 장군이 군사들을 이끌고 랍바(지금의 암만)를 정복하기 위해 나갔다. 그때 우리야도 같이 출전했다. 다윗은 왕궁에 머물러 있었다. 그리고 그만 밧세바를 범하고 말았다. 그때가 언제일까? 성경은 이렇게 기술하고 있다(삼하 11:1).

> 해가 돌아와서 왕들의 출전할 때가 되매 (개역한글).
>
> 그 해가 돌아와 왕들이 출전할 때가 되매 (개역개정).
>
> 해가 바뀌는 때가 왕들이 싸움을 일으키는 때였다 (공동번역).

여기에서 우리는 아무 때나 전쟁을 하는 것이 아니라 전쟁하는 시기가 있다는 것을 알 수 있다. 그때가 되어 전쟁을 하러 나갔다는 것이다. 그때가 언제일까?

새번역 성경은 사무엘하 11장 1절을 이렇게 옮기고 있다.

> 그 다음 해 봄에, 왕들이 출전하는 때가 되자…

봄철이 되어 전쟁하러 나갔다는 것이다. 왜 다른 번역본들에서는 봄이라고 밝히지 않았을까? 히브리어 성경에는 봄이라는 단어가 나오지 않는다. 새번역 성경에서 독자들의 이해를 돕기 위해 친절하게 '봄'을 첨가한 것이다. 새번역 성경 대부분이 NIV를 따르고 있는데, NIV에서 '봄'이라고 때를 밝히고 있다.

성경에 나오는 전쟁 이야기들 가운데 여러 전쟁이 이즈르엘 평야 지역에서 일어났다. 사울은 길보아 산에서 있었던 블레셋과의 진투에서 전사했는데, 그곳도 이즈르엘 평야 지역이다. 기드온의 삼백 용사 이야기의 배경도 이즈르엘 평야이다. 드보라가 하솔 군대를 쳐부순 곳도 이즈르엘 평야이다.

이즈르엘 평야지대에서 가장 널리 알려진 곳은 므깃도이다. 요한계시록에서는 이곳이 아마겟돈이라고 되어 있는데, 이곳에서 인류의 멸망을 가져올 전쟁이 일어날 것이라고 예언하고 있다. 므깃도는 교통의 요충지로서 고대로부터 수많은 전쟁이 있어왔다. 이곳을 차지하는 자가 이즈르엘 평야 지대를 장악할 뿐만 아니라 이집트와 바벨론 지역의 국제 무역로를 장악하는 결과를 낳게 된다. 그래서 이곳을 차지하기 위해 수많은 전쟁이 있었다. 이곳에서 인류 최후의 전쟁이 일어나게 될 것이라는 예언도 이런 측면에서 이해될 수 있을 것이다.

이렇게 이즈르엘 평야 지대는 수많은 전쟁의 무대였는데, 이곳에서는 어떤 전쟁도 겨울철에 일어난 적이 없었다. 겨울에는 춥기 때문에 그랬던 것일까? 이스라엘의 겨울은 비가 많이 온다. 이스라엘은 11월부터 3월까지가 우기철이다. 11월부터 내리는 비를 이른 비라고 하고, 2-3월에 내리는 비를 늦은 비라고 부른다. 여름과 가을에는 건기로서, 비가 거의 내리지 않는다. 이즈르엘 평야 지대는 충적토로 이루어져 있어서 비가 오면 진창이 되어버린다.

엘리야 시대에는 3년 동안 비가 오지 않았다. 엘리야가 비가 오게 해 달라고 기도하러 갈멜 산 꼭대기로 올라가면서 아합 왕에게 비가 오기 전에 길이 막히지 않게 빨리 왕궁으로 돌아가라고 했다(왕상 18:44). 얼마나 기다리고 기다리던 비인가? 그런데 비가 오기 전에 왕궁으로 돌아가라니, 무슨 말인가? 왕은 마차(병거)를 타고 왔다. 이미 말한 대로 이즈르엘 평야는 비가 오면 다닐 수가 없다. 그래서 서둘러서 돌아가라고 했던 것이다.

이렇게 이즈르엘은 비만 왔다 하면 아무도 들어갈 수가 없다. 이런 곳에서 겨울에 전쟁을 한다면 어떻게 되겠는가? 군인도 말도 마차도 병거도 빠져서 나오지 못하고 만다. 그래서 모든 전쟁은 비가 내리지 않는 건기에 일어났다. 겨울이 지나고 새봄이 돌아왔을 때 전쟁이 시작되었던 것이다. 그래서 새번역 성경에서 사무엘하 11장 1절을 번역함에 있어서 봄이라고 밝혔던 것이다.

왜 하솔의 군대 장관 시스라가 병거에서 내려서 도망을 갔을까?

그것도 뛰어서 도망간 것이 아니라 '걸어서' 도망을 간 것일까? 하솔 군대가 이스라엘을 쳐들어온 것은 분명 겨울은 아니었다. 겨울철에 이즈르엘에서는 병거가 진흙에 박혀서 굴러갈 수 없기 때문이다. 그렇다면 어떻게 병거 한 대 없는 이스라엘이 하솔 군대를 대파시킬 수 있었던 것일까? 답은 날씨에 있다.

> 기손 강물이 그들을 휩쓸어 갔고, 옛 강 기손의 물결이 그들을 휩쓸어 갔다. 나의 영혼아! 너는 힘차게 진군하여라 (삿 5:21).

여름은 기손 강이 말라 있을 때다. 그런데 물이 넘쳐났다는 것이다. 홍수가 났다는 것이다. 겨울이라면 그런 일이 일어날 수도 있다. 그러나 지금은 겨울이 아니다. 그런데 어떻게 이즈르엘 평야를 가로질러 흐르는 기손 강이 넘쳐났던 것일까? 그날 하나님이 비를 내리신 것이다. 갑자기 폭우가 쏟아지면서 기손 강이 넘쳐나게 되고 이즈르엘 평야는 완전히 진창이 되고 만 것이다. 그렇게 되자 병거들은 아무 쓸모도 없게 되었다. 진창에 박혀서 꼼짝도 할 수가 없었다. 그러니까 하솔 군대는 병거를 다 버리고 도망칠 수밖에 없었던 것이다. 시스라 장군도 병거를 타고 도망가다 병거가 진창에 박혀서 움직일 수 없게 되자, 병거를 버리고 병거에서 내려 도망갔던 것이다. 그러나 진흙 때문에 '뛰어서' 도망가지 못하고 '걸어서' 도망을 갈 수밖에 없었다. 그래서 드보라는 비를 내려 주신 하나님을 이렇게 찬양하고 있다.

주님, 주님께서 세일에서 나오실 때에, 주님께서 에돔 땅에서 출동하실 때에, 땅은 흔들리고, 하늘은 물을 쏟아내고, 구름은 비를 쏟았습니다 (삿 5:4).

그 누구도, 하솔 군대도, 이스라엘 군대도 예상치 못했던 일이 일어난 것이다. 여름에 비가 오다니 있을 수 없는 일이었다. 그런데 전쟁이 비 한 번 오자 끝나버리고 만 것이다. 하나님이 비 한 번 내리니까 900승의 병거를 이끌고 들어왔던 하솔 군대가 한 대의 병거도 없는 이스라엘에게 꼼짝없이 당하고 만 것이다.

하나님이 전쟁에서 이기게 해주시는 방법도 가지가지다. 너무나 간단하게 이기게 하셨다. 비 한 번 오게 하시니까 전쟁이 끝난 것이다. 누구도 생각하지 못했던 기상천외한 방법으로 이기게 하셨다. 이상한 기상(氣象) 현상을 통해서 이기게 하신 것이다.

40

네가 나를 개로 여기고 몽둥이를 들고 나왔느냐?

성경에 많은 전쟁 이야기들이 나오는데, 그 대부분은 이스라엘과 블레셋과의 전쟁 이야기이다. 이스라엘은 블레셋과의 전투에서 상황이 불리하게 되자 실로에 있던 법궤를 전장으로 가져온다. 그러나 결국 이 전투에서 법궤를 빼앗기게 되고 만다. 그 후에 법궤가 돌아오긴 했지만 다시는 실로 성전으로 돌아가지 못했다. 왜냐하면 블레셋이 실로 성전(성막)을 불태워버렸기 때문이다. 이렇게 해서 다윗이 법궤를 예루살렘으로 찾아오기까지 법궤는 여기저기 떠도는 신세가 되고 말았다.

사울 왕도 길보아 전투에서 블레셋에 의해 전사를 당하게 된다. 삼손과 들릴라 이야기의 무대가 블레셋인 것도 잘 알고 있을 것이다.

이렇게 이스라엘은 블레셋으로부터 끊임없이 괴롭힘을 당했다. 많은 전쟁이 있었지만 이스라엘이 블레셋을 제대로 이겨 본 적은 별로 없다. 가나안을 다 정복했을 때도 블레셋만큼은 정복하지 못했다. 이들이 차지했던 곳은 지금의 가자 지구로서, 지금은 팔레스타인 자치 지구이기 때문에 이스라엘에게 골칫덩어리이기도 하다. 팔레스타인은 블레셋에서 나온 단어이다.

블레셋이 사람들에게 잘 알려진 이유는 다윗과 골리앗 이야기 때문일 것이다. 골리앗이 다름 아닌 블레셋 장군 아닌가? 2012년에 고고학자들이 가드를 발굴했다. 가드는 블레셋의 중요한 도시 가운데 하나로서, 골리앗의 고향이기도 하다. 이곳에서 그리스 문양을 한 토기들이 발굴되었는데, 이는 블레셋이 에게해 근처에서 활동하다가 지중해를 건너온 해양 민족이기 때문이다. 그들은 이스라엘이 가나안에 정착할 때와 비슷한 시기(주전 12세기)에 가나안에 들어왔다. 그러나 그들은 가나안에 들어와 몇 세기를 살았는데도 여전히 그들의 전통 문화를 지키고 있었음을 볼 수 있다.

골리앗이라는 이름은 특이한 이름이다. 이스라엘 사람들은 그런 식으로 이름을 짓지 않는다. 골리앗은 셈족식 이름이 아니고 인도-유럽식 이름이라고 한다. 골리앗의 고향 가드에서 골리앗과 비슷한 이름이 새겨진 항아리 조각이 발굴되었다. 골리앗이라는 이름이 어떤 사람들이 생각하는 것처럼 후대에 이야기를 만들기 위해 지어낸 이름이 아니고 실제로 있었던 이름이었음을 말해 준다.

블레셋 민족은 이스라엘 민족에게 절대 금기시 된 돼지고기를 먹었다. 그들이 이웃 민족들과 동화되지 않고 있었음을 잘 보여준다. 그런데 더 흥미로운 사실은 2012년의 발굴을 통해 그들이 개고기를 먹었다는 사실이 밝혀진 것이다.

다윗이 물매 하나만을 가지고 골리앗에게 나가자, 골리앗이 다윗에게 이렇게 말한다.

네가 나를 개로 여기고 막대기를 가지고 내게 나아왔느냐 (삼상 17:43).

얼마든지 개만도 못한(?) 다른 짐승들이 많이 있는데, 골리앗은 개를 비유로 들었다. 이것은 골리앗이 개에 대해 잘 알고 있었다는 이야기다. 골리앗의 말은, 개를 잡으려고 막대기를 가지고 나왔느냐는 뜻이다. 당시 블레셋 사람들이 개를 죽일 때 몽둥이를 사용했음을 알 수 있는 대목이다. 그런데 실제로 블레셋 사람들이 개고기를 먹었다는 사실이 밝혀진 것이다.

지금까지는 "네가 나를 개로 여기고 몽둥이를 들고 나왔느냐"는 단지 하나의 문학적 표현으로만 생각했었는데, 그것이 아니었던 것이다. 그것은 그들의 관습을 반영하는 말이었던 것이다. 실제로 그들은 몽둥이로 개를 잡아서 먹었다(우리나라에서도 그런 끔찍한 관습이 있었다). 골리앗도 개고기를 즐겨 먹었을 것임에 틀림없다.

다윗은 "나는 만군의 여호와의 이름 곧 네가 모욕하는 이스라엘 군대의 하나님의 이름으로 네게 나아가노라"고 외쳤다(삼상 17:45). 골리앗은 "그의 신들의 이름으로 다윗을 저주했다"(삼상 17:43).

고대의 전쟁들은 단순히 땅따먹기 전쟁이 아니라 신들의 전쟁이었다. 자신들이 믿는 신의 이름으로 전쟁을 했고, 그들의 신들을 위해 전쟁을 했다. 그리고 이기면 그들의 신들에게 영광을 돌렸다. 그들은 더 힘센 신이 이긴다고 믿었다. 다윗과 골리앗의 전쟁도 이런 범주에서 벗어나지 않는다. 다윗은 자기가 믿는 하나님의 이름이 모독을 당하는 것에 분노해서 골리앗에게 나갔다. 하나님만이 참 신인 것을 만

천하에 알리기 위해 골리앗과 대결을 벌인 것이다. 골리앗도 그가 믿는 신들의 이름으로 다윗을 저주했다.

블레셋 사람들은 그리스의 신들을 믿었다. 그들의 원래 활동무대가 그쪽이었기 때문이다. 가나안에 이주해온 후에도 그들은 여전히 그리스 신들을 믿었다. 블레셋 신전은 그리스 신전이었던 것이다. 신전에 사람들이 가득 찼을 때 삼손이 기둥을 밀어서 무너뜨린 이야기를 잘 알 것이다. 2012년의 발굴 작업을 통해 그런 신전의 기둥이 두 개 발굴되었다. 골리앗의 동네에도 신전이 있었던 것이다. 그곳에서 골리앗은 헬라 신들을 섬겼다. 그리고 그 신들의 이름으로 다윗을 저주했던 것이다.

41

물맷돌은 장난감이 아니라 무기였다

목자들은 두 가지를 꼭 가지고 다녔다. 지팡이와 막대기이다. 양을 이리나 늑대로부터 보호하기 위해 지팡이와 막대기를 들고 다녔다. 그리고 목자들에게는 한 가지가 더 있었다. 다윗이 골리앗을 쓰러뜨릴 때 사용한 물매가 바로 그것이다. 이 물매는 멀리 있는 맹수들을 쫓아버릴 때 사용한다. 물맷돌을 던져 맹수들을 명중시키거나 코앞에 떨어지게 한다. 그러면 맹수들이 놀라서 도망을 가게 된다. 이렇게 물매는 멀리 있는 맹수들이 양들에게 접근하지 못하도록 하기 위해 사용했다. 다윗은 이 물맷돌로 골리앗을 쓰러뜨렸다.

고대에 물맷돌은 무기였다. 앗시리아의 산헤립이 유다를 쳐들어올 때도 이 물매 부대를 앞세우고 왔다. 이집트의 투탄카문 무덤에서도 물매와 물맷돌이 발굴되었다. 물매는 그리스와 로마 군인들에게 중요한 무기였으며, 그들의 동전이나 벽화에서도 발견된다. 이스라엘에도 물맷돌 부대가 있었다(대상 12:2; 대하 26:14; 왕하 3:25). 지금도 팔레스타인에서는 이스라엘에게 저항하거나 데모할 때 이 물매를 사용한다.

앗시리아가 남 유다의 라기스 성을 공격하는 장면
(영국 대영 박물관에 소장되어 있다.)

우리는 흔히 성경에 나오는 전쟁 이야기를 읽으면서 칼과 칼이 부딪히면서 칼로 목을 베는 장면을 연상하지만, 그런 전쟁은 많지 않았다. 사울 왕이 자기 갑옷을 벗어서 다윗에게 입게 하고 자기 칼을 다윗에게 준 이유는 다른 군인들에게는 그런 것이 없었기 때문이다. 사울 시대에는 사울 왕과 그의 아들만이 검을 가지고 있었다. 사울 왕 이전 시대에 이스라엘 군인들은 농기구나 몽둥이, 그리고 물매를 가지고 싸웠다. 그러나 블레셋은 이미 철기 시대에 들어섰기 때문에 칼을 가지고 싸웠다.

이 물맷돌은 200미터 떨어진 지점에서도 목표물을 정확히 명중시킨다. 400미터까지 날아갈 수 있다고 한다. 화살보다 파괴력이 더 강하다. 갑옷을 입었을 경우 화살은 뚫지 못하지만 돌은 충격을 주어 적을 죽일 수 있다. 그리고 시속 60마일 정도의 속도로 빠르게 날아간다. 제 아무리 골리앗이라고 할지라도 그런 돌에 맞으면 한 방에 갈 수밖에 없는 것이다.

이렇게 물매는 새총 같은 장난감이 아니라 무기였다. 다윗이 골리앗을 향해 나가다가 땅바닥에 돌이 있는 것을 보고는 그것을 집어서 골리앗에게 휙 집어던졌는데, 그것이 우연히 골리앗의 이마에 명중해서 골리앗을 넘어뜨린 것이 아니다. 그 돌이 다윗에게는 무기였으며, 다윗은 물매 던지는 실력을 끊임없이 갈고 닦았다. 그리고 그 실력을 골리앗 앞에서 유감없이 발휘하게 된 것이다.

다윗은 물매 실력이 남보다 뛰어났다. 그는 자신의 물매 실력으로 골리앗을 넘어뜨릴 수 있을 것이라는 자신이 있었다. 그래서 사울 왕에게 자신이 나가겠다고 한 것이고, 칼도 없고 갑옷도 입지 않았는데도 당당하게 골리앗을 향해 나갈 수 있었던 것이다. 그리고 단 한 방에 골리앗을 넘어뜨릴 수 있었다.

다윗에게는 칼이 없었다. 그러나 그만의 강점이 있었다. 물매 실력이 바로 그것이었다. 그는 그의 강점을 통해서 골리앗을 단 한 방에 넘어뜨리고 이스라엘을 위기 가운데서 구했다. 그렇다. 우리는 강점으로 승부해야 한다. 도구가 좋다고 되는 것이 아니다. 무기가 좋다고 이기는 것이 아니다. 시설이 좋다고, 프로그램이 좋다고 되는 것이 아니다. 도구로 말하면 돌보다는 칼이 훨씬 낫다. 그러나 다윗은 칼을 다루지 못했다. 그 대신 돌 던지는 실력은 누구 못지않았다. 그래서 그는 칼을 내려놓고 물매로 승부를 걸었다. 그리고 그 승부에

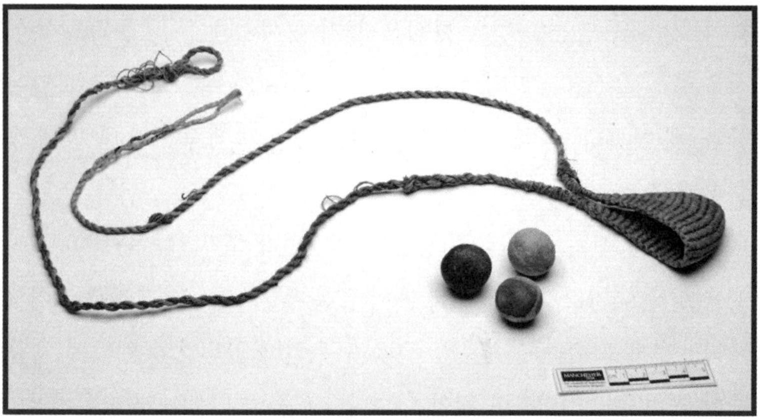

서 멋진 승리를 거두지 않았는가?

어린 소년 다윗이 물맷돌 하나로 골리앗을 쓰러뜨릴 수 있었던 것은 그의 믿음 때문이었다고 강조하면서 우리에게도 다윗과 같은 믿음만 있다면 얼마든지 우리 앞에 있는 골리앗을 넘어뜨릴 수 있다고 하는 설교를 많이 들어왔다. 그러나 우리는 "다윗 같은 믿음이 있는가?"라고만 묻지 말고 "다윗 같은 실력을 갖추고 있는가?"라고 물어야 한다.

우리는 왜 골리앗 앞에만 서면 작아지는 것일까? 왜 기가 죽는 것일까? 왜 낙담하는 것일까? 왜 맞장 떠 볼 엄두도 내지 못하는 것일까? 왜 벌벌 떠는 것일까? 다윗처럼 믿음이 없어서? 믿음 좋은 사람들도 골리앗과 대결하는 것을 두려워한다. 왜냐하면 믿음은 있는데 실력이 없기 때문이다. 하나님이 다윗을 통해 골리앗을 넘어뜨리신 것은 다윗이 믿음이 좋은 사람이었기 때문만이 아니다. 그에게는 골리앗과 대결할 수 있는 실력이 있었기 때문이다.

다윗이 언젠가는 골리앗과 대결하리라 마음먹고 물맷돌 실력을 갈고 닦은 것일까? 아니다. 다윗은 자기 양을 맹수로부터 지키기 위해서 물맷돌 실력을 갈고 닦았던 것이지, 나라와 민족을 구하기 위해, 또는 언젠가는 물맷돌 실력을 써먹을 기회가 올 것이라고 믿고 물맷돌 실력을 갈고 닦은 것은 아니었다. 그랬더니 하나님께서 그의 물맷돌 실력을 나라와 민족을 구하는 데 사용할 수 있게 해주셨다.

나에게 가진 것이 다윗처럼 물맷돌밖에 없는가? 내가 갖고 있는 물맷돌이 골리앗이 들고 있는 창과 검보다 더 강력한 무기가 될 수 있다. 그것을 통해 골리앗을 넘어뜨릴 수도 있다. 칼이 없고 돌밖에 없는가? 그렇다면 물맷돌 실력을 갈고 닦으면 된다. 그러면 하나님께서 물맷돌 던지는 실력으로 골리앗을 넘어뜨릴 수 있게 해주실 것이다.

42

밧세바는 자기가 임신하리라고는 상상도 하지 못했다

다윗은 아리따운 여인이 뜰에서 목욕하는 것을 보고 마음이 동한다. 그리고 그녀를 자기 방에 불러들인다. 다윗과 밧세바의 이야기는 이렇게 시작된다. 왜 하필이면 왕이 볼 수도 있는 곳에서 목욕을 했던 것일까? 집안에서 목욕을 했더라면 그런 일은 없었을 것 아닌가? 원죄는 밧세바에게 있는 것이 아닐까? 의도적으로 남편이 전쟁에 나가고 집에 없는 틈을 이용해 왕을 유혹한 것은 아닐까?

그렇지 않다. 구약성경 시대 이스라엘의 집을 살펴보면 안 뜰은 울타리가 쳐져 있었다. 그 안 뜰에는 빗물을 모으기 위한 물통이나 웅덩이가 있었다. 1942년에 아크집(Aczib)에서 타원형의 목욕통에서 목욕하고 있는 여인의 작은 조각상이 발견되었는데 주전 8세기나 7세기의 것으로 보인다. 아마도 밧세바는 그런 목욕통에서 목욕을 했을 것이다.

밧세바가 아리땁지만 않았더라도 다윗이 그녀를 취하지는 않았을 것이다. 예쁜 것이 죄였던 것이다. 그러면 밧세바는 몇 살쯤 되었을까? 자녀에 관한 이야기가 없는 것으로 보아 신혼이었을 것으로 보인다. 당시에는 보통 16세에서 18세 정도에 결혼을 했다. 그렇다면 20대 정도로 볼 수 있을 것이다. 그때 다윗의 나이는 얼마나 되었을까? 다윗이 밧세바를 통해 둘째 아들 솔로몬을 낳았을 때가 50세였다. 그렇다면 밧세바와의 부정한 관계를 통해 낳은 첫아들은 48세 정도에 낳았을 수 있다. 이렇게 보면 다윗이 밧세바를 범한 것은 40대 후반이었다는 계산이 나온다. 다윗과 밧세바의 나이 차이는 스물에서 많게는 서른 살 차이가 난다.

밧세바가 임신만 하지 않았더라면 다윗과 밧세바의 일은 아무도 알 수 없었을 것이다. 완전 범죄로 끝났을 것이다. 그러나 예상치 못했던 일이 일어났다. 밧세바가 임신한 것이었다. 그렇다면 정말 밧세바의 임신은 예상치 못했던 일이었을까? 여자가 성관계를 가졌다면 임신할 수 있는 가능성이 얼마든지 있는 것 아닌가? 임신한 사실이 드러나면 모든 죄가 다 드러나게 될 텐데, 다윗과 밧세바는 그런 것을 예상하지 못하고 관계를 맺었던 것일까?

그렇다. 다윗과 밧세바가 성관계를 맺은 것은, 그렇게 하더라도 아무도 모를 것이라고 생각했기 때문이다. 절대로 임신 같은 것은 하지 않을 것이라고 믿었기 때문에 완전 범죄를 꿈꾸며 죄를 저질렀던 것이다. 무슨 말인가?

> 저녁 때에 다윗이 그의 침상에서 일어나 왕궁 옥상에서 거닐다가 그곳에서 보니 한 여인이 목욕을 하는데 심히 아름다워 보이는지라 (삼하 11:2).

밧세바가 목욕하는 모습을 보고 다윗의 마음이 그 여인에게 이끌렸던 것이다. 왜 목욕을 했던 것일까? (목욕할 수도 있는 것이지, 그런 질문이 어디 있냐고 생각할 수도 있을 것이다. 그러나 이 질문은 다윗과 밧세바 이야기를 이해하는 데 있어서 매우 중요하다.)

다윗이 밧세바를 불렀다. 그리고 자신의 심복 우리야의 아내인 것을 알면서도 동침을 한다. 왕이라고 하더라도 아무 여인이나 취할 수는 없었다. 결혼한 여자는 왕이라고 하더라도 절대로 취할 수가 없었다. 그런데 다윗은 신하의 아내를 범하고 말았다. 그런 일이 드러나면 왕의 체면은 말이 아니게 될 것이다. 그러나 다윗은 그런 일은 일어나지 않을 것이라고 믿고 밧세바를 취했던 것이다. 그러면 무엇을 믿고 그렇게 했던 것일까?

밧세바를 불렀을 때 분명히 임신 가능성을 물었을 것이다. 남편이 전장에 나갔는데 임신을 하게 되면 모든 것이 탄로나게 되지 않겠는가? 그래서 그 문제를 분명히 했을 것이다. 밧세바는 임신할 가능성이 전혀 없다고 믿었다. 그래서 왕과 동침을 했던 것이다. 어떤 근거로 그렇게 말할 수 있는가? 어떤 근거로 다윗과 밧세바는 그들이 성관계를 갖더라도 임신하지 않을 것이라고 믿었던 것일까?

> 다윗이 전령을 보내어 그 여자를 자기에게로 데려오게 하고 그 여자가 그 부정함을 깨끗하게 하였으므로 더불어 동침하매 그 여자가 자기 집으로 돌아가니라 (삼하 11:4).

새번역 성경은 이렇게 번역하고 있다.

> 그런데도 다윗은 사람을 보내어서 그 여인을 데려왔다. 밧세바가 다윗에게로 오니, 다윗은 그 여인과 정을 통하였다(그 여인은 마침 부정한 몸을 깨끗하게 씻고 난 다음이었다). 그런 다음에, 밧세바는 다시 자기의 집으로 돌아갔다.

이렇게 번역할 수도 있다.

"다윗이 전령을 보내 그 여자를 자기에게로 데려오게 하여 그 여자와 동침하였다. 왜냐하면 그 여자의 부정함을 깨끗하게 하였기 때문이다. 그리고 그 여자는 자기 집으로 돌아갔다."

동침한 이유가 있다. "왜냐하면 그 여자의 부정함을 깨끗하게 하였기 때문이다." 밧세바가 자신의 몸을 이미 깨끗하게 하였기 때문에, 다시 말해 목욕을 이미 했기 때문에, 다윗이 그녀와 바로 동침을 했다는 말일까? 아니면 왕과 동침하려면 몸을 정결하게 해야 하는데, 이미 밧세바는 자신의 몸을 정결하게 하였으므로 바로 동침했다는 말일까?

아니다. 밧세바가 그날 저녁 목욕을 한 것은 자신의 몸을 깨끗하게 하기 위해서가 아니었다. 땀으로 젖은 몸을 씻기 위해서가 아니었다. 그녀는 목욕을 한 이유가 있다. 그 여자의 "부정함을 깨끗하게 하기 위해서"였다. 정결례를 행했던 것이다. 율법에 따라 여인이 피를 흘리면 부정하게 된다. 여자들이 한 달에 한 번씩 하는 생리도 마찬가지다(레 12:2). 월경을 한 여인은 정결예식을 해야 했다. 월경이 끝나고 난 후 저녁 때 자신의 몸을 흐르는 물로 깨끗이 씻어야 했다. 밧세바는 생리를 막 마쳤다. 그래서 율법에 따라 정결례를 했던 것이다. 결코 자신의 몸매를 과시하기 위해서나 왕을 유혹하기 위해서

(밖에서) 목욕을 했던 것이 아니다.

밧세바는 막 생리가 끝난 때였으므로 다윗과 동침을 해도 임신할 가능성이 전혀 없었다. 그래서 다윗도 안심하고 그녀와 동침했던 것이다.

그러나 이상한 일이 일어났다. 있을 수 없는 일이 일어난 것이다.

> 그 여인이 임신하매 사람을 보내 다윗에게 말하여 이르되 내가 임신하였나이다 (삼하 11:5).

전혀 예상 밖의 일이 벌어진 것이다. 절대로 임신할 수 없는데 임신을 하게 된 것이다. 그래서 당황한 밧세바는 이 일을 다윗에게 급하게 알렸던 것이다. 다윗에게도 밧세바의 임신 소식은 청천벽력 같은 소식이었을 것이다.

밧세바가 임신한 것은 하나님이 하신 일이었다. 월경이 막 끝났기 때문에 임신할 수가 없는데, 하나님은 그들의 죄를 드러내기 위해서 임신하게 하신 것이었다. 다윗은 완전범죄를 꾀했으나 백일하에 만천하에 그의 죄가 드러나게 된 것이다. 하나님 앞에서는 우리의 죄를 숨길 수 없다. 우리가 숨기려고 하면 할수록 하나님은 드러내신다. 하나님 앞에서는 완전범죄가 없다.

밧세바는 율법을 지키기 위해 정결례를 행했다. 그러나 간음을 했다. 다윗은 왕이기는 하지만 율법에 따라 남의 아내인 밧세바를 아내로 취할 수가 없었다. 그래서 우리야를 죽게 만든다. 그런 다음 합법적으로 밧세바를 아내로 취했다. 율법을 지키기 위해서 살인을 했던 것이다. 이 얼마나 아이러니한 일인가?

43

그늘도 못 만들어 주는 로뎀나무 아래 누워 있는 엘리야

갈멜산에서 바알의 선지자들과 대결해서 대승리를 거둔 엘리야는 축배를 들기도 전에 자기를 죽이려고 하는 이세벨 왕비를 피해 브엘세바 광야로 도망갔다. 광야로 숨어들어간 엘리야는 어디에 누워 있었는가? 로뎀나무 아래였다(왕상 19:4). 로뎀나무든 싸리나무든 가시떨기나무든 에셀나무든 그것이 뭐가 중요한가? 그 나무가 로뎀나무였다고 구태여 밝힐 필요가 있었을까?

로뎀나무 아래 누워 있는 엘리야를 마음속으로 그려보라. 느티나무처럼 큰 나무 그늘에 누워 있는 엘리야를 떠올릴 것이다. 그러나 로뎀나무는 그런 나무가 아니다. 로뎀나무는 우리에게는 생소한 나무이다. 우리나라에서는 볼 수 없는 나무이다. 광야에서만 자라기 때문이다. 그러나 우리가 그 나무 이름을 잘 아는 것은 바로 엘리야가 그 나무 아래 누워 있었기 때문이다.

이 나무는 사실 나무라고 할 수 있는 나무가 아니다. 관목이다. 커야 2미터 정도다. 잎은 바늘 모양으로 되어 있다. 빗자루같이 뻗어

로뎀나무 그늘

있어서 그늘이 거의 만들어지지 않는다. 그러나 광야에서는 피할 만한 나무 그늘이 없다. 그러기 때문에 그 나무 아래라도 몸을 숨겨야 했던 것이다. 한낮에 쨍쨍 내리쬐는 뜨거운 태양빛을 피하기 위해 조그마한 관목 그늘 아래 겨우 얼굴을 숨긴 엘리야의 모습을 상상해 보라. 얼마나 처량한가? 얼마나 비참한가?

광야를 지나다 보면 드문드문 나무가 한 그루씩 외롭게 서 있는 것을 볼 수 있다. 싯딤나무이다. 광야에서 자라는 유일한 나무로서, 성경에서는 조각목이라고 옮겼다. 아카시아 나무의 일종이다. 아주 볼품없는 나무이다. 이 나무도 목재로 쓰일 만한 나무는 아니다. 그런데 법궤를 바로 이 나무로 만들었다. 광야에 나무가 어디 있겠는가? 이 나무밖에 없다. 그래서 법궤를 만드는 데 사용된 것이다. 나무가 좋아서가 아니라, 그 나무밖에 구할 수가 없었기 때문에, 그것으로 법궤를 만들었던 것이다. 이 싯딤나무는 로뎀나무에 비하면 그나마 나무라고 할 만한 나무이다. 큰 것은 10미터 정도 되기도 한다. 광야에서 유일하게 그늘을 만들어 주는 나무라 할 수 있다. 그러나 엘리야가 그늘을 찾아 피했던 나무는 싯딤나무가 아니라 로뎀나무였다.

여름에는 사람이나 짐승이나 동물이나 모이는 곳이 있다. 그늘이다. 그늘을 찾아가서 햇빛을 피한다. 광야에는 피할 곳이 없다. 나무가 없기 때문이다. 그러면 그 뜨거운 광야에서 어디에 몸을 숨길 수 있을까? 장막이다. 베두인들은 이 장막에 사는데, 그것은 그들의 집이다. 장막은 검정색으로 되어 있으며, 주로 염소털로 만든다. 여자가 시집올 때 해오는 경우가 많으며 수명은 20년 정도 간다고 한다. 광야도 여름에는 덥고 겨울에는 춥다. 낮에는 덥고 밤이 되면 기온이 뚝 떨어져 춥다.

베두인들의 장막은 더위와 추위로부터 지켜 주는 데 제격이다. 더우면 장막이 느슨하게 되면서 통풍이 잘되어 시원하게 해준다. 추워지면 오그라들면서 안에 있는 따뜻한 공기가 밖으로 나가지 못하게 하고, 밖에 있는 차가운 공기가 안으로 들어오지 못하게 해준다. 그래서 여름에는 시원하게 해주고 겨울에는 따뜻하게 해준다. 베두인들에게는 이 장막이 유일하게 그늘을 제공해 준다. 이스라엘 백성들은 광야 40년 동안 바로 이 장막에서 햇빛을 피하고 추위를 피했다. 이 장막이 없었다면 이스라엘 백성들은 낮의 더위를 피할 수 없었을 것이고, 밤에 추위를 이길 수 없었을 것이다. 장막이 낮의 해와 밤의 달로부터 그들을 지켜 주었던 것이다. 장막이 만들어 주는 그늘에 대하여 성경은 이렇게 말하고 있다.

> 그들이 하나님의 보좌 앞에 있고 또 그의 성전에서 밤낮 하나님을 섬기매 보좌에 앉으신 이가 그들 위에 장막을 치시리니(계 7:15-16).
>
> 여호와는 너를 지키시는 이시라 여호와께서 네 오른쪽에서 네 그늘이 되시나니 (시 121:5).

왜 하나님을 그늘에 비유했던 것일까? 그늘이 그렇게 중요한 것일까?

광야에서 하나님은 이스라엘 백성을 구름기둥과 불기둥으로 인도하셨다. 낮에는 구름기둥으로 인도하셨다. 구름기둥은 길 안내뿐만 아니라 해를 가려 주는 역할도 했다. 뜨거운 태양으로부터 그늘을 만들어 주기 위해서 구름기둥으로 그들이 가는 곳을 덮어 주셨던 것이다. 사막에서는 아무리 더워도 그늘에만 들어가면 시원하다. 습도가 없기 때문이다. 그래서 구름이 해를 가려 주면 온도가 뚝 떨어진다.

> 마른 땅에 폭양을 제함 같이 주께서 이방인의 소란을 그치게 하시며 폭양을 구름으로 가림 같이 포학한 자의 노래를 낮추시리이다 (사 25:5).

또한 광야는 밤에 기온이 뚝 떨어진다. 광야에서는 더위 때문에 죽는 사람보다 밤에 추위를 이기지 못해서 죽는 경우가 훨씬 많다고 한다. 하나님께서 밤에 불기둥으로 인도하신 이유가 바로 여기에 있다. 그들을 추위로부터 지켜 주기 위해서 그렇게 하셨던 것이다. 구름기둥과 불기둥이 없었다면 이스라엘 백성은 길을 잃어버려서 죽기 전에, 더위와 추위를 이기지 못하고 모두 광야에서 죽었을 것이다.

하나님께서 우리의 우편에서 그늘이 되신다고 하였는데, 좌편에서 그늘이 되시는 것과 우편에서 그늘이 되시는 것이 무슨 차이라도 있는 것일까? 성경에서 앞은 동쪽을 말하고, 뒤는 서쪽을 말한다(우리나라에서는 앞쪽은 남쪽을, 뒤쪽은 북쪽을 가리킨다. 남산은 남쪽에 있는 산이 아니라 동네 앞산을 말한다). 따라서 우편은 남쪽, 좌편은 북쪽을 가리킨다. 우편에서 그늘이 되신다는 말은, 남쪽에 떠 있는 태양으로부터 지켜 주신다, 다시 말해 정오의 태양으로부터 지켜 주신다는 의미이다. 태양이 머리 위에서 이글거릴 때, 하나님께서 그 태양으로부터 그늘이 되어서 우리를 지켜 주신다는 뜻이다.

> 주는 포학자의 기세가 성벽을 치는 폭풍과 같을 때에 빈궁한 자의 요새이시며 환난 당한 가난한 자의 요새이시며 폭풍 중의 피난처시며 폭양을 피하는 그늘이 되셨사오니 (사 25:4).

그늘은 히브리어로 tzel인데, 아래 구절에서는 "보호자"라는 뜻으로 옮겨졌다.

> 그들은 우리의 먹이라 그들의 보호자는 그들에게서 떠났고 여호와는 우리와 함께하시느니라 (민 14:9).

그늘은 폭양으로부터 우리를 보호해 준다. 광야에서 폭양을 피할 그늘이 없으면 생명이 위험에 처하게 된다. 그래서 하나님은 광야를 지나는 이스라엘 백성들에게 그늘을 만들어 주셨다. 아니 그들의 그늘이 되어 주셨다. 그들의 보호자가 되셨던 것이다.

하나님이 우리의 그늘이 되신다는 고백이 많이 나오는데, 그늘이 광야에서 폭염으로부터 우리를 지켜 주듯이 하나님이 우리를 지켜 주시고 보호해 주시기 때문이다. 그래서 하나님을 그늘로 표현했던 것이다. 아래 구절들에서도 그늘이 보호자의 의미로 사용된 것을 볼 수 있다.

> 지존자의 은밀한 곳에 거주하며 전능자의 그늘 아래에 사는 자여, 나는 여호와를 향하여 말하기를 그는 나의 피난처요 나의 요새요 내가 의뢰하는 하나님이라 하리니 (시 91:1-2).
>
> 나를 눈동자같이 지키시고 주의 날개 그늘 아래 감추사(시 17:8).
>
> 하나님이여 주의 인자하심이 어찌 그리 보배로운지요 사람들이 주의 날개 그늘 아래에 피하나이다 (시 36:7).
>
> 하나님이여 내게 은혜를 베푸소서 내게 은혜를 베푸소서 내 영혼이 주께로 피하되 주의 날개 그늘 아래에서 이 재앙들이 지나기까지 피하리이다 (시 57:1).

44

'재를 무릅쓰고 기도하다'는 재 위에서 무릎을 꿇고 기도한다는 뜻일까?

사순절이 시작되는 첫 번째 수요일을 '재의 수요일', 또는 '성회 수요일'이라고 부른다. 이날은 교인들의 이마에 재로 십자가 성호를 그려 준다. 이때 사용하는 재는 교인들에게 1년 전에 나눠 준 올리브나무나 종려나무를 태워서 만든 것으로, 물을 섞어서 사용한다. 재로 성호를 그려 주면서 "너는 흙이니 흙으로 돌아갈지니라"고 선언한다. 그렇게 함으로 사순절을 시작한다.

이렇게 교회에서 사순절을 '재의 수요일'로 시작하는 것은 재가 회개와 참회의 상징으로 사용되었기 때문이다. 성경에서는 회개할 때 베옷을 입고 금식하면서 기도한다. 이때 재를 머리나 온몸에 뒤집어쓰거나 아니면 재에 앉아서 기도했다.

> 다말이 재를 자기의 머리에 덮어쓰고 그의 채색옷을 찢고 손을 머리 위에 얹고 가서 크게 울부짖으니라 (삼하 13:19).
>
> 모르드개가 이 모든 일을 알고 자기의 옷을 찢고 굵은 베 옷을 입고 재

를 뒤집어쓰고 성중에 나가서 대성 통곡하며 (에 4:1).

그러므로 내가 스스로 거두어들이고 티끌과 재 가운데에서 (즉 재 위에 앉아서) 회개하나이다 (욥 42:6).

다니엘은 어떤 모습으로 회개 기도를 했을까?

내가 금식하며 베옷을 입고 재를 무릅쓰고 주 하나님께 기도하며 간구하기를 결심하고 (단 9:3).

재를 무릅쓰고 기도했다고 했는데, 재 위에 무릎 꿇고 앉아서 기도했다는 말일까? 아니다. 무릎으로 오해하기 쉬운데, 무릎이 아니고 무릅이다. '무릅쓰다'라는 말은 우리말에서 두 가지 뜻으로 사용된다. 하나는 '~에도 불구하고'라는 뜻으로 사용되고, 또 하나는 무엇인가를 '뒤집어 쓰다'라는 뜻으로 사용된다. 다니엘은 재를 뒤집어쓰고 기도했다.

그러나 새번역에는 다르게 번역되어 있다.

응답을 들으려고, 나는 금식을 하면서, 베옷을 걸치고, 재를 깔고 앉아서, 하나님께 기도를 드리면서 간구하였다.

재를 깔고 앉아서 기도했다고 되어 있다. 어떤 번역이 맞는 것일까? 히브리어 성경에는 재라는 말만 나온다. 재에 앉아서 기도했는지, 재를 뒤집어쓰고 기도했는지는 알 수 없다.

예수님도 회개할 때의 자세에 대해서 언급하신 적이 있다.

> 화 있을진저 고라신아 화 있을진저 벳새다야 너희에게 행한 모든 권능을 두로와 시돈에서 행하였더라면 그들이 벌써 베옷을 입고 재에 앉아 회개하였으리라 (마 11:21).

새번역에서는 다르게 번역하고 있다.

> 고라신아, 너에게 화가 있다. 벳새다야, 너에게 화가 있다. 너희 마을들에서 행한 기적들을 두로와 시돈에서 행했더라면, 그들은 벌써 굵은 베옷을 입고, 재를 쓰고서, 회개하였을 것이다.

원어대로 하면 "재에 앉아"가 맞다.
평행 구절인 누가복음 10장 13절을 보자.

> 화가 있을진저 고라신아, 화 있을진저 벳새다야, 너희에게서 행한 모든 권능을 두로와 시돈에서 행하였더면 저희가 벌써 베옷을 입고 재에 앉아 회개하였으리라.

그러나 새번역에서는 "재를 뒤집어쓰고 회개하였을 것이다"라고 번역하였다. 원어대로 하면 "재에 앉아"가 맞다.

새번역 성경은, 다니엘서에서는 "재를 뒤집어 쓰고"라고 번역할 수 있는데도 그렇게 하지 않고 "재에 앉아서"라고 번역했다. 그런데 마태복음과 누가복음에서는 "재에 앉아서"라고 번역해야 함에도 불구하고 "재를 뒤집어쓰고"라고 번역했다. 새번역 성경에 일관성이 없음을 알 수 있다.

요약하면 이렇다.

욥은 재에 앉아서 회개 기도를 했다. 다말이나 모르드개는 재를 뒤집어쓰고 회개 기도를 했다. 다니엘은 개역개정에는 재에 앉아서 기도했다고 되어 있고, 새번역에서는 재를 뒤집어쓰고 기도했다고 되어 있다. 그러나 히브리어 성경에서는 재를 뒤집어쓰고 회개 기도를 했는지 아니면 재에 앉아서 회개 기도를 했는지 알 수 없다.

예수님은 고라신 사람들이었다면 재에 앉아서 회개 기도를 했을 것이라고 하셨다. 그러나 새번역에서는 재를 뒤집어쓰고 기도했을 것이라고 잘못(?) 번역했다.

45
시온의 대로는 탄탄대로가 아니다

주께 힘을 얻고 그 마음에 시온의 대로가 있는 자는 복이 있나이다 (시 84:5).

"시온의 대로"는 시온, 즉 예루살렘에 이르는 길을 말한다. 성전은 어디에서나 '올라가야' 한다. 예루살렘은 해발 750~800미터에 자리잡고 있다. 어디에서 오든 예루살렘에 가려면 '올라가야' 한다. 예루살렘은 '올라가야' 하는 곳이다. 올라가지 않고는 예루살렘 성전에 갈 수가 없다.

시편을 보면 "성전에 올라가는 노래"라는 부제가 붙은 시들이 있다(시 120-134편). 절기를 지키기 위해 예루살렘 성전을 향해 다른 순례자들과 함께 올라가면서 불렀던 찬양들이다. 저 멀리 산꼭대기에 성전이 있다. 그곳까지 가야 한다. 험한 산들과 골짜기를 지나야 한다. 많은 위험들이 도사리고 있다. 걱정이 앞선다. 그래서 시인은 이렇게 걱정한다.

> 내가 산을 향하여 눈을 들리라 나의 도움이 어디서 올꼬 (시 121:1).

그러나 이어서 그는 이렇게 고백한다.

> 나의 도움은 천지를 지으신 여호와에게서로다 (시 121:2).

이 시인과 마찬가지로 시편 84편의 시인도 지금 성전을 향해 올라가고 있다. 그런데 예루살렘에 가는 길이 만만치 않다. '눈물의 골짜기'를 지나야 한다(시 84:6). 험한 산을 넘어야 한다. 그러려면 하나님이 주시는 힘이 필요하다. 그러나 시편 기자는 마침내 하나님의 은혜와 도우심으로 무사히 성전에 도착해서 하나님 앞에 나아가는 감격을 맛보게 된다.

대로는 하이웨이다. 편한 길이다. 안전한 길이다. 돌지 않고 바로 가는 길이다. 빨리 갈 수 있는 길이다. 마음대로 달릴 수 있는 길이다. 장애물이 없는 길이다. 그러나 시온의 대로는 결코 그런 길이 아니다. 험하다. 위험하다. 힘든 길이다. 좁은 길이다. 눈물 골짜기를 지나야 한다. 사망의 골짜기도 통과해야 한다. 산 넘어 산이다. 결코 8차선 고속도로가 아니다.

이렇게 하나님 앞에 나아가는 길은 쉬운 길이 아니다. 그렇지만 어렵고 험난한 길을 통과해서 하나님 앞에 나아가 하나님의 얼굴을 뵈옵고 예배를 드릴 때의 감격은 이루 말로 다할 수 없는 것이었다. 그렇기 때문에 그렇게 험하고 힘든 길도 기쁜 마음으로 가는 것이다.

마음에 시온의 대로가 나 있다는 것은 무슨 말일까? 알 것 같기도 한데, 알쏭달쏭하다. 시온의 대로는 성전으로 가는 길이다. 그런 길이 마음속에 나 있다는 것이다. 그것도 아주 크게 나 있다는 것이다. 시인은 성전을 사모하는 마음을 그렇게 표현한 것이다.

마음은 늘 성전에 가 있다. 늘 성전을 그리워하며 산다. 그러나 성전은 너무 멀리 있다. 지금이라도 당장 성전에 올라가 예배드리고 싶지만 그럴 수가 없다. 기껏해야 1년에 한두 번밖에 갈 수가 없다. 그러나 늘 마음속에 성전이 자리잡고 있다. 몸은 집에 있지만 마음은 늘 성전을 향해 올라가고 있다. 성전에 올라가려면 아직도 몇 달이 남았는데, 벌써 마음은 순례길에 올라 있는 것이다. 벌써부터 마음이 들뜨고 가슴이 벅찬 것이다.

> 마음이 이미 시온의 순례길에 오른 사람들은 복이 있습니다 (시 84:5, 새번역).

그런 사람이 바로 "그 마음에 시온의 대로가 있는 사람"이다.

소풍 가기 전날, 또는 운동회 전날, 비가 오면 어쩌나 가슴 졸이면서 자다가 몇 번씩이나 나와서 하늘을 바라보곤 했던 기억이 있을 것이다. 얼마나 가슴이 설레였던가! 토요일이면 잠을 설친다는 분이 있다. 주일날 교회에 와서 예배드릴 생각을 하면 가슴이 설레여 잠이 안 온다는 것이다. 이런 사람이 바로 "그 마음에 시온의 대로가 있는" 사람이다.

집에서부터 45분 걸려서 교회 오는 분이 있다. 그런데 그분은 교회 오는 데 20분 정도밖에 걸리지 않는 것처럼 느낀다고 한다. 그 마음에 시온의 대로가 있기 때문이다. 어떤 분은 자다가 깨어서 보니 새벽 3시였다고 한다. 다시 잠자리에 들면 새벽기도에 가지 못할 것 같아서 아예 잠을 자지 않았다고 한다. 그 마음에 시온의 대로가 있는 사람이다. 주일 예배 끝나고 집에 가려고 하면 허전하다는 분이 있다. 주일 하루만큼은 하루 종일 교회에 있고 싶은 것이다. 그 마음에 시온의 대로가 있는 사람이다.

우리는 이 구절을 인용해서 "우리의 자녀들로 하여금 그 앞에 시온의 대로가 펼쳐지게 하여 주시옵소서"라고 기도한다. 그러나 실제로 시온의 대로는 탄탄대로가 아니라 위에서 살펴본 대로 좁고 험한 길이다.

그리고 시온의 대로는 성공에 이르는 길이 아니라 "성전에 올라가는 길"이다. 성공을 향해서 달려가는 길이 아니라 성전을 향해서, 하나님을 향해서 달려가는 길이다. 자녀들 앞에 성공의 대로가 열리기만 기도했지, 그들 마음속에 시온의 대로가 있게 해달라고 기도한 적이 몇 번이나 있는가? 우리 마음속에는 '시온의 대로' 대신에 세상으로 향하는 8차선 고속도로가 뻥 뚫려 있지는 않은가?

주께 힘을 얻고 그 마음에 시온의 대로가 있는 자는 복이 있나이다.

46
"내가 묵상할 때에 화가 발하니"

내 마음이 내 속에서 뜨거워서 묵상할 때에 화가 발하니 나의 혀로 말하기를 (시 39:3).

다음은 어떤 저자가 이 구절을 묵상하다가 깨달은 사실을 그의 책에 기록한 것이다.

믿음의 고백에는 단계가 있다. 대부분의 사람들은 마치 돼지가 구정물을 먹는 것처럼 말씀을 그렇게 먹는다. 돼지는 음식물을 거의 씹지 않고 삼켜 버린다. 많은 사람들이 성경을 이처럼 급하게 읽는다.

몇 년 전이었다. 나는 어느 레스토랑에서 향긋한 커피를 마시며 성경을 읽고 있었다. 시편을 읽다가 39편에 이르자 갑자기 머리가 멍해졌다. 그 좋은 커피 향도 사라져 버렸다. 레스토랑에 있던 사람들의 모습이 하나둘 희미해져 갔다. 눈에 보이고 귀에 들리는 것이라고는 이 말씀뿐이었다.

내 마음이 내 속에서 뜨거워서(계시) 묵상할 때에 화가 발하니 나의 혀로 말하기를(선포)…(시 39:3).

이 심오하지만 짧은 구절을 읽을 때, 하나님께서 내게 말씀하셨다. 하나님께서는 단 세 마디만 하셨다.

계시, 묵상, 선포.

나는 보았다! 마치 빗줄기가 내 마음을 파고드는 것 같았다. 하나님께서 내게 무슨 말씀을 하시는지 알 수 있었다. 그분은 먼저 계시가 오고, 그 다음에 묵상이 온다고 말씀하고 계셨다.

당신은 계시를 경험하고 묵상을 했는가? 그렇다면 당신은 (믿음으로) 선포할 준비가 된 것이다.

당신도 알다시피, 많은 사람들의 고백이 실현되지 않는 것은 그들의 고백이 개인적인 계시와 무관하게 이루어지기 때문이다. 이들은 자신들이 고침 받고, 번영하며, 복을 받았다고 말한다. 그러나 이들은 이러한 복에 대한 계시를 받지 못했을 뿐만 아니라 이러한 복을 묵상하지도 않는다. 그 결과 이들의 고백은 이루어지지 않는다.

저자는 이 구절이 어느 날 계시처럼 그에게 다가왔으며 하나님께서 그 말씀의 진정한 의미를 깨닫게 해주셨다고 흥분하면서 고백하고 있다. 정말 그 깨달음을 하나님이 주신 것일까?

"내 마음이 내 속에서 뜨거워서"

왜 마음이 뜨거워진 것일까? 그 책의 저자는 계시가 임했기 때문이라고 해석한다. 계시가 와서 마음이 뜨거워졌다는 것이다. 정말 그럴까? 이 시편의 문맥을 살펴보자. 1-2절에서는 아무 말도 하지 않겠다고 굳게 다짐한다. 입에 재갈을 먹이겠다고 한다. 왜냐하면 입을 열면 불평과 불만, 원망이 터져나올 것이 불 보듯 뻔했기 때문이다. 시인은 지금 마음이 몹시 불편하다. 화가 나 있다. 걱정거리가 있다.

그런데 웬 계시인가? 계시가 임해서 기쁘고 즐거워서 마음이 뜨거워진 것이 아니다. 지금 속에서 부글부글 끓어오르고 있다. 분노가 이글거리고 있다. 화가 치밀어 오르는 것이다. '속에서 불이 난다'는 말이 있지 않는가? 시인은 지금 그런 것이다. 열 받은 것이다. 계시가 임해서, 성령충만해서 가슴이 뜨거운 것이 아니다. 그 반대다.

"묵상할 때에 화가 발하니"

묵상하는데 왜 화가 날까? 여기 화는 그런 화가 아니고 불을 말한다. 묵상할 때에 가슴이 뜨거워졌다는 것이다. 엠마오 마을로 가던 두 제자가 예수님의 말씀을 듣고 가슴이 뜨거워졌던 것처럼 계시가 임하고 그 계시를 깨닫고 마음에 불이 붙은 것일까? 이 구절을 앞뒤 싹뚝 잘라버리고 보면 그렇게 생각하게 된다. 그래서 위의 저자도 이 구절을 말씀 묵상에 관한 것으로 이해하고 있다. 그는 이런 해석을 하게 하신 분이 하나님이었다고 자신있게 '선포'하고 있다. 하나님이 그런 깨달음을 주셨다는 것이다. 과연 그 깨달음이 하나님으로부터 온 것일까?

이 시인이 지금 말씀을 묵상하고 있는 중일까? 아니다. 말씀이 아니라 그의 문제를 '묵상'하고 있다. 화가 치밀어오르고 있다. 그 문제를 어떻게 해결할까 고민하고 있다. 묵상과 염려는 같은 과에 속한다. 말씀을 묵상하면 그것은 우리가 말하는 묵상이 되고, 문제를 묵상하면 그것은 염려가 된다. 이 시인은 말씀을 묵상하고 있는 것이 아니라 그로 하여금 화가 나게 만드는 것을 묵상하고 있다. 그 사람 혹은 그 문제 혹은 그 일을 골똘하게 생각하고 생각하는 것이다. 자신의 비참한 현실을 바라보면서 고민하고 있는 것이다. 그런데 생각할수록 더 화가 치밀어올라 속에서 더욱 열불이 났던 것이다.

"나의 혀로 말하기를…"

위 책의 저자는 계시가 임하고 그 계시를 묵상한 다음 묵상한 것을 이제 선포해야 한다고 해석하고 있다. 그러나 위에서 살펴본 대로 계시가 임한 것도 아니고, 말씀을 묵상한 것도 아니다. 또한 시인이 말씀을 선포하겠다고 말하는 것도 아니다. 그는 앞에서 절대로 말하지 않겠다고 했다. 어떤 일이 있어도 참겠다고 했다. 그런데 그 일을 생각하면 생각할수록 열을 받아 가만히 있을 수 없는 것이다. 그래서 결국은 그의 결심이 무너진다. 그리고 내가 죽어도 이 말은 해야겠다는 마음으로 입을 열어 말하기 시작한다. 무슨 말을 하는지 들어 보자.

> 주님, 알려 주십시오. 내 인생의 끝이 언제입니까? 내가 얼마나 더 살 수 있습니까? 내가 무엇을 바라겠습니까? 내 희망은 오직 주님뿐입니

다. 나로 어리석은 자들의 조롱거리가 되지 않게 해주십시오. 주님의 채찍을 나에게서 거두어 주십시오. 주님의 손으로 나를 치시면, 내 목숨은 끊어지고 맙니다. 내가 떠나 없어지기 전에 다시 미소 지을 수 있도록 나에게 눈길을 단 한 번만이라도 돌려 주십시오 (시 39:4-13, 부분적으로 인용).

위 책의 저자는 계시를 받아 기쁘고 즐거워 그것을 깊이 묵상하고, 묵상한 것을 나가서 선포하는 것이라고 생각하고 있는데, 그렇지 않다. 그 반대다. 이 시인은 지금 낙심할 대로 낙심한 가운데 있다. 죽음을 두려워하고 있다. 낙망한 가운데 있다. 그래서 살려달라고 기도하고 있다. 매달리고 있다. 입을 열어 선포하는 것이 아니라 애원하고 있는 것이다.

결론적으로 이 구절을 앞뒤 싹뚝 잘라버리고 이 구절만 가지고 보면 계시에 관한 말씀으로 보일 수도 있으나, 그렇지 않다. 묵상과 연관해서 이 구절을 해석하기도 하는데, 잘못된 것이다. 이 구절을 새번역은 그 의미를 살려 이렇게 번역하고 있다.

가슴 속 깊은 데서 뜨거운 열기가 치솟고 생각하면 할수록 울화가 치밀어 올라서 주님께 아뢰지 않고는 견딜 수 없었다.

어떤 영어 성경이나 한글 성경에서도 이런 식으로 번역한 성경은 없다. 그러나 본문의 의미를 가장 잘 살린 번역이다. 이런 기가 막힌 번역을 한 역자에게 박수를 보낸다.

47
몇십 년이 지난 다음에 응답받은 기도

기도와 가장 비슷한 것이 있는데 낚시이다. 기도하는 사람은 낚시하는 사람들에게서 배워야 할 것이 있는데, 그것은 기다리는 것이다. 낚시할 때는 기다릴 줄 알면서, 살아가면서는 기다리지 못한다. 기도할 때는 기다리지 못한다.

> 그리스도인의 기도에는 언제나 애씀보다 기다림이 더 많아야 한다. (이블린 언더힐)

기도의 생명은 기다림이다. 기도하는 것보다 더 어려운 것은 기도하고 나서 기다리는 것이다. 기도의 씨를 뿌리고 축복의 열매를 거두려면 기다려야 한다.

> 내가 여호와를 기다리고 기다렸더니 귀를 기울이사 나의 부르짖음을 들으셨도다 (시 40:1).

사가랴는 제사장이었다. 결혼을 했는데, 오랫동안 아내에게 아이가 생기지 않았다. 그랬으니 얼마나 열심히 기도했겠는가? 3년이 지나도, 5년이 지나도 감감 무소식이었다. 그들은 더욱더 간절히 기도했다. 그러나 10년이 지나도 아무런 기도 응답이 없었다. 결국 엘리사벳은 폐경기에 들어서고 말았다. 그래서 그들은 자식이 없는 것을 그들의 운명으로 받아들이고 더 이상 기도하지 않았다. 그렇게 20년도 훨씬 넘는 세월이 흘렀다. 그런데 어느 날 갑자기 천사가 나타나 이렇게 말하는 것이었다.

> 사가랴여 무서워하지 말라 너의 간구함이 들린지라 네 아내 엘리사벳이 네게 아들을 낳아 주리니 그 이름을 요한이라 하라 (눅 1:13).

사가랴는 이렇게 반응을 보인다.

> 내가 이것을 어떻게 알리요 내가 늙고 아내도 나이가 많으니이다 (눅 1:18).

사가랴와 엘리사벳은 나이가 많았다. 그들이 나이가 많았다는 사실을 누가복음은 여러 차례 강조하고 있다(눅 1:7, 18, 36). 그런데 아이를 잉태케 될 것이라고 한다. 하나님이 왜 그들에게 자식을 줄 생각을 하셨던 것일까?

"너희 간구함이 들린지라."

그들이 기도한 것이 하나님의 귀에 들렸다는 것이다. 그래서 기도 응답으로 자식을 주시겠다는 것이었다. 그런데 기도는 언제 한 기도였는가? 어제 한 기도였는가? 오늘 아침에 드린 기도였는가? 아니다. 1년 전에 한 기도도 아니고, 3년 전에 한 기도도 아니고, 5년 전에 한 기도도 아니고, 10년 전에 한 기도도 아니었다. 적어도 20년, 30년 전에 했던 기도인데, 하나님이 그 기도를 기억하고 들어주시겠다고 하는 것이다.

세상에! 하나님은 기억력도 좋으시다. 어떻게 20년, 30년 전에 한 기도를 기억하고 계시다가 그때 한 기도를 들어주시겠다고 하는 것인지, 놀랍지 않은가? 사가랴와 엘리사벳은 까마득하게 그 기도를 잊어버리고 있었다. 당사자는 잊고 있었는데, 하나님은 잊지 않고 기억하고 계셨던 것이다.

하나님은 놀라우신 분이다. 10년 전, 20년 전, 30년 전 기도도 기억하시고 응답해 주시는 분이다. 나는 잊어버리고 있는데, 하나님은 기억하고 계셨다가 이루어 주시는 기도가 얼마나 많겠는가? 오래 기도했는데 기도 응답이 없어서 포기하고, 잊어버리고 살아가고 있었는데, 어느 날 생각해 보니까 그 기도가 이루어진 것을 깨닫게 될 때가 있지 않는가?

기도에는 유효기간이 없다. 10년 전, 20년 전, 30년 전에 한 기도들 가운데 응답되지 않은 것이 많을 것이다. 그렇다고 그 기도들이 폐기처분된 것은 아니다. 다 쌓아놓고 계시다. 때가 되면 다 이루어 주실 것이다.

48

세례자 요한은 광야에 있을 사람이 아니었다

구약 성경 전체를 통해서 흐르고 있는 두 개의 전승이 있다. 제사장 전승과 예언자 전승이다. 여기에 지혜 전승을 더할 수도 있다. 이 전승들은 구약 어디에나 흐르고 있다. 개울로 흐르든지 강으로 흐르든지 아니면 도랑으로 흐르든지 흐르고 있다. 아니면 땅 속으로 흐르기도 한다. 예언서에는 예언 전승이, 성문서(잠언, 전도서 등)에는 지혜 전승이 강처럼 흐르고 있다. 레위기에는 제사장 전승이 강처럼 흐르고 있다. 신명기 사관을 가진 역사서들 속에는 예언 전승이 강처럼 흐른다.

구약에서 대표적인 하나님의 사람들을 뽑으라면 당연히 제사장과 예언자를 들 수 있다. 제사장은 성전에서 제사를 드렸으며, 예언자들은 길거리에서 백성들에게 하나님의 말씀을 외쳤다. 제사장은 아무나 될 수 없었다. 제사장 가문에서 태어나야만 제사장이 될 수 있었다. 그러나 예언자는 혈통과는 전혀 관계가 없다. 어느 날 갑자기 하나님의 말씀이 임하면 그 말씀을 들고 길거리로 나가야 한다. 이런 사람들이 예언자이다. 제사장직은 물려받는 것이었으나, 예언자는 하나님의 부르심에 의해 소명을 받아야 될 수 있다.

제사장은 이스라엘 사회에서 엘리트 집단이었다. 그들은 부와 영광과 존귀를 한 몸에 누렸다. 그러나 예언자들 대부분은 누구에게도 환영받지 못했으며, 생활도 보장받지 못했다. 그들은 멸시와 천대를 받았다. 대부분 순교했다. 예언자들 가운데 고난을 당하지 않은 사람은 아무도 없다. 그들은 백성들이 듣기 싫어하는 소리를 해야 했다. 그러니 환영받을 수가 없었던 것이다. 예언자들 가운데 예언자가 되고 싶어서 된 사람은 아무도 없다. 그들은 마지못해 하나님의 부르심에 순종하면서 고난의 삶을 살아야 했다.

제사장은 이스라엘 백성들을 위해 하나님 앞에 축복을 빌고 용서를 구하고 자비를 구하는 일을 했다. 이스라엘과 하나님 사이의 중보자 역할을 했던 것이다. 그러나 예언자는 이스라엘 백성들에게 주시는 하나님의 말씀을 전달하는 일을 했다. 그 메시지의 대부분은 책망과 경고와 심판으로 이루어져 있다. 제사장은 평화를 이야기한다. 축복을 이야기한다. 용서를 이야기한다. 구원을 이야기한다. 그러나 예언자는 심판을 이야기한다. 멸망을 이야기한다. 전쟁을 이야기한다. 저주를 선포한다.

제사장은 하나님 앞에서 이스라엘을 대신하는 자리였으며, 예언자는 이스라엘 백성들 앞에서 하나님을 대신하는 자리였다. 제사장은 이스라엘 백성을 위해 존재했으며, 예언자는 하나님을 위해 존재했다. 두 그룹 모두 하나님이 세우신 직분이었으나 이렇게 지위와 역할은 전혀 달랐다. 이 두 그룹은 역사를 통해 상호 보완적인 관계를 유지했다. 때로는 두 그룹 사이에 갈등도 있었으며 대립할 때도 많이 있었다. 이 두 그룹 사이의 관계는 결코 좋지만은 않았다. 예언자들은 이렇게 외쳤다.

> 내가 너희 절기들을 미워하여 멸시하며 너희 성회들을 기뻐하지 아니하나니 너희가 내게 번제나 소제를 드릴지라도 내가 받지 아니할 것이요 너희의 살진 희생의 화목제도 내가 돌아보지 아니하리라 네 노랫소리를 내 앞에서 그칠지어다 네 비파 소리도 내가 듣지 아니하리라 오직 정의를 물 같이, 공의를 마르지 않는 강 같이 흐르게 할지어다 이스라엘 족속아 너희가 사십 년 동안 광야에서 희생과 소제물을 내게 드렸느냐 (암 5:21-25).

그러나 제사장들의 입장에서는 제사보다 더 소중한 것이 없다. 하나님을 먼저 잘 섬겨야 한다. 하나님을 경외해야 한다. 하나님께 예배를 잘 드려야 한다. 십일조를 잘 드려야 한다.

제사장이 백성들의 상처를 보듬어 주고 싸매 주고 위로해 주고 감싸 주고 치료해 주는 사람들이었다면, 예언자들은 채찍을 휘두르고 상처를 내고 수술을 하는 사람들이었다.

제사장은 전통을 중시했다. 반면 예언자들은 개혁하는 사람들이었다. 제사장은 의식을 중시했다. 반면 예언자들은 삶의 모습을 중시했다. 제사장들은 경건을 중시했다. 하나님 경외를 중시했다. 반면 예언자들은 의와 인을 중시했다. 제사장들은 살려면 하나님을 잘 섬기라고 가르쳤다. 반면 예언자들은 살기 위해서는 하나님 뜻대로 바르게 살라고 가르쳤다.

성전 제도는 정치와 밀접한 관계를 갖고 있었다. 제사장들은 왕을 위해 기도했다. 축복을 빌어 주었다. 그러나 예언자들은 왕들에게 칼을 들이댔다. 하나님이 주시는 경고를 전했다. 제사장은 왕들이 듣고 싶어하는 말을 해주었다. 그러나 예언자들은 왕들이 듣고 싶어하지 않는 말들만 해주었다. 그러니 왕들의 눈엣가시가 아닐 수 없었다.

예언자가 걸어가야 하는 길은 험난한 길이었다. 고단한 길이었다. 가시밭길이었다. 예언자 가운데 자신이 예언자가 된 것을 한탄하지 않은 사람은 없었을 것이다. 예레미야 같은 예언자는 하나님에게 속아서 예언자가 되었노라고 탄식하고 있다. 반면 제사장은 특권 계층이었다. 존귀, 영광, 모든 권세를 다 누리면서 하나님의 일을 하는 사람들이었다. 제사장은 진골, 성골이어야만 했다. 되고 싶다고 되는 것도 아니고 믿음이 좋다고 되는 것도 아니었다.

세례자 요한의 아버지 사가랴는 제사장이었다. 그가 성전에서 분향하다가 세례자 요한의 잉태 소식을 듣지 않았는가? 늦게 얻은 귀한 아들이었다. 사가랴에게도 드디어 그의 자리를 물려줄 아들이 생긴 것이다. 요한의 어린 시절 이야기는 성경에 나오지 않아 알 길이 없다. 그러나 분명 그는 제사장이 되기 위해 오늘날로 말하자면 신학교를 다녔을 것이다. 그는 장래가 촉망되는 신학생이었을 것이다.

그런데 어떻게 된 일인지 요한은 예루살렘에 있지 않고 광야로 나갔다. 성전에 있지 않고 광야에 있었다. 제사 드리는 일을 하지 않고 세례를 행했다. 성전에서 호의호식하지 않고 메뚜기와 석청을 먹으면서 살았다. 어떻게 된 일인가? 왜 요한은 존귀와 영광, 모든 권세를 누릴 수 있는 기회를 버리고 멸시와 천대의 십자가를 졌던 것일까? 그에게 무슨 일이 있었던 것일까?

요한이 제사장이 되지 않겠다고 했을 때, 신학교를 떠났을 때, 예루살렘을 떠나 광야로 들어가려고 했을 때, 아버지 사가랴가 얼마나 말렸겠는가? 사정사정을 했을 것이다. 그러나 요한은 제사장이 되기를 포기하고 광야로 들어갔다.

> 디베료 황제가 통치한 지 열다섯 해 곧 본디오 빌라도가 유대의 총독으로, 헤롯이 갈릴리의 분봉왕으로, 그 동생 빌립이 이두래와 드라고닛 지방의 분봉 왕으로, 루사니아가 아빌레네의 분봉 왕으로, 안나스와 가야바가 대제사장으로 있을 때에 하나님의 말씀이 빈 들에서 사가랴의 아들 요한에게 임힌지라 (눅 3.1-2).

디베료는 로마의 황제였다. 빌라도는 이스라엘의 총독이었다. 헤롯과 빌립과 루사니아는 이스라엘 각 지역을 다스리던 분봉왕들이었다. 안나스와 가야바는 대제사장이었다. 그런데 누구에게 하나님의 말씀이 임했는가? 세례자 요한이다. 그는 이름도 빛도 없는 사람이었다. 왜 하나님의 말씀이 그렇게 대단한 사람들에게 임하지 않고, 세례자 요한에게 임했던 것일까?

다른 친구들은 제사장이 되기 위해 예루살렘 신학교에서 열심히 성경을 공부하고 있었지만, 세례자 요한은 하나님을 만나기 위해, 하나님의 살아 있는 음성을 듣기 위해, 하나님이 들려주시는 음성을 듣기 위해서 광야로 나갔다. 그는 보장된 미래를 버리고, 제사장의 길을 버리고, 예루살렘 문명 세계를 등지고, 단지 하나님의 음성을 듣기 위해 광야로 나갔던 것이다. 이런 그에게 하나님은 음성을 들려주셨다. 말씀을 주셨다. 그를 예언자로 부르셨던 것이다.

> 외치는 자의 소리여 가로되 너희는 광야에서 여호와의 길을 예비하라 사막에서 우리 하나님의 대로를 평탄케 하라 (사 40:3).

광야에서 외치면 누가 들을까? 예루살렘 한복판에 가서 외쳐야 하는 것 아닌가? 왜 아무도 없는 광야 한복판에서 하나님의 말씀을 외치라는 것인가? 들을 사람도 없는데, 공허한 메아리만 되어 돌아올 텐데…. 유대인들에게는 예언자가 마땅히 있어야 할 자리가 광야였다. 어떤 예언자가 광야에 있다고 하면 사람들은 그 예언자야말로 진짜 예언자라고 생각한다. 왜냐하면 하나님의 음성은 광야에서 들려온다고 믿고 있었기 때문이다. 그래서 예언자가 광야에 나갔다는 말을 들으면 '아, 그 예언자가 하나님의 음성을 듣기 위해 광야로 나갔구나'라고 생각한다. 그러니까 어떤 예언자가 광야에서 외치고 있다고 하면 사람들은 그 예언자에게서 하나님의 말씀을 들으려고 광야로 나간다.

세례자 요한은 광야에서 살았다. 그러면서 기도하고, 금식하고, 묵상하면서 하나님을 만나고 하나님을 체험하고 하나님의 음성을 들었다. 그래서 사람들은 그에게서 하나님의 음성을 듣기 위해 광야로 나갔던 것이다. 그리고 세례자 요한이 회개하고 세례를 받으라고 하자, 다 그의 말을 하나님의 말씀으로 받고 순종했던 것이다.

세례자 요한은 광야에 있을 사람이 아니라, 예루살렘 성전에 있어야 할 사람이었다. 그는 광야에서 외치는 자가 아니라 성전에서 제사드리는 제사장이 되어야 할 사람이었다. 그러나 그는 주의 오실 길을 예비하기 위해 광야로 나갔던 것이다. 그가 예언자가 되지 않고 제사장이 되었더라면 목 베임을 당하지 않았을 것이다. 오랫동안 성전에서 하나님을 섬기는 일을 하면서 존귀, 영광, 모든 권세를 누렸을 것이다. 만일 그랬더라면 오늘 우리가 알고 있는 세례자 요한은 없었을 것이다.

49

다윗이 우리아의 아내에게서 솔로몬을 낳았다고?

다윗은 목욕하고 있는 밧세바를 보고 그녀가 "심히 예쁘게" 보여 궁으로 불러들였다. 다윗은 왕으로서 우리아 장군의 아내인 밧세바를 잘 알고 있었을 것이다. 그런데 그날 따라 그녀가 "심히 예쁘게" 보였다. 알고 있던 여자가 갑자기 "심히 예쁘게" 보일 때를 조심해야 한다.

다윗은 그녀를 궁으로 불러들여 동침하게 된다. 마침(?) 우리아는 전쟁터에 나가고 없었기 때문에 그들 사이의 불륜을 누구도 알 수 없었다. 그런데 상상도 하지 못했던 일이 일어나고 말았다. 밧세바가 임신을 한 것이다. 그들은 절대로 임신을 하지 않을 것이라고 믿었다. 왜냐하면 밧세바가 막 월경을 끝냈기 때문이다. 그랬기 때문에 다윗은 완전범죄를 저지를 수 있다고 생각하고 밧세바를 취했던 것이다. 만일 그렇지 않다면 밧세바가 임신을 하게 되고, 그러면 그가 한 일이 온 천하에 드러나게 될 텐데, 다윗이 왜 그런 일을 저질렀겠는가?

다윗은 자신의 죄를 감추기 위해 우리아를 전쟁터에서 죽게 만든다. 왕이라고 하더라도 남의 아내를 취할 수는 없었다. 우리야가 죽자 다윗은 그녀를 합법적으로 아내로 맞아들였다. 밧세바는 이제 정식으로 다윗의 아내가 되었다.

그녀가 낳은 첫 아들은 난 지 얼마 되지 않아 곧 죽고 만다. 다윗은 혹시라도 하나님이 마음을 돌이키시고 그 아이를 살려 주실까 해서 금식하면서 기도했다. 그러나 하나님은 그 아이를 끝내 데려 가시고 말았다. 다윗은 죄는 용서받았지만 죄의 대가는 치러야 했다. 이렇게 다윗이 우리야의 아내에게서 난 아들은 태어나자마자 죽었기 때문에 이름도 지어 주지 못했다.

그런데 마태는 마태복음 1장에서 예수님의 족보를 제시하면서 다윗이 우리야의 아내에게서 솔로몬을 낳았다고 밝히고 있다.

> 다윗이 우리야의 아내에게서 솔로몬을 낳고 (마 1:6).

우리는 그냥 대수롭지 않게 읽고 넘어간다. 다윗과 밧세바 사이의 일을 잘 알고 있기 때문이다. 그러나 다윗이 이 구절을 읽는다면 가만 있지 않을 것이다. 다윗이 마태를 '명예 훼손죄'로 고발할 수도 있는 문제이다.

다시 한 번 이 구절을 읽어 보자.

> 다윗이 우리야의 아내에게서 솔로몬을 낳고.

솔로몬은 우리야의 아내에게서 난 아들이 아니다. 그 아들은 태어나자마자 죽었다. 그리고 그 뒤에 태어난 아들이 솔로몬이다. 죽은 아이는 불륜의 씨앗이었지만, 솔로몬은 그렇지 않다. 우리야가 죽은 다음 다윗은 밧세바를 정식으로 아내로 맞이했다. 그리고 그녀에게서 솔로몬을 낳은 것이다.

그런데 마태는 마치 다윗이 불륜을 통해(남의 아내를 통해) 솔로몬을 낳은 것처럼 기록하고 있다.

예를 들어 이렇게 생각해 보자. 이철수라는 남자가 오현식이라는 사람의 아내인 김순희라는 여자와 불륜 관계를 갖고 있었다. 그런데 김순희의 남편이 불의의 사고로 죽자 그 두 사람은 결혼을 했다. 그리고 그 둘 사이에 아이가 생겼다. 열 달 후에 아이를 낳았다. 이름을 이준철이라고 지었다. 그런데 신문에 "이철수가 오현식의 아내인 김순희를 통해 이준철을 낳았다"라고 보도되었다. 그러면 사람들은 이렇게 이해할 것이다. '아, 이철수라는 사람이 남의 아내와 간통해서 아이를 낳았구나.' 만일 이런 식으로 보도된다면 그 기자는 명예훼손죄로 고발당할 것이다.

지금 다윗도 똑같은 상황이다. 밧세바의 남편은 죽었다. 다윗과 밧세바는 정식으로 결혼을 했다. 그리고 그 둘 사이에 아들이 생겼다. 이름이 솔로몬이다. 그런데 마태는 이렇게 보도를 하고 있다.

"다윗이 우리야의 아내에게서 솔로몬을 낳았다."

그러나 다윗이 우리야의 아내에게서 낳은 아들은 일주일 만에 죽었다. 솔로몬은 다윗이 바세바와 정식으로 결혼을 한 후에 낳은 아들이다. 그러기 때문에 "다윗의 우리야의 아내에게서 솔로몬을 낳았다"라고 하면 안 되는 것이다. 그건 명예 훼손죄 감이다.

영어 성경(KJV)에는 이렇게 되어 있다.

And Jesse begat David the king; and David the king begat Solomon of her [that had been the wife] of Urias.

"우리야의 아내(였던) 여인에게서 솔로몬을 낳았고"라고 되어 있다. 이렇게 하면 맞는 말이다. 밧세바는 우리야의 아내였으니까. 그러나 괄호 안에 넣은 것은 번역자의 첨가이다. 원문에는 없으나 독자들의 이해를 위해 첨가한 것이다. 원문에는 단순하게 "우리야의 아내"에게서 솔로몬을 낳았다고만 되어 있다. 마태가 실수한 것일까? 아닐 것이다. 독자들로 하여금 다윗의 과거의 죄를 상기시키기 위해서 의도적으로 그렇게 썼을 것으로 보인다. 죄가 얼마나 무서운 것인가를 깨닫게 하기 위해서 그렇게 했을 것이다.

아무튼 마태가 기록한 족보에 대해서 다윗은 할 말이 많고 억울한 것도 있겠지만, 죽은 자는 말이 없다. 사정을 모르는 이들은 지금까지 2천 년 동안 그랬던 것처럼, 다음 세대들도 다윗이 남의 아내에게서 부정적인 방법으로 솔로몬을 낳았다고 믿을 것이다. 마태가 너무한 것 같기도 하고, 다윗이 안쓰럽기도 하다.

다윗은 자기가 저지른 단 한 번의 죄가 이렇게 다음 세대의 사람들에게 낱낱이 공개되어 영원무궁토록 망신을 당하게 되리라고는 상상도 하지 못했을 것이다. 죄는 이런 것이다. 단 한 순간의 잘못으로 평생을 후회하며 살아가는 사람들이 얼마나 많은가? 죄는 단 한 순간에 우리를 무너뜨릴 수 있다. 죄가 이렇게 무서운 놈이다.

50
잘라버려야 할 것은 무화과나무가 아니라 과원지기이다

어떤 사람이 포도밭에 무화과나무를 심어놓았다. 그리고 과원지기에게 그 과수원을 맡겼다. 가을이 되어서 과수원에 가 보았다. 그런데 열매가 없었다. '내년에는 열리겠지?' 그런데 그다음 해에도 무화과는 열리지 않았다. 그다음 해에도 마찬가지였다. 주인은 그 나무를 찍어버리라고 했다. 이때 과원지기가 사정을 한다.

> 주인이여 금년에도 그대로 두소서 내가 두루 파고 거름을 주리이다 (눅 13:8).

찍어버리라는 말보다 더 무서운 말이 또 어디 있겠는가? "끝장내버려. 더 이상 기다릴 것 없어. 더 이상 봐줄 것 없어. 해고시켜버려. 그 사람 내보내. 그 사람 잘라버려. 미련 갖지 마. 할 만큼 하지 않았어? 더 이상 기다릴 것 없어. 잘라버려." 얼마나 무서운 말인가?

주인은 3년째 열매를 얻지 못했다고 했다. 그렇다면 이 나무는 3

년이 된 나무일까? 아니다. 무화과는 심고 3년을 기다려야 열매를 거둘 수 있다. 율법은 어떤 나무를 심든 3년 동안은 열매를 따 먹지 못하게 되어 있다. 4년째 되는 해에 비로소 열매를 기다렸다. 그런데 없었다. 그 다음 해 5년째도 마찬가지였다. 그리고 올해 6년째가 된 것인데, 그래도 열매가 없는 것이다. 기다릴 만큼 기다렸는데도 열매가 없으니 잘라버리라고 하는 것이다. 내년에도 보나마나 열매를 맺지 못할 것이니 잘라버리라는 것이다. 기대할 것이 없으니 잘라버리라는 것이다.

당연한 것이다. 열매도 맺지 못하는 나무에 계속 미련을 갖고 투자할 필요가 없는 것 아닌가? 이런 논리가 세상의 논리 아닌가? 더 이상 필요 없으면 잘라버린다. 이윤 창출이 안 되면 잘라버린다. 별로 기대할 것이 없으면 잘라버린다. 마음에 안 들면 잘라버린다. 일을 잘 못하면 잘라버린다. 열매가 없으면 잘라버린다. 결과가 없으면 잘라버린다.

이 비유에 나오는 포도원 주인의 모습 속에서 우리는 오늘날 회사의 CEO의 모습을 보게 된다. 그런데 과원지기는 한 해만 더 유예기간을 달라고 사정을 한다. 세상 사람들은 이렇게 말할 것이다.

"6년이나 기다렸는데도 열매가 없다니, 이 나무는 저주받은 나무인 것이 틀림없습니다. 잘 생각하셨습니다. 당장 잘라버리고 다른 나무를 심겠습니다."

그런데 다시 한 번 생각해 보면 나무가 잘 자라지 못하고 열매를 많이 맺지 못한 것은 그 나무 책임이라기보다 과원지기의 책임이 더 클 수도 있다. 잘 돌보아주지 않아서 열매를 맺지 못한 것일 수도 있다. 이 무화과나무는 포도원에 심겨져 있었다. 아마 이 나무는 포도원에서 왕따를 당했을지도 모른다. 과원지기는 포도에만 정신을 팔았을 것이다. 포도만 열심히 가꾸었을 것이다. 그러니 열매를 맺을 수 있겠는가?

그렇다면 열매를 맺지 못한 무화과나무가 잘못한 것이 아니라 과원지기가 잘못한 것이다. 무화과나무를 잘라버릴 것이 아니라 과원지기를 잘라버려야 하는 것이다. 주인이 무화과나무를 잘라버리라고 하자 과원지기는 이렇게 말했다.

"주인이시여. 한 해만 더 기회를 주십시오. 그러면 제가 열심히 땅을 파고 거름을 주어 꼭 열매를 맺게 하겠습니다."

자기가 잘 돌보아주지 않아서 거름을 주지 않아서 열매를 맺지 못한 것을 본인이 잘 알고 있었다. 거름만 잘 주면 그 나무를 다시 살릴 수 있다는 것을 알고 있었다. 그래서 양심의 가책을 느끼고는 한번만 더 기회를 달라고 사정을 했던 것이다.

열매를 맺으려면 나무를 먼저 살려야 한다. 나무를 살리려면 땅을 기름지게 해야 한다. 땅을 기름지게 하려면 거름을 주어야 한다. 거름을 주면 땅이 살아나게 되고, 땅이 살아나게 되면 나무가 살아나게 되고, 나무가 살아나게 되면 열매를 맺게 되고, 그러면 그 나무는 잘라버리지 않아도 되게 된다. 그렇다. 거름이 나무를 살린다. 그러니까 이 과원지기가 열심히 거름을 주겠다고 하지 않았는가?

이 나무는 사형을 언도받았다. 그러나 1년 선고 유예로 감형을 받았다. 1년 안에 이 나무를 살려야 한다. 그러기 위해 거름을 주겠다는 것이다. 거름이 아무것도 아니지만, 나무를 살리는 것은 거름이다.

51
기름이 떨어졌을까? 아니면 처음부터 준비하지 않았을까?

열 처녀들이 신랑을 기다리고 있었다. 그들이 누구였는지는 언급하지 않고 있다. 그들이 신부의 들러리들이었다고 생각하는데, 들러리였는지, 신부의 친구였는지, 아니면 동네 처녀들이었는지 알 길이 없다. 만일 들러리들이거나 신부의 친구들이었다면, 하루 종일 신랑을 기다리다 등에 불이 꺼져서 기름을 사러 갔다가 늦게 왔을 때 "내가 너희를 도무지 알지 못하노라"고 하면서 문을 열어주지 않았다는 것은 상식적으로 이해가 안 되는 일이다. 아마도 동네 처녀들이었을 것으로 보인다.

열 처녀의 비유를 보면 처녀들이 밤중에 불을 밝히고 신랑을 맞으러 나간다. 그러나 등에 기름이 떨어진 사람은 불을 밝힐 수 없어 신랑을 맞으러 나가지 못했다. 그들은 기름을 사러 갔다가 늦게 돌아와 문을 두드렸지만 문을 열어 주지 않아 잔치에 참석하지 못했다.

등에 불을 밝힌 사람은 신랑을 맞이하고, 그렇지 못한 사람은 신랑을 맞지 못하고 잔치에 참여하지 못했다. 여기서 등은 횃불을 말한다.

유대인들의 혼인 잔치는 해가 떨어지면서 시작된다. 해가 떨어지면 온 동네 사람들이 횃불을 밝히고 결혼식장으로 향한다. 이런 장면은 "지붕 위의 바이올린"이라는 영화에 잘 나온다. 등잔에는 기름을 담는 통이 같이 붙어 있다. 그러나 횃불은 그렇지 않다. 기름 담는 통이 따로 있어야 했다.

슬기 있는 자들은 그릇에 기름을 담아 등과 함께 가져갔더니 (마 25:4).

지혜로운 처녀들이 여분의 기름을 그릇에 담아 간 것으로 생각하면 안 된다. 이 구절이 말하는 것은 그런 것이 아니고 횃불을 밝히려면 홰에 기름을 묻혀야 하는데, 바로 그 기름을 담는 통에 기름을 준비해 갔다는 뜻이다. 영어 NLB 성경에서는 여분의 기름(extra oil)을 준비해갔다고 번역되어 있으나, 원문에는 그런 말이 없다.

우리는 지혜로운 처녀들은 기름을 충분히 준비해서 신랑을 맞이할 수 있었으나 어리석은 처녀들은 기름을 충분히 준비하지 못해서 도중에 기름이 떨어져 신랑을 맞이하러 나가지 못한 것으로 생각한다. 하지만 그렇지 않다. 어리석은 처녀들은 아예 기름을 준비해 가지 않았다. "슬기 있는 자들은 그릇에 기름을 담아 등과 함께 가져갔지만"(마 25:4) 어리석은 처녀들은 그렇게 하지 않았다.

미련한 자들은 등을 가지되 기름을 가지지 아니하고 (마 25:3).

왜 그들을 "미련한" 자들이라고 말하고 있는 것일까? 여분의 기름을 준비해 가지 않았다고 미련한 자들이라고 할 수 있을까? 그렇지 않다. 홰는 가져가고 기름은 가져가지 않았기 때문에 "미련한" 자들이라고 부르는 것이다. 미련한 자들은 여분의 기름을 가져가지 않아서 신랑을 기다리다가 기름이 떨어진 것이 아니고, 아예 기름을 준비해 가지 않았기 때문에 신랑이 왔을 때 홰에 불을 붙일 수 없었던 것이다.

우리가 기름이 도중에 떨어져서 신랑을 맞이하러 나가지 못했다고 생각하는 이유는 마태복음 25장 8절 때문이다.

> 미련한 자들이 슬기 있는 자들에게 이르되 우리 등불이 꺼져 가니 너희 기름을 좀 나눠 달라 하거늘.

"꺼져 간다"는 표현 때문에 준비해 간 기름이 떨어진 것으로 생각하는 것이다. 그러나 다시 한 번 생각해 보라. 이들은 신부 집에서 신랑을 기다리고 있었다. 신부 집은 신랑을 맞이하기 위해 환하게 밝혀져 있었다. 그렇기 때문에 각자가 준비해 간 홰에 불을 밝히고 있을 필요가 없었다. 우리는 신랑이 밤늦게까지 오지 않아서 신랑을 기다리면서 불을 켜놓고 있었기 때문에 기름이 다 떨어졌던 것이라고 생각한다. 그러나 그렇지 않다. 열 처녀들이 그들의 등에 불을 밝힌 것은 신랑이 온다는 소리를 듣고 밖으로 나가기 위해서였다. 그들은 불을 켜놓고 기다린 것이 아니었다.

그러면 불을 켜놓고 기다리다가 기름이 떨어져 불이 꺼져 간 것이 아니라면 "우리 등불이 꺼져 가니"라는 말은 어떻게 이해를 해야 하는가? 말한 대로 이 등은 횃불을 말한다. 홰에 기름을 묻혀야 불을 밝힐 수 있다. 그런데 어리석은 다섯 처녀들은 기름을 준비해가지 않았다. 홰에 묻힐 기름이 없었던 것이다. 그들의 홰(헝겊)에는 약간의 기름이 묻어 있었을 것이다. 거기에 불을 붙이니 금방 꺼지고 말았던 것이다. 횃불에 계속 기름을 묻혀야 횃불이 활활 타오를 수 있는데, 그럴 기름이 없었던 것이다.

이야기를 정리하면 이렇다. 신랑이 언제 올지 모르니 각자 횃불을 준비해오라고 했을 것이다. 지혜로운 다섯 처녀는 홰와 기름통을 준비해왔다. 그러나 어리석은 다섯 처녀들은 횃불을 준비해오라고 했는데, 그냥 갈 수는 없어서 홰만 가져가고 기름통은 가져가지 않았던 것이다. '설마 밤에 오지는 않겠지'라는 생각에 홰만 들고 갔을 것이다. '혹시 밤에 오면 기름을 빌리면 되겠지'라고 생각했을 것이다. 그렇게 기름통은 가져가지 않고 등만 가져가서 보니 다른 네 명의 친구들도 마찬가지로 기름통은 가져오지 않았다. 그것을 보고 '아, 나만 안 가져온 것이 아니구나…' 하면서 안심했을 것이다.

하루 종일 기다렸지만 신랑은 오지 않았고 날이 저물어 갔다. 그러면 그때라도 기름을 구해와야 하는 것 아닌가? 그런데 그들은 그렇게 하지 않았다. "미련한" 자들이라고 불릴 수밖에 없는 사람들이다.

차에 기름이 떨어져 낭패를 당한 경험이 한두 번은 있을 것이다. 미국에서는 한 시간을 가도 주유소가 없는 곳들이 많이 있다. 가스는 점점 떨어져 가는데 주유소가 나오지 않으면 정말 애가 닳는다. 진작 기름 탱크를 채우지 않은 것을 후회한다(여행을 하다가 주유소가 없으면 아무 집으로나 들어가라. 대부분 주유소에서 멀리 떨어진 곳에 사는 사람들은 집에 기름을 충분히 비축해 놓고 있을 것이다).

미국에서 오래전, 어느 시골의 기찻길 건널목에서 비극적인 교통사고가 일어났다. 온 가족이 탄 마차가 달려오는 기차에 치어 다 죽고 말았다. 건널목지기가 법정에 서게 되었다.

"당신은 기차가 온다는 사실을 알고 있었습니까?"

"예, 기차는 항상 오는 그 시간에 왔습니다."

"당신은 마땅히 해야 할 의무를 다했습니까? 등불을 들고 기차를 맞으러 나갔습니까?"

"예."

"당신은 기차가 온다는 것을 경고하기 위해 등을 좌우로 흔들었습니까?"

"예."

그 건널목지기는 무죄로 풀려났다.

그러나 그 사람은 죄책감으로 시달렸다. 그들이 죽은 것이 자기 책임이라고 느꼈던 것이다. 그의 친구가 이렇게 말했다.

"자네는 이미 세밀한 조사를 받았어. 그리고 그 사건이 자네의 잘못이 아니라는 것이 확실히 밝혀지지 않았나?"

그러자 건널목지기가 눈물을 흘리면서 대답했다.

"그러나 그들이 나에게 묻지 않은 것이 있어. 나에게 당시에 등불이 켜져 있었는지, 꺼져 있었는지 묻지 않았다네. 나는 그때 등을 흔들기는 했지만, 도중에 기름통에 기름이 떨어져 그만 불이 꺼져버리고 말았네. 그래서 그들이 등불을 보지 못하고 건널목을 지나다 참변을 당한 것일세."

어리석은 다섯 처녀들이 부랴부랴 밤늦게 기름을 준비해서 횃불을 밝히고 신부집에 도달했을 때는 이미 잔치가 시작되고 문은 굳게 닫혀 있었다. 아무리 문을 두드려도 열어 주지 않았다. 혼인 잔치에 늦게 왔다고 문을 열어 주지 않다니, 이상하지 않는가? 그래서 랍비에게 유대인 혼인 잔치에서는 시간 전에 가야만 잔치에 참석할 수 있는지 문의를 했다. 그런 일은 없다고 하는 답변이 왔다. 그러면서 학생이 지각하면 돌려보내는 일은 있다고 한다. 그러면 다음부터는 절대 지각하지 않는다고 한다. 그러나 잔칫집에 늦게 왔다고 해서 돌려보내는 일은 없다고 했다.

물론 고시장에는 지각하면 들어갈 수 없다. 그러나 그냥 잔치 자리가 아닌가? (이 비유에 나오는 잔치는 혼인 잔치가 아니었다. 혼인 잔치는 신랑 집에서 열리게 되어 있기 때문이다. 신랑을 맞이하기 위해 신부 집에서 마련한 잔치였다.) 그런데 늦게 왔다고 문을 열어 주지 않다니…. 그것도 하루 종일 기다린 사람들인데…. 다른 사람도 아니고 신부의 친구들인데…. 말이 안 되지 않는가?

여기서 잔치는 이 땅에서의 잔치가 아니라 천국에서 베풀어질 잔치를 말한다. 문을 열어 주지 않아서 잔치에 들어가지 못했다고 하는 것은, 천국 문이 닫혀서 천국에 들어가지 못했다고 하는 뜻이다.

천국은 침노하는 자가 빼앗는다고 했는데, 아무리 문을 발로 차고 두들겨 부수고 해 보라. 그렇게 해서 천국에 들어간 사람은 인류 역사상 단 한 사람도 없다. 천국은 폭력으로 들어갈 수 있는 곳이 아니다. 억지로 밀고 들어갈 수 있는 곳이 아니다. 사정한다고 들어갈 수 있는 곳이 아니다. 담을 넘어 들어갈 수 있는 곳이 아니다. 신부 들러리들에게도 늦게 왔다고 문을 안 열어 주지 않았는가?

이 비유의 하이라이트는 문을 두드리는 장면이다. 문은 열리지 않고 안에서 이렇게 말하는 소리가 들린다.

"진실로 내가 너희를 알지 못하노라."

이 비유를 흔히 열 처녀의 비유, 지혜로운 다섯 처녀와 어리석은 다섯 처녀의 비유라고 부른다. 그러나 그런 제목보다는 "닫힌 문의 비유"가 더 좋지 않을까?

52
예수님, 베드로에게 멱살 잡히다

예수께서 드러내 놓고 이 말씀을 하시니, 베드로가 예수를 바싹 잡아 당기고, 그에게 항의하였다 (막 8:32, 새번역).

가이사랴 빌립보로 가는 도중 베드로는 예수님에게 위대한 신앙 고백을 하게 된다.

주는 그리스도시요 살아 계신 하나님의 아들이시니이다 (마 16:16).

베드로가 이런 고백을 하자 예수님은 비로소 처음으로 자신이 십자가에 못 박혀 죽을 것이라는 사실을 밝히셨다. 제자들은 단 한 번도 예수님이 십자가에 못 박혀 죽을 것이라는 생각을 해 본 적이 없다. 말도 안 되는 일이었다. 절대로 그런 일이 있어서는 안 되었다. 예수님이 십자가에 못 박혀 죽게 되면 그들의 꿈도, 희망도, 미래도 다 사라지게 되고 만다. 제자들은 어떻게 해서라도 예수님을 말려야 했다. 예수님의 마음을 돌이켜야 했다.

베드로가 예수를 붙들고 간하여 가로되 주여 그리 마옵소서 이 일이 결코 주에게 미치지 아니하리이다 (마 16:22).

예수님의 바짓가랑이를 붙들고 그러시면 안 된다고 사정을 하였다. 그렇게 사정하는 베드로의 얼굴 표정을 그려 보라. 제발 한 번만 살려달라고 사정을 하는 그런 모습이 그려지지 않는가?

그런데 개역개정에서는 전혀 다른 분위기다.

베드로가 예수를 붙들고 항변하여 이르되 주여 그리 마옵소서 이 일이 결코 주께 미치지 아니하리이다.

사정을 하는 것이 아니라 항변을 했다고 되어 있다. 강한 어조로 예수님에게 "그건 그런 것이 아닙니다. 그러면 안 되지요. 어떻게 그럴 수가 있습니까?"라고 하면서 대들었다는 것이다. 개역한글에서는 "예수님, 제발 그러시면 안 됩니다"라고 사정했다고 되어 있지만, 개역개정에서는 예수님에게 화를 내면서 "당신이 어떻게 우리에게 그러실 수 있습니까?"라고 대들고 있는 것으로 되어 있다.

새번역을 살펴보자.

이에 베드로가 예수를 따로 붙들고 '주님, 안 됩니다. 절대로 이런 일이 주님께 일어나서는 안 됩니다' 하고 말하면서 예수께 대들었다.

항변하다는 말 대신에 "대들었다"라는 표현을 사용하고 있다. 더 강도 높은 표현이다. 어떻게 감히 예수님에게 대든단 말인가? 있을 수 없는 일이다.

그러면 영어 성경에서는 어떻게 번역을 했을까?

> Then Peter took him, and began to rebuke him, saying, Be it far from thee, Lord: this shall not be unto thee (KJV).
>
> Peter took him aside and began to rebuke him. 'Never, Lord!' he said. 'This shall never happen to you' (NIV).

베드로가 예수님을 꾸짖었다(rebuke)고 되어 있다. 예수님을 꾸짖다니! 누가 누구를 꾸짖는다는 말인가? 예수님이 베드로를 꾸짖었다면 몰라도, 베드로가 예수님을 꾸짖었다니 말이 되는가? 그런데 왜 이런 말도 안 되는 표현을 한 것인가?

여기에 사용된 헬라어는 epitimao로서, '꾸짖다'는 뜻을 갖고 있다. 그런데 이 단어를 개역한글은 "간하여"라고 옮겼다. 예수님을 감히 어떻게 꾸짖는다는 말인가? 예수님을 꾸짖는다는 것은 신성모독적인 표현이 아닌가? 그래서 '은혜롭게' 이 구절을 번역하기 위하여 "예수를 붙들고 간하여"라고 옮겼던 것이다. 그러나 분명 원어에는 "꾸짖었다"고 되어 있다.

분명한 것은 베드로와 예수님 사이에 큰 언성이 오고갔다는 것이다. 베드로의 성격이 여기에서도 고스란히 드러나고 있다. 그런데 한 가지 더 살펴볼 것이 있다. 마가복음 8장 32절을 살펴보자.

예수께서 드러내 놓고 이 말씀을 하시니, 베드로가 예수를 바싹 잡아 당기고, 그에게 항의하였다 (새번역).

베드로가 예수님을 꾸짖은 것에서 끝난 것이 아니라 예수님의 멱살을 잡은 것으로 나온다. 갈수록 가관 아닌가? 예수님이 베드로에게 멱살을 잡히다니, 말도 안 된다. 아무리 베드로가 화가 났기로서니 어떻게 감히 예수님의 멱살을 잡고 예수님을 꾸짖을 수 있단 말인가? 예수님이 베드로에게 멱살을 잡혔는지는 확실하지 않지만 적어도 (개역한글의 번역처럼) 베드로가 예수님에게 사정을 하기 위해 바짓자락을 붙들었던 것은 아니다. 베드로와 예수님 사이에 약간의 실랑이가 있었던 것은 분명하다. 영어 성경을 보자.

Peter took him aside and began to rebuke him (NIV).

여기에서는 베드로가 예수님에게 "예수님, 잠깐 저좀 보시지요" 하면서 예수님을 따로 데리고 가서 예수님을 꾸짖은 것으로 되어 있다. 다른 사람들 앞에서 꾸짖으면 예수님의 체면이 뭐가 되겠는가? 그래서 베드로가 예수님의 처지를 고려해서 조용한 곳으로 가서 예수님을 꾸짖은 것이다. 여기에 사용된 단어는 proslambano인데 "붙들다"는 의미도 있고, "옆으로 끌고 가다"는 뜻도 있다. 그래서 영어 성경에서는 베드로가 예수님을 옆으로 따로 데리고 가서 싸운 것으로 번역하고 있다.

정리해 보자. 베드로는 지금 화가 날 대로 나 있다. 그러자 자신도 모르게 그의 성질이 살아났다. 베드로는 손으로 예수님을 확 낚아채더니 조금 떨어진 곳으로 끌고 갔다. 그리고 예수님을 꾸짖기 시작했다(멱살까지 잡았는지는 잘 몰라도 적어도 작은 몸싸움은 있었을 것이다).

예수님도 이런 베드로의 행동에 당황하셨을 것이다. 그리고 화가 나셨을 것이다.

> 예수께서 돌이키시며 베드로에게 이르시되 사탄아 내 뒤로 물러가라 너는 나를 넘어지게 하는 자로다 네가 하나님의 일을 생각하지 아니하고 도리어 사람의 일을 생각하는도다 하시고 (마 16:23).

예수님도 화가 단단히 나셨다. 얼마나 화가 나셨는지 베드로를 보고 사탄이라고 하셨다.

"사탄아, 내 뒤로 물러가라."

내 눈 앞에서 당장 사라져버리라는 것이었다. 물론 사탄을 향해서 하신 말이지만, 그 말을 듣는 베드로의 기분은 어떠했을까? 아무튼 그날만큼 험악한 분위기는 없었을 것이다.

예수님이 십자가에 못 박혀 죽을 것이라고 하는 소식은 제자들에게 너무나 큰 충격이었다. 얼마나 그 충격이 컸으면 베드로가 예수님의 멱살까지 다 잡았겠는가? 베드로가 예수님의 멱살을 잡고 예수님을 꾸짖었다고 했는데, 충분히 그 순간에는 그럴 수 있는 일이었다. 예수님은 베드로에게 꾸짖음을 듣는, 그리고 멱살까지 잡히는 수모를 당하면서까지 십자가를 지셔야만 했다.

53

회개와 회심

너희가 회개하여 각각 예수 그리스도의 이름으로 세례를 받고 죄 사함을 받으라 그리하면 성령을 선물로 받으리니 (행 2:38).

우리는 이 말씀을 우리가 잘못한 죄에 대해 회개(repent)하고 죄 사함을 받아야 성령을 받는다는 의미로 받아들이고 있는데, 원래의 뜻은 믿지 않는 사람들이 예수님을 영접하고 주님의 보혈을 통해 죄 사함을 받아야 성령을 받을 수 있다고 하는 말이다.

성경에서 '회개하라'는 단어는 '메타노이아'(metanoia)인데, 우리가 대부분 사용하는 회개(repent)의 의미가 아니라, 회심(conversion)의 의미로 사용되고 있다. 회심과 회개는 다르다. 회심은 기독교로 개종하는 것을 말한다. 예수 안 믿던 사람이 예수를 영접하고 세례를 받고 하나님의 자녀가 되는 것이다. 기독교인들이 말하는 회개는 우리가 잘못한 구체적인 죄에 대해 하나님 앞에 용서를 구하는 것이다.

하나님은 우리가 회심한 순간에 과거의 모든 죄를 용서해 주셨다. 그리고 우리의 미래에 짓게 될 모든 죄까지 용서해 주셨다. 우리가 예수님을 믿고 세례를 받고 예수님을 영접하는 순간 보혈의 능력으로 우리의 모든 죄가 씻김을 받게 된 것이다. 죄를 회개하지 않았다고 해서 구원받지 못하는 것은 아니다. 우리는 이미 주님의 십자가 보혈로 모든 죄를 사함 받고 하나님의 자녀가 되었다. 하나님의 자녀가 된 사람은 다 구원받는다. 그가 어떤 죄를 짓고 회개하지 않았다고 해서 구원에서 떨어져나가는 것은 아니다.

회심은 구원과 관계 있다. 회심하지 않으면 구원받을 수 없다. 죄 사함 받을 수 없다. 그러나 회개는 구원보다는 성화와 관계가 있다. 회심한 사람은 끊임없이 회개하며 산다. 회심한 사람은 죄를 안다. 죄를 깨닫게 된다. 죄를 두려워하게 된다. 죄와 싸운다. 죄를 지으면 통회하고 자복하고 회개한다.

진정으로 회심하지 않은 사람은 죄가 무엇인지 모른다. 죄의 심각성을 모른다. 죄를 두려워하지 않는다. 죄 가운데 살아간다. 죄를 짓고도 회개하지 않는다. 회심한 사람만이 회개를 할 수 있다.

회심하고, 죄 사함 받고, 하나님의 자녀가 된 사람은 끊임없이 평생 동안 회개를 통해 성화되어 가야 한다. 같은 죄를 반복해서 짓고 입술로만 회개하면 그게 무슨 의미가 있겠는가? 회개하고도 계속 죄 가운데 머물러 있다면 그 회개가 무슨 의미가 있겠는가? 말뿐인 회개가 무슨 회개이겠는가? 회개를 했으면 다시는 같은 죄를 짓지 않으려고 노력하고 성령님의 도우심으로 죄를 이기고 성화되는 삶을 살아야 한다.

짝퉁 회개에는 눈물이 없다. 짝퉁 회개에는 애통하는 것이 없다.

짝퉁 회개에는 가슴을 치며 통곡하는 것이 없다. 짝퉁 회개에는 엎드리는 것이 없다. 무릎 꿇는 것이 없다.

짝퉁 회개에는 열매가 없다. 회개처럼 보이지만 회개가 아니다. 통렬한 회개가 없으니까 성화가 이루어지지 않는 것이다. 변화되지 않는 것이다. 죄를 두려워하지 않는 것이다.

오늘날에는 죄 사함 받는 것을 너무 쉽게 생각한다. 죄 짓는 것을 심각하게 생각하지 않는다. 회개만 하면 된다고 생각하니까 죄에 대하여 심각하게 생각하지 않는 것이다. 그러나 그것은 십자가의 은혜를 값싼 것으로 만들어 버리는 것이다. 예수 그리스도의 은혜를 헛되이 받는 것이다.

진정으로 회심한 사람이라면 끊임없는 회개를 통해 성화되어 가야만 한다. 그런 삶을 통해서 땅에 떨어진 교회의 위신이 회복되어야 한다. 세상 사람들 가운데서 더럽혀신 하나님의 이름이 다시 거룩히 여김을 받으실 수 있게 해야 한다.

54
여리고에는 '뽕나무'가 없었다

삭개오 하면 떠오르는 것이 뽕나무이다. 예언자 아모스는 "목자요 뽕나무를 재배하는 자"였다(암 7:14). 그러나 구약 시대 이스라엘에서는 뽕나무를 재배하지 않았다고 한다. 그렇다면 아모스서의 "뽕나무"는 잘못된 번역임에 틀림없다. 여기에 사용된 히브리어는 '쉬크마'(Shiqmah)인데, 오늘날의 돌 무화과나무가 바로 이 나무이다. 그래서 새번역 성경은 뽕나무라고 옮기지 않고 돌 무화과나무라고 옮겼다.

> 나는 예언자도 아니고, 예언자의 제자도 아니오. 나는 집짐승을 먹이며, 돌 무화과를 가꾸는 사람이오 (암 7:14).

신약성경에는 뽕나무가 두 번 나온다.

> 너희가 겨자씨만 한 믿음이 있으면 이 뽕나무더러 뽑혀서 바다에 심기라고 하면 그대로 될 것이다 (눅 17:6).

돌무화과나무 열매

여기 뽕나무는 헬라어로 '쉬카미노스'(sukaminos)이다. 이것은 우리가 알고 있는 뽕나무이다.

또 하나는 삭개오가 올라간 나무인데, 헬라어로는 '쉬코모레아'(sukomorea)라고 되어 있다. 이를 영어 성경에서는 모두 '돌 무화과나무'(sycamore)로 옮겼다.

그러나 개역한글에서는 삭개오가 올라간 나무를 '뽕나무'로 잘못 옮겼다. 누가복음 17장에 나오는 뽕나무(쉬카미노스)와 삭개오가 올라갔다고 하는 뽕나무(쉬코모레아)는 이름이 다른 것만 보아도 서로 다른 나무임에 틀림없는데, 같은 나무(뽕나무)로 옮겨 놓았다. 개역개정 성경에서는 뽕나무라고 하지 않고 돌 무화과나무로 수정하였다.

돌 무화과나무가 뽕나무과에 속하는 것은 사실이다. 그래서 뽕나무라고 번역했는지도 모른다. 이 돌 무화과나무는 키가 10m 이상 자라며, 밑동부터 가지들이 나 있어서 키가 작은 삭개오가 쉽게 올라갔을 것이다. 이 나무는 길가에 많이 심겨져 있으며, 무더운 여름에 시원한 그늘을 만들어 주는 상록수이다. 열매는 무화과와 비슷하나, 무화과보다 단맛이 떨어지며, 더 작고 많이 열린다. 그리고 1년에 여러 차례에 걸쳐 열매를 맺는다.

여리고를 방문하면 삭개오를 기념하는 아주 크고 오래된 '쉬크마'가 있는데, 순례자들은 여기에서 사진을 많이 찍는다. 이 나무는 뽕나무가 아니라 돌 무화과나무이다. 돌 무화과나무에서 맺히는 열매는 맛이 없다. 이 나무에 열매가 맺히면 일일이 바늘로 작은 구멍을 내고 거기에 올리브 기름을 부어 준다. 그러면 맛있게 익는다.

55
종려주일? 나귀주일!

예수님이 나귀를 타고 예루살렘에 입성하신 것은 이른 아침이었다. 어제는 여리고에서 하루 종일 올라오시느라 피곤하였지만, 밤에 푹 쉬었기 때문에 어느 정도 피곤이 풀리셨을 것이다. 아침부터 피곤해서 나귀를 탔다고 볼 수는 없다. 그렇다면 항상 걸어다니시던 예수님이 나귀를 타고 예루살렘에 들어오신 데는 특별한 이유가 있었을 것이 분명하다.

구약에는 메시아가 오실 때 두 가지 방법으로 오신다고 예언되어 있다. 하나는 스가랴의 예언대로 나귀를 타고 오시는 것이고(슥 9:9), 또 하나는 다니엘의 예언대로 구름을 타고 오시는 것이다(단 7:13). 랍비들은 사람들이 메시아를 맞을 준비가 되어 있으면 구름을 타고 영광 중에 오시지만, 그렇지 않을 경우는 나귀를 타고 초라한 모습으로 오실 것이라고 가르쳤다(탈무드, Sanhedrin 98a).

랍비들의 가르침대로, 세상은 메시아이신 예수를 받아들일 준비가 되어 있지 못했다. 그분을 알아보지 못했던 것이다. 그래서 그를 배척하고, 십자가에 못 박았던 것이다. 이렇게 첫 번째 오신 예수님은 초라한 모습으로 새끼 나귀를 타고 오셨지만, 다시 오실 예수님은 영광 중에 구름 타고 천사들과 함께 오실 것이다(마 24:30-31; 살전 4:16). 그때에는 모든 사람들이 그분을 알아볼 것이며, 오셔서 세상을 심판하실 것이다.

교회에서는 전통적으로, 예수님이 예루살렘에 입성하실 때 사람들이 종려나무 가지를 흔들었다고 해서 '종려주일'이라고 불러왔는데, 예수님의 십자가 사건은 종려나무보다 나귀와 훨씬 깊은 관계를 갖고 있다. 종려나무 가지는 유대인들이 예수님을 잘못 오해해서 흔든 것뿐이다. 종려나무 가지를 흔든 것은 예언의 성취도 아니고, 예수가 메시아임을 보여주는 것도 아니었다.

종려나무 가지를 흔들며 예수님을 환영하던 군중들은 며칠이 못 가서 예수님을 십자가에 못 박으라고 소리쳤다. 그들은 예수가 그들의 왕이 되어 로마로부터 해방시켜주고 새로운 나라를 세울 줄로 기대하고 있었다. 그래서 유대인들에게 있어서 독립과 자유의 상징이었던 종려나무 가지를 흔들어대면서 예수님을 대대적으로 환영했던 것이다. 그런데 예수님이 그들의 기대에 부응하지 않자 그에게 실망해서 십자가에 못 박으라고 소리쳤던 것이다. 그들은 예수님을 오해하고 있었다. 예수님에게 잘못된 기대를 걸고 있었던 것이다. 그래서 종려나무 가지를 흔들어댔던 것이다. 우리는 예수님이 타고 들어오신 나귀를 바라보아야지, 그들이 흔들어댔던 종려나무 가지를 바라보면 안 된다.

구약을 보면 메시아가 예루살렘에 입성할 때 개선장군처럼 승전가를 부르며 늠름하게 말을 타고 들어오지 않고 어린 나귀를 타고 들어오실 것이라고 예언하고 있다(슥 9:9). 예수님은 지금 그 예언을 이루시고 있는 것이다. 예수님이 타신 나귀는 바로 자기 위에 타고 계신 예수님이 메시아라고 하는 것을 보여주는 것이다. 사람들이 흔든 종려나무 가지가 예수님이 메시아임을 보여주는 것이 아니라, 예수님이 타신 나귀가 메시아임을 증거하고 있는 것이다.

종려주일 성경 본문(마 21:1-11; 막 11:1-11; 눅 28-40)은 사람들이 종려나무 가지를 흔든 것을 강조하는 것이 아니라 예수님이 나귀를 타고 들어오셨다는 사실을 강조하고 있다.

이런 의미에서 종려주일보다는 '나귀주일'이라고 부르는 것이 더 낫지 않겠는가? '종려주일'이라는 용어는 우리로 하여금 종려나무 가지에 관심을 갖게 만든다. 그러나 우리가 관심을 가져야 할 것은 종려나무 가지가 아니라, 예수님을 태우고 가는 나귀이다.

예수님은 고난당하시고 자신을 우리를 위한 속죄 제물로 바치기 위해 겸손한 모습으로 나귀를 타고 예루살렘에 들어오셨는데, 구약에도 나귀를 타고 예루살렘에 온 사람들이 나온다. 바로 아브라함과 이삭이다. 그들은 브엘세바에서 나귀를 타고 사흘 길을 왔다. 하나님께 이삭을 바치기 위해서 나귀를 타고 왔던 것이다.

예수님도 예루살렘에 나귀를 타고 들어오셨다. 이삭도 예루살렘에 나귀를 타고 들어왔다. 두 사람은 왜 예루살렘에 왔는가? 이삭도 예루살렘에서 제물로 드려지기 위해 온 것이고, 예수님도 예루살렘에서 제물로 드려지기 위해 예루살렘에 들어오셨다.

생각해 보라. 예수님은 갈릴리가 주요 활동 무대였다. 1년에 한 차례씩만 예루살렘에 올라가고 다른 때는 항상 갈릴리에서 활동하셨다. 그런 예수님이 왜 예루살렘에 올라와서 죽으셨는가? 하나님 앞에 제물로 바치기 위해서 예루살렘에 올라오셨던 것이다. 예루살렘 성전에서만 제물이 바쳐졌기 때문이다. 지금부터 2천 년 전에 예수님은 하나님 앞에 속죄 제물로 바치기 위해 예루살렘 성에 나귀를 타고 들어오셨는데, 그보다 2천 년 전에 이삭도 하나님 앞에 제물로 바치기 위해 예루살렘 성에 나귀를 타고 왔던 것이다.

part 04 그게 그런 뜻이었어?

56

모세가 온유한 사람이라고?

예수님은 가난한 자들에게 복음을 전하기 위해 오셨다고 했다(눅 4:18). 가난한 자들에게만 복음을 전하기 위해 오신 것일까? 가난한 자들에게만 예수님의 말씀이 복음일까?

모세는 온 지면에서 가장 온유한 사람이었다고 했다(민 12:3). 정말 모세가 이 세상에서 가장 온유한 사람이었을까? 아니, 온 세상에서 제일 온유한 사람은 아니라고 하더라도 정말 그를 온유한 사람이라고 할 수 있을까?

먼저 온유와 겸손이 성경에서 어떻게 사용되었는지 알아 보자.

시편 37편 11절을 살펴보자.

> 그러나 온유한 자들은 땅을 차지하며 풍성한 화평으로 즐거워하리로다 (개역개정).
>
> 겸손한 사람들이 오히려 땅을 차지할 것이며, 그들이 크게 기뻐하면서 평화를 누릴 것이다 (새번역).

개역개정에서 '온유'를 새번역에서는 '겸손'으로 번역했다.
시편 22편 26절을 살펴보자.

겸손한 자는 먹고 배부를 것이며 여호와를 찾는 자는 그를 찬송할 것이라 (개역한글)
가난한 사람들도 '여러분들의 마음이 늘 유쾌하길 빕니다!' 하면서 축배를 들고, 배불리 먹을 수 있을 것이다 (새번역).

개역한글에서 '겸손'을 새번역에서는 '가난'으로 옮겼다.

시편 10편 12절을 살펴보자.

여호와여 일어나옵소서 하나님이여 손을 드옵소서 가난한 자들을 잊지 마옵소서 (개역개정).
주님, 일어나십시오. 하나님, 손을 들어 악인을 벌하여 주십시오. 고난받는 사람을 잊지 말아 주십시오 (새번역).

개역개정에서는 가난한 자로, 새번역에서는 고난 받는 사람으로 번역했다.

시편 69편 32절을 살펴보자.

곤고한 자가 이를 보고 기뻐하나니 하나님을 찾는 너희들아 너희 마음을 소생하게 할지어다 (개역개정).

온유한 사람들이 보고서 기뻐할 것이니, 하나님을 찾는 사람들아, 그대들의 심장에 생명이 고동칠 것이다 (새번역).

개역개정에서는 "곤고한 자"라고 번역했고, 새번역에서는 "온유한 사람"이라고 번역했다.

시편 132편 1절을 살펴보자.

여호와여 다윗을 위하여 그의 모든 겸손을 기억하소서(개역개정).

여호와여 다윗을 위하여 그의 모든 근심한 것을 기억하소서(개역한글).

주님, 다윗을 기억하여 주십시오. 그가 겪은 그 모든 역경을 기억하여 주십시오 (새번역).

개정에서는 겸손이라고 번역한 것을 개역한글과 새번역에서는 근심, 역경으로 번역하였다.

정리해 보자.

온유=겸손(시 37:11), 겸손=가난(시 22:26), 가난=고난/역경(시 10:12). 고난/역경=온유(시 69:32). 고난/역경=겸손(시 132:1).

이를 종합하면 이런 등식이 성립된다.

온유=겸손=가난=고난/역경

위의 구절에서 온유, 겸손, 가난, 고난으로 번역된 히브리어는 'anav'라고 하는데 이 단어는 다양한 의미를 갖고 있다. 그래서 번역자마다 다르게 번역했던 것이다.

유대인들은 가난한 사람이 겸손하고, 겸손한 사람이 온유하다고 믿는다. 또 사람이 고통을 당하게 되면 겸손하게 되고 온유하게 된다고 믿는다. 진정한 온유와 겸손은 가난과 고통을 통해서 온다고 믿는 것이다. 그래서 가난, 고통, 온유, 겸손을 한 단어로 표현했던 것이다.

예수님이 이 세상에 오신 이유를 이렇게 밝히셨다.

> 주의 성령이 내게 임하셨으니 이는 가난한 자에게 복음을 전하게 하시려고 내게 기름을 부으시고 나를 보내사 포로 된 자에게 자유를, 눈 먼 자에게 다시 보게 함을 전파하며 눌린 자를 자유롭게 하고 (눅 4:18).

이 구절은 이사야 61장 1절을 인용한 것이다. 우리말 성경에서는 모두 "가난한 자에게" 복음을 전하기 위해서 오셨다고 되어 있다.

영어 성경은 어떨까? KJV와 ASV에서는 '온유한 자'(meek)에게 복음을 전하기 위해 오셨다고 되어 있다. NIV에서는 '가난한 자'에게 복음을 전하기 위해 오셨다고 되어 있다. NASB와 RSV에서는 '고난당하는 자'(afflicted)에게 복음을 전하기 위해 오셨다고 표현하고 있다. 구약 성경을 헬라어로 번역한 70인역 성경에서는 '가난한 자'에게 복음을 전하기 위해 오셨다고 번역했다.

이렇게 한 단어를 다양하게 번역한 것은 위에서 말한 것처럼 히브리어 anav가 다양한 뜻을 가지고 있기 때문이다. 우리는 예수님이 가난한 사람에게 복음을 전하기 위해서 오셨다고만 알고 있다. 그러나 예수님은 가난한 자에게만 복음을 전하기 위해 오신 것이 아니다. 예수님이 말씀하신 가난한 자 속에는 겸손한 자, 온유한 자, 억눌린 자, 고통당하는 자가 모두 들어 있다는 사실을 기억해야 한다.

성경은 모세에 대해 이렇게 밝히고 있다.

> 이 사람 모세는 온유함이 지면의 모든 사람보다 더하더라 (민 12:3).

정말 모세가 온유한 사람이었을까?

모세는 한 순간의 욱하는 성질 때문에 사람을 쳐 죽였다. 그 일로 인해 그는 광야로 도망쳐 나와 40년간 미디안 광야에서 양을 치며 살아야 했다. 40년 동안 광야에서 살면서 그때 그 일을 얼마나 후회했겠는가?

그러한 그가 광야 40년 동안 훈련받고 연단받아 변화되어 이 세상에서 가장 온유한 사람이 되었다고 설교하는데, 그렇지 않다. 그는 한 순간의 분노를 참지 못하고 하나님이 직접 만들어 주신 십계명 돌판을 집어 던져서 산산조각 낸 인물이다. 목사가 교회 일로 화가 나서 교인들 앞에서 성경책을 집어던졌다면 어떤 일이 일어날까? 목사와 장로가 싸우는 교회에서 예배 시간에 성만찬 예식을 하는데 장로가 강단 위에 올라와 성만찬 집기들을 집어던졌다. 용서받을 수 있는 일일까? 모세는 지금 그보다 더한 일을 저지른 것이다.

그뿐인가? 결국 그의 욱하는 성질 때문에 가나안 땅에 들어가지 못하지 않았는가? 백성들에게 화를 내면서 그들 앞에서 지팡이로 바위를 두 번 쳤을 때 하나님은 그에게 결단코 가나안에 들어가지 못할 것이라고 선언하셨다.

모세가 법궤를 만들고 그 안에 아론의 싹 난 지팡이를 넣었다고 생각하는 사람들이 있다. 그러나 처음에는 법궤 안에 아론의 지팡이를 넣지 않았다. 법궤 안이 아니라 앞에 놓았다(민 17:10). 왜냐하면 지팡이가 법궤 안에 들어갈 수 없기 때문이다. 아론의 지팡이를 법궤 안에 넣으려면 반으로 잘라야 한다. 그러나 감히 그럴 수 있는 사람이 누가 있겠는가? 그러나 모세라면 넉넉히 그럴 수 있었을지도 모른다. 십계명 돌판까지 집어던진 사람이 지팡이 하나 부러뜨리는 것쯤이야….

사람은 그렇게 쉽게 변하지 않는다. 모세가 그랬다. 그는 평생 욱하는 성질을 죽이지 못했다. 그런 그에게 성경이 이 세상에서 가장 온유한 사람이었다고 하니, 그대로 믿어야 하는 것인가?

아리스토텔레스는 "분노할 때 분노하고 분노하지 말아야 할 때 분노하지 않는 사람이 온유한 사람"이라고 했다. 온유한 사람만이 분노를 다스릴 수 있다. 온유함으로 분노를 잠재울 수 있다. 온유한 사람만이 분노를 조절하고 분을 내어도 죄를 짓지 않고 분을 내어도 마귀에게 틈을 주지 않을 수 있다.

모세는 온유한 사람이 아니었다. 그렇다면 왜 그를 그냥 온유한 정도가 아니라 지상에서 가장 온유한 사람이라고 했던 것일까?

번역의 문제다. 위에서 지적했던 것처럼 anav는 온유라는 의미도 있고 겸손이라는 의미도 있다. 어떤 단어를 선택할 것인가는 번역자에게 달려 있다.

새번역과 공동번역 성경을 보자.

> 모세로 말하자면, 땅 위에 사는 모든 사람 가운데서 가장 겸손한 사람이다 (새번역).
> 모세는 실상 매우 겸손한 사람이었다. 땅 위에 사는 사람 가운데 그만큼 겸손한 사람은 없었다 (공동번역).

모세는 온유한 사람이었다고 하는 것보다는 겸손한 사람이었다고 하는 것이 훨씬 수긍이 가지 않는가?

57

솔로몬이 구한 것이 정말 지혜였을까?

솔로몬이 일천 번제를 드렸다. 어떤 소원을 가지고 일천 번제를 드렸을까? 일천 번제를 드렸을 때 하나님께서 물으셨다.

"네 소원이 무엇이냐?"

여기서 우리는 솔로몬이 하나님 앞에 소원을 아뢰지 않았음을 알 수 있다. 기도 제목을 가지고 일천 번제를 드린 것이 아니었던 것이다. 순수한 마음으로 아무런 조건 없이 그저 감사해서 드린 제물이었다. 그래서 하나님이 감동하신 것이고, 그에게 소원을 물어 보셨던 것이다.

그때 솔로몬은 지혜를 구했다. 우리가 자녀들을 위해서 기도할 때 반드시 구하는 것이 있다. 솔로몬과 같은 지혜를 달라고 하는 것이다. 솔로몬이 지혜로운 사람임에는 분명하다. 그러나 정말 솔로몬이 구한 것이 지혜였을까? 그래서 지혜로운 사람이 된 것일까?

개역한글에는 솔로몬이 "지혜로운 마음"을 구했다고 되어 있다.

> 누가 주의 이 많은 백성을 재판할 수 있사오리이까 지혜로운 마음을 종에게 주사 주의 백성을 재판하여 선악을 분별하게 하옵소서 (왕상 3:9).

그러나 개역개정에는 조금 다르게 번역되어 있다.

> 누가 주의 이 많은 백성을 재판할 수 있사오리이까 듣는 마음을 종에게 주사 주의 백성을 재판하여 선악을 분별하게 하옵소서.

"듣는 마음"을 달라고 한 것으로 되어 있다. 지혜로운 마음과 듣는 마음은 의미상 많은 차이가 있다. 어떻게 된 것인가?

히브리어로는 레브 쇼메아(leb shomea)라고 되어 있다. 직역하면 '듣는 마음'이다. 그러나 우리는 오랫동안 '지혜로운 마음'으로 옮겨진 성경을 사용해왔기 때문에 솔로몬이 지혜를 구한 것으로 알고 있다. 그러나 솔로몬이 구한 것은 지혜가 아니라 '듣는 마음'이었다. 그가 구한 것은 지혜롭고 총명하고 명철하고 명석한 사람이 되는 것이 아니었다. 잠언에서 말하고 있는, 우리가 생각하고 있는 그런 지혜가 아니었다.

그는 다른 것을 구하지 않고 왜 '듣는 마음'을 갖게 해달라고 했을까? 그는 왕이었다. 왕으로서 백성들의 소리를 잘 듣고, 사리 판단을 잘해서 바른 길로 백성들을 이끌기 위해 '듣는 마음'을 달라고 했던 것이다. 왕으로서 백성들의 송사를 듣고 재판도 해야 하는데, 백성들이 억울한 일을 당하지 않도록 그들의 말을 잘 듣고 바로 판단하고 판결하기 위해서 '듣는 마음'을 구했던 것이다. 솔로몬은 하나님께서 그에게 맡겨 주신 일을 잘 감당하기 위해 '듣는 마음'을 구했던 것이다. 그래서 하나님 마음에 들었던 것이다. 그리고 그가 구하지 아니한 다른 축복들도 덤으로 받았던 것이다.

왕이 백성들의 소리를 잘 듣지 아니하면 나라를 잘 이끌 수가 없다. 왕에게 가장 필요한 것이 잘 듣는 것이다. 잘 듣고 바로 판단하고 바로 결정하는 것이다. 솔로몬이 구한 것은 올바른 판단력과 분별력이었다. 어리석은 자는 들어 보지도 않고 판단한다. 잠언(18:17)에도 피고의 말을 들어 보기 전까지는 송사자의 말이 옳은 것처럼 보인다고 말하고 있다. 듣기도 전에 말하는 것이야말로 어리석은 것이다.

교만한 자는 다른 사람의 말에 귀를 기울이지 않는다. 지혜는 다른 사람의 말에 귀를 기울이는 것이다. 잘 듣는 것이다. 잘 들어야 바르게 판단할 수 있다. 잠언에는 "내 아들아, 들으라"는 말씀이 많이 나온다. 지혜는 들음에서 나온다. 부모의 말을 잘 듣고 순종하는 것이 지혜이다. 하나님의 말씀에 귀를 기울이는 것이 지혜다. 믿음은 들음에서 난다. 듣고 깨닫는 자가 복이 있다! 그래서 예수님은 자주 "귀 있는 자는 들을지어다"라고 말씀하셨다. 들어만 주고 돈 버는 사람들이 있다. 카운슬러들이다. 잘만 들어줘도 환자들이 치료받는 데 큰 도움이 된다. 듣는 것이 이렇게 중요하다.

지도자는 백성의 소리에 귀를 기울여야 한다. 부모는 자녀들의 소리에 귀를 기울여야 한다. 인간은 하나님의 말씀에 귀를 기울여야 한다. 그것이 지혜로운 것이다. 지혜로운 사람이 되려면 무엇보다 먼저 '듣는 마음', 다시 말해 '들으려는 마음'이 있어야 한다. '들을 귀'가 있어야 한다. 솔로몬은 바로 이것을 구했던 것이다.

58
지렁이 같은 야곱? 구더기 같은 인생?

나는 벌레요 사람이 아니라 사람의 비방 거리요 백성의 조롱 거리니이다 (시 22:6).

여기서 벌레는 톨라(tola)를 번역한 것이다. 톨라는 일반적인 벌레를 뜻하는 것이 아니라 특정한 벌레를 일컫는 단어이다. 다시 말해 벌레 중에 톨라라는 벌레가 있다. 이 톨라는 성경에서 진홍색으로 번역되기도 했다.

여호와께서 말씀하시되 오라 우리가 서로 변론하자 너희의 죄가 주홍 같을지라도 눈과 같이 희어질 것이요 진홍(톨라) 같이 붉을지라도 양털 같이 희게 되리라 (사 1:18).

톨라와 진홍색은 무슨 관계가 있을까? 톨라라는 벌레를 짓이겨서 진홍색 염료를 얻는다. 이 물감으로 물을 들이면 절대 색이 바래지 않는다. 그래서 죄를 '진홍색'(톨라)에 비유한 것이다. 다시 말해 죄로 물들여진 우리는 그 무엇으로도 그것을 없앨 수 없다. 희게 할 수가 없다. 그런데 하나님이 그것을 흰눈보다, 양털보다 희게 씻어 주겠다고 약속하시고 있다.

이 톨라는 나뭇가지 같은 곳에 붙어 사는데, 한 번 붙으면 평생 거기에 붙어서 산다고 한다. 절대로 다른 곳으로 이동하지 않는다고 한다. 이 벌레가 죽을 때에는 몸에서 진홍색 액체가 흘러나온다. 그래서 자기 몸과 새끼 그리고 나무들을 붉게 물들인다고 한다.

> 나는 벌레(톨라)요 사람이 아니라 사람의 비방 거리요 백성의 조롱 거리니이다 (시 22:6).

십자가에 달리신 예수님이 바로 그런 분이셨다. 십자가에 달려 돌아가실 때 온몸이 핏자국으로 물들었으며, 손과 발목에서 그리고 허리에서 피가 흘러나와 주변을 붉게 물들였다. 마치 톨라가 죽을 때처럼.

요나서에 나오는 벌레가 있다. 박 넝쿨을 갉아먹었던 벌레를 기억할 것이다. 이 벌레가 뜨거운 해를 가려 주던 박넝쿨을 갉아먹자 요나가 죽고 싶다고 하소연하지 않았는가? 우리 성경에는 그 벌레의 이름이 나오지 않는다. 그냥 벌레라고만 밝혔다(욘 4:7). 그런데 이 벌레의 이름이 바로 톨라였다. 요나서에 나오는 벌레가 박 넝쿨을 갉아먹었듯이, 톨라도 나무나 풀의 줄기에 서식하며 거기에서 영양분을 흡수한다.

네가 포도원을 심고 다스릴지라도 벌레가 먹으므로 포도를 따지 못하고 포도주를 마시지 못할 것이며 (신 28:39).

여기 나오는 벌레도 톨라이다.

지렁이 같은 너 야곱아, 너희 이스라엘 사람들아 두려워 말라 나 여호와가 말하노니 내가 너를 도울 것이라 네 구속자는 이스라엘의 거룩한 자니라 (사 41:14).

여기 나오는 지렁이를 개정판에서는 버러지로, 새번역에서는 지렁이로 번역하였다. 히브리어에는 톨라로 되어 있다. 톨라는 위에서 말한 대로 일반적인 벌레가 아니라 특정한 벌레의 이름이다. 톨라를 지렁이로 번역했는데, 지렁이와 톨라는 전혀 다른 벌레이다.

야곱을 지렁이로 비유했는데, 많은 설교자들이 지렁이와 야곱의 공통점을 찾아서 설교하는 것을 볼 수 있다. 예를 들면 이렇다.

지렁이는 육성을 지닌 인간성을 상징한다. 지렁이는 시궁창이나 땅 속에서 흙을 먹고 살며 하늘을 보거나 햇빛을 받으면 말라 죽는다. 그것은 꿈도 없고 이상도 없다는 것이다.

지렁이는 눈도 코도 없고 손발도 없이 천하기 짝이 없는 모습을 하고 있다. 지렁이는 무지하고 무력하여 오던 길을 자꾸 되돌아가고 누가 와서 밟아도 겨우 할 수 있는 일이라고는 꿈틀거리는 것밖에 없다.

야곱이 젊어서는 휘청거렸다. 지렁이 같은 야곱이었다. 그러나 그의 인생 후반은 하나님을 향하여 똑바로 걸었다. 하나님으로부터 이스라엘이라는 칭호를 받았다. 결국 그는 지렁이 같은 야곱에서 지팡이 같은 곧은 길을 걸었던 것이다.

연체동물이라 스스로 직립하지 못하는 지렁이. 우리는 그 지렁이와 별반 다를 게 없다. 부패한 육성으로 인해 주님의 도움 없이는 빛 가운데 살 수 없는 연약한 존재이다.

지렁이는 뼈도 가시도 없다. 성도들도 그래야 한다.

지렁이는 남을 해칠 능력이 전혀 없다. 성도들도 지렁이처럼 남을 해쳐서는 안 된다.

지렁이는 자신을 보호할 수 있는 기능이 전혀 없다. 우리도 지렁이와 같은 존재라 하나님의 도우심이 절대적으로 필요하다.

그러나 톨라는 지렁이와 전혀 다른 벌레이다. 땅에 기어다니지 않고 나무에 붙어 산다. 때로는 날기도 한다. 연체 동물이 아니다. 뼈가 있다. 흐물대지 않는다. 패각충 또는 개각충에 속한 벌레이다.

욥기에서도 인생을 벌레에 비유한다.

하물며 벌레인 사람, 구더기인 인생이랴 (욥 25:6).

영어 성경에서는 모두 구더기를 벌레(worm)라고 옮겼다. 여기 나오는 구더기도 사실은 톨라이다. 톨라와 구더기는 완전히 다른 벌레이다. 그런데 구더기로 옮겼다.

59
하나님의 심방

베들레헴에 10년 동안 기근이 있었다. 나오미의 가정은 그 기근을 피해 모압 땅으로 피난을 갔다. 그러나 그 힘든 가운데서도 베들레헴을 떠나지 않고 기도하면서 끝까지 잘 참고 견딘 사람들이 있었다. 베들레헴 사람들이다. 그랬더니 마침내 어떤 일이 생겼는가?

여호와께서 자기 백성을 돌보시사 그들에게 양식을 주셨다 (룻 1:6).

마침내 기근이 끝나게 된 것이다. 닫혔던 하늘 문이 활짝 열리게 된 것이다.

그러나 이 번역은 너무 밋밋하다. 히브리어 원문에는 '돌보다'는 단어가 'paqad'로 되어 있다. 이 말은 '방문하다'라는 뜻이다. 하나님께서 자기 백성에게 양식을 주기 위해 방문하셨던 것이다. "자기 백성을 돌보셨다"와 "자기 백성을 방문하셨다"는 뉘앙스가 다르지 않은가?

> 요셉이 그의 형제들에게 이르되 나는 죽을 것이나 하나님이 당신들을 돌보시고 당신들을 이 땅에서 인도하여 내사 (창 50:24).

여기에서도 '돌보다'라고 번역된 히브리어는 paqad로 방문하다는 뜻이다. 하나님이 이집트에 노예로 있는 이스라엘 백성들을 찾아가셔서 그들을 이집트에서 구해내실 것이라는 뜻이다. 요셉의 예언대로 여호와께서 이스라엘 자손을 "찾아가셨다"(출 4:31, 13:19). 그리고 출애굽의 대역사를 행하셨다.

> 여호와께서 말씀하신 대로 사라를 돌보셨고 여호와께서 말씀하신 대로 사라에게 행하셨으므로 (창 21:1).

하나님께서 사라를 돌보셨다고 했는데, 여기에서도 paqad라는 단어가 사용되었다. 하나님께서 사라를 '방문'하셨던 것이다. 하나님이 사라를 심방하셨을 때 태의 문이 열리게 되고 이삭이 태어나게 된 것이다.

한나는 사무엘을 낳자 하나님께 바쳤다. 그러자 하나님께서 그녀에게 3남 2녀를 더 낳게 하셨다.

> 여호와께서 한나를 돌보시사 그로 하여금 임신하여 세 아들과 두 딸을 낳게 하셨고 (삼상 2:21).

여기에서도 '돌보다'라는 단어는 paqad로 '방문하다'라는 뜻이다.

하나님이 한나를 심방하고 돌아가셨는데, 그 후로 2남 3녀를 더 낳게 되었다는 것이다.

우리 성경에서는 "방문하다, 심방하다, 찾아오시다"라는 의미를 가진 paqad를 '돌보다'라고 번역함으로써 원어의 의미를 많이 퇴색시키고 있다. 하나님이 이집트에서 노예가 된 이스라엘 백성을 심방하셨을 때 출애굽의 역사가 일어나게 되고, 베들레헴에 심방 가셨을 때 기근이 끝나게 되고, 사라와 한나에게 심방 가셨을 때 태의 문이 열리게 되었다.

예수님이 인간의 몸을 입고 이 땅에 오셨다. 우리에게 심방 오신 것이다. 크리스마스는 바로 하나님이 이 세상에 심방 오신 날이다!

몇 만 명 모이는 교회의 목사님에게서 들은 이야기다. 그분이 심방을 가면 가문의 영광으로 생각한다고 한다. 그런 교회에서는 5년, 10년이 지나도 목사님과 인사 한번 못하고 손 한번 잡아 보지 못하는 교인들이 얼마나 많겠는가? 그런데 친히 집에 심방까지 와주니 황송한 것이다. 그래서 마치 예수님이 심방오신 것처럼 그렇게 심방을 받는다고 한다.

어떤 목사님이 교인과 오해가 있어서 그것을 풀기 위해 그 집에 찾아갔다. 그런데 목사가 온 것을 알면서도 문을 열어 주지 않았다. 밖에서 한참을 기다렸다. 그런데 얼마 후 경찰이 왔다. 그 교인이 경찰에 모르는 사람이 문 앞에 와 있다고 신고를 한 것이다. 다행히도 그분 남편이 사실은 모르는 사람이 아니고 목사라고 이야기를 해줘서 연행되지 않고 무사히(?) 돌아올 수 있었다고 한다.

예수님도 2천 년 전에 이 세상에 심방 오셨을 때 그런 수모와 모욕을 당하셨다.

참 빛 곧 세상에 와서 각 사람에게 비추는 빛이 있었나니, 자기 땅에 오매 자기 백성이 영접하지 아니하였으나 (요 1:9, 11).

60
"이른 비가 복을 채워주나이다"

그들이 눈물 골짜기로 지나갈 때에 그곳에 많은 샘이 있을 것이며 이른 비가 복을 채워 주나이다 (시 84:6).

시인은 이른 비가 내릴 때쯤 되어 예루살렘을 향하여 올라가고 있다. 아마 장막절을 지키기 위해서 예루살렘으로 올라가는 길이었을 것이다. 이스라엘은 여름 내내 한 방울의 비도 내리지 않는다. 그래서 샘이 다 말라 있었을 것이다. 성전을 향해서 올라가는 순례자들은 목이 타는데, 마실 물을 구할 수가 없다. 그런데 하나님께서 샘이 터지게 해주신다. 그 물을 마시고 힘과 생기를 얻고 다시 힘차게 예루살렘을 향해서 발걸음을 내딛는다. 이것이 시편 84편의 배경이다.

그곳에 많은 샘이 있을 것이며

이스라엘에는 샘이 많지 않다. 샘이 있는 마을은 샘골이라는 이름이 붙을 정도로 샘이 귀했다. 지금도 지명에 에인(ein)이라는 단어가 붙은 곳들이 있는데(예를 들면 엔게디), 그 말은 그곳에 샘이 있다는 말이다. 이렇게 이스라엘에 샘이 많지 않은 이유는 지반이 석회암으로 이루어져 있어서 비가 와도 땅속으로 스며들지 않고 다 흘러가버리기 때문이다. 그래서 이스라엘에서는 샘에서 솟아나는 생수를 마시기가 쉽지 않다. 그들은 빗물을 웅덩이에 모아놓았다가 그 물을 마신다.

> 내 백성이 두 가지 악을 행하였나니 곧 그들이 생수의 근원 되는 나를 버린 것과 스스로 웅덩이를 판 것인데 (렘 2:13).

예수님이 생수를 주시겠다고 하신 것도 바로 이런 배경을 갖고 있다. 그런데 시인은 하나님께서 예루살렘 성전에 올라가는 사람들을 위해서 많은 샘들이 터지게 하신 것이라고 고백하고 있다. 성전을 향해 올라가는 순례자들에 대한 하나님의 특별한 배려와 축복을 그렇게 표현했던 것이다.

이른 비가 복을 채워 주나이다

이스라엘의 농사는 11월에 비가 오면서 시작된다. 이때 비가 오면 파종을 한다. 그래서 이때 내리는 비를 이른 비라고 부른다. 2월에 내리는 비는 늦은 비라고 부른다. 이때 내리는 비는 곡식을 여물게 한다. 우리 식으로 하면 이른 비는 가을비이고 늦은 비는 봄비인 셈이다.

개역한글에서는 “이른 비가 은택을 입힌다”라고 되어 있고 개역개정에는 “이른 비가 복을 채워 주나이다”라고 되어 있다. 공동번역에는 “이른 비가 복을 내려 주리라”고 되어 있다. 의미를 알 것 같으면서도 뭔가 확실하지 않다. 알쏭달쏭하다.

원문에는 복을 뜻하는 berakah가 사용되었다. 직역을 하면 “이른 비가 복을(또는 복으로) 채우리라”가 된다. 그런데 새번역에서는 이렇게 번역되어 있다.

가을비도 샘물을 가득 채울 것입니다

원문에 있는 복은 온데간데 없다. 그리고 뜬금없이 비가 내려서 웅덩이(샘물)를 채운다고 번역하였다. 그런데 대부분의 영어 성경에서는 새번역처럼 번역되어 있다. 이 번역은 의미가 분명하다. 의미를 살려서 의역을 했기 때문이다. 시인이 말하고자 했던 것이 바로 이런 것이었을 것이다. 그런데 왜 시인은 이렇게 분명하게 표현하지 않고 “이른 비가 은택을 입힌다”, “비가 복을 채워 준다”, “비가 복을 내려 준다”와 같은 식으로 표현했던 것일까?

유대인들에게 있어서 비는 하나님이 내려 주시는 가장 큰 복이다. 신명기 28장에서도 하나님 말씀에 순종할 때 하나님이 하늘 문을 열고 비를 내려 주실 것을 약속하고 있다. 반대로 불순종하게 되면 하늘 문이 놋문처럼 되어 비가 내리지 않게 될 것이라고 경고하셨다. 엘리야 시대에 3년 6개월 동안 비가 오지 않았던 것도 그들에 대한 하나님의 심판이었다.

아침에 집을 나서는데 오후에 비가 온다는 일기예보를 들으면 우리는 우산을 갖고 나간다. 그러나 유대인들은 비가 와도 우산을 쓰지 않는다. 비를 피하기 위해 뛰는 사람도 별로 볼 수 없다. 하나님이 하늘에서 축복의 비를 내려 주시는데 그것을 피할 이유가 없다고 생각하는 것이다. 그들에게는 비가 곧 하나님이 내려 주시는 복이다.

> 내가 그들에게 복을 내리며 내 산 사면 모든 곳도 복되게 하여 때를 따라 비를 내리되 복된 장마비를 내리리라 (겔 34:26).

하나님이 비를 내려 주시지 않아서 샘이 말라버리면 그것은 저주이다. 하나님이 비를 내려 주셔서 샘이 넘쳐나면 그것은 축복이다. 그러기 때문에 시인은 하나님께서 비를 내려 주셔서 웅덩이(샘)에 물이 가득 차게 된 것을, 하나님께서 웅덩이(샘)를 축복으로 채워 주셨다고 표현한 것이다.

61
현숙한 여인인가?
유능한 여인인가?

잠언 마지막 장(31장)에서는 이상적인 여인상으로서 현숙한 여인의 조건을 이렇게 제시하고 있다.

무엇보다 중요한 것은 경제적인 능력이 있어야 한다. 그녀는 가정 경제를 책임질 수 있는 능력이 있는 여자다. 사업을 잘 해서 돈을 많이 번다(14, 24절). 그래서 밤새도록 통장 정리를 해야 한다(18절). 그녀는 어떻게 재산을 증식시킬 수 있는지도 안다. 그래서 부동산에 투자를 한다(16절). 많은 사람들을 거느리며 일한다(15절). 그렇기 때문에 그녀의 남편은 돈 걱정을 하지 않는다(11절).

그녀는 부지런하다. 아침 일찍부터 밤늦게까지 가정일과 사업으로 바쁘다(15, 18절). 근면하기도 하다. 가정부를 두지 않고 손수 집안일을 다 한다(13, 19, 22절). 그런데도 한 번도 앓아서 눕는 일이 없을 정도로 건강하다(17절).

밖의 일로 분주하고 바쁜 가운데서도 가정을 소홀히 하지 않는다. 남편과 자식들에게 꼬박꼬박 아침밥을 해준다(15절). 자녀 교육에도 성공했다(28절).

남편에게도 더없이 좋은 아내이다. 남편을 다 믿고 재산 관리도 위임한다(11절). 남편에게 싫은 소리 한 번 하지 않는다(26절). 그녀는 남편을 출세시킨다. 남편은 아내의 덕으로 유명인사들과 어울린다(23절). 또한 그녀는 남편으로 하여금 가정 일에 신경 쓰지 않도록 가정 일은 자신이 다 도맡아서 한다(21, 27절). 평생 남편에게 잘한다(12절). 더 없는 현모양처인 것이다.

그리고 그녀는 마음씨까지 착해서 가난한 사람들을 외면하지 않으며(20절), 지혜롭기도 하며(26절), 신앙까지 좋다(30절). 금상첨화인 것이다.

이러니 남편의 입에서 이런 말이 나올 수밖에 없다.

덕행 있는 여자가 많으나 그대는 모든 여자보다 뛰어나다 (잠 31:29).

현숙한 여인의 조건을 보면서 우리 어머니들은 다 이렇게 살아오지 않았나 하는 생각을 하게 된다. 《엄마를 부탁해》라는 소설에도 나오는 것처럼, 새벽부터 일어나서 하루 온종일 뼈빠지게 일하고, 그러면서 가정 일은 가정 일대로 다한다. 남편은 가정 일은 나 몰라라 하고, 가정 경제도 제대로 책임지지 못하고, 그래도 남편을 하늘처럼 섬기고, 자식들을 먹여 살리고 키우느라 평생을 희생한 어머니들이 얼마나 많은가?

여성들 가운데는 잠언 마지막 장에 나오는 현숙한 여인상을 뒤집어서 이상적인 남편상으로 바꿔 읽는 이들도 있을 것이다. 이렇게 말이다.

"내가 바라는 이상적인 남편은 사업을 잘하거나(11, 14, 18절), 아니면 변호사나 판사처럼 사회적으로 명성 있는 사람이다(23절). 그래서 돈을 많이 벌어오고 돈 걱정하지 않게 해준다(11절). 그런 데다 남편은 자상해서 집안일까지도 세심하게 돌보아준다(27절). 아내는 재산을 증식시키기 위해 땅 보러 다니고(16절), 밤새도록 통장 정리하고(18절), 쇼핑 다니고(21절), 집을 아름답게 장식하고(22절), 자신을 가꾸고(22절), 취미 생활을 하고(13절), 건강을 유지하기 위해 열심히 헬스 클럽에 다닌다(17절). 그녀는 아이들 뒷바라지만 잘 하면 된다(28절). 그런데도 남편은 자기 아내밖에 모른다. 다른 여자에게 눈길 한 번 주지 않는다. '덕행 있는 여자가 많으나 그대는 모든 여자보다 뛰어나오'(29절)라고 말한다."

더 이상 남편에게 무엇을 바라겠는가? 그런 남자가 있다면 "살아 있는 동안에 그의 남편에게 선을 행하고 악을 행하지 아니할 것이다"(12절). 그렇게 못할 여자가 어디 있겠는가? 아침 밥을 해주는 것이야 힘들기는 하겠지만 하면 할 수 있는 것 아닌가?(15절)

현숙한 여인이라고 하면, 다소곳하고 조신하고 진실되고 차분하며 정숙하고 조용하며 속이 깊고 지혜로우며 여성스럽고 참고 견디고 자신을 희생하고 남편을 잘 내조하고 자녀들을 잘 키우고 성실하며 사려 깊은 여인을 떠올린다. 그런데 잠언에서 만나는 현숙한 여인은 전혀 다른 모습이다. 강하고 억척스럽고 사업 수완이 있고 부지런하고 근면하고 책임감이 강한 여인이다. 현숙한 여인의 성품에 대한 언급보다는 경제적인 능력에 대한 언급이 대부분을 차지하고 있다. 그런데 이 본문을 가지고 한 설교들을 들어 보면 현숙한 여인의 가장 큰 조건으로 제시되고 있는 경제적인 능력에 대해서는 거의 언급하지 않고 있다. 아무래도 그런 능력이 현숙한 여인의 조건으로는 어울리지 않는다고 생각했기 때문일 것이다.

'현숙한'으로 번역된 히브리어 chayil은 "강하고, 능력 있고, 용감하고, 힘이 있고, 재산이 많은 것"을 의미한다. 명사형으로 쓰일 때는 "힘, 능력, 재산, 부, 용맹, 군인" 등의 의미로 쓰인다. 이 단어가 성경에서 '현숙한'의 의미로 번역된 것은 세 곳뿐이다(잠 31:10, 29; 룻 3:11). 모두 여인들과 관련해서만 '현숙한'이라고 번역하였다. 예를 들면 룻의 남편이 될 보아스를 소개할 때 이 단어가 사용되었는데, '유력한 자' 또는 '재력이 있는 사람'이라고 번역하였다(룻 2:1). 한편 보아스는 룻에게 이렇게 말한다.

네가 현숙한 여자인 줄을 나의 성읍 백성이 다 아느니라 (룻 3:11).

여기에서는 같은 단어가 '현숙한'으로 번역되었다.

새번역에서는 잠언 31장 10절에 나오는 이 단어를 '유능한'으로 옮겼다. 사실 잠언에서 제시하고 있는 여인상은 '현숙한 여인상'보다는 '유능한 여인상'이 더 어울릴 것 같지 않은가? 여기에 소개된 여인은 여자이긴 하지만 결코 약하지 않다. 재덕을 겸비한 능력이 있고 강하다. 책임감도 강하고, 억척스럽고, 적극적이며, 슈퍼우먼 같은 사람이다. 이 시대의 남성들이 찾는 '유능한 여인'인 것이다.

> 누가 현숙한 여인을 찾아 얻겠느냐 (잠 31:10).

이 질문은 잠언에서 마지막으로 던지는 질문이다. 성경에서는 누구를 대표적인 현숙한 여인으로 들 수 있을까? 룻이다. 보아스가 룻에게 이렇게 말한다.

> 이제 내 딸아 두려워하지 말라 내가 네 말대로 네게 다 행하리라 네가 현숙한 여자인 줄을 나의 성읍 백성이 다 아느니라 (룻 3:11).

우리 성경에서는 룻기 다음에 잠언이 나오지만 히브리 성경에서는 잠언 바로 다음에 룻기가 나온다. 따라서 잠언 마지막 장에서 제기한 질문, "현숙한 여인이 누구인가?"라는 질문에 대한 답으로 룻기를 제시한 것으로 보는 학자들도 있다.

'현숙한 여인'으로 제시되고 있는 룻이 얌전하고 조신하고 몸가짐을 조심하는 사람으로 볼 수도 있겠지만 꼭 그런 것만은 아니다. 가정을 다시 회복하고 생계 유지와 새로운 인생을 위해 과감하게 보아스에게 접근하고 보아스와 동침했다. 이런 점에서는 룻이 '현숙한 여인'과는 거리가 있는 것처럼 보이지 않는가? 룻은 결단성이 있고, 용기가 있으며, 책임감도 강하고, 집념이 강한 여인이었다. 한 가정을 다시 세우고 한 가문을 다시 세우는 능력 있는 여인이었다. 잠언에서 말하고 있는 바로 그 '유능한 여인'이었던 것이다.

62
열매 맺지 못하는 가지는 다 잘라버리시는가?

포도를 많이 열리게 하려면 어떻게 해야 하는가?

무릇 열매를 맺는 가지는 더 열매를 맺게 하려 하여 그것을 깨끗하게 하시느니라 (요 15:2).

가지를 깨끗하게 한다는 것이 무슨 뜻인가? 흙이나 먼지를 잘 씻어 주어야 한다는 말일까? 여기에 사용된 단어는 'kathairei'이다. "깨끗하게 하다, 손질하다"라는 뜻이다. 나뭇가지들이 많이 있다. 그것을 손질하려면 필요없는 가지들을 잘라 주어야 한다. 가지치기를 해야 하는 것이다. 그래서 사실상 깨끗하게 해주어야 한다는 말은 포도나무의 경우에 가지치기를 해주어야 한다는 말이다.

과실나무는 가지치기를 잘 해주어야 좋은 열매를 많이 맺는다. 배나무는 3년 이상 된 가지는 다 쳐버려야 한다고 한다. 포도나무는 새로 나온 가지에만 열매를 맺는다. 그러기 때문에 겨울철에 가지치기를 잘 해주어야 한다. 그렇지 않으면 열매 맺지 못하는 옛 가지에도 계속 영양분을 공급해 준다. 그러면 새로 나온 가지에 영양분이 충분히 공급되지 못해 열매를 제대로 맺지 못하게 되고 만다.

가지는 나무에 붙어 있기만 하면 저절로 열매를 맺는다. 가지가 열매를 맺기 위해 노력한다고 해서 그 결과로 열매를 맺을 수 있는 것이 아니다. 가지가 나무에 붙어 있지 않으면 아무리 열매를 맺으려 노력해도 아무 소용이 없다(요 15:5). 우리가 예수님 안에 있고 예수님과 연결되어 있다면 저절로 많은 열매를 맺게 되어 있다.

가지는 포도나무에 붙어 있기만 하면 다 열매를 맺는다고 했는데, 가지인 우리가 포도나무이신 예수님에게 붙어 있는데도 열매를 맺지 못할 수도 있을까? 그럴 수도 있다.

> 무릇 내게 붙어 있어 열매를 맺지 아니하는 가지는 (요 15:2).

기독교인이라고 다 좋은 열매를 맺는 것은 아니다. 열매가 없는 사람들도 얼마든지 있다. 내가 열매 맺지 못하는 무화과나무일 수도 있다.

예수님 안에 있어도 열매를 맺지 못하면 잘려서 버려질까?

> 무릇 내게 붙어 있어 열매를 맺지 아니하는 가지는 아버지께서 그것을 제거해 버리시고 (요 15:2).

그리스도와 상관없는 사람들은 잘린 후 밖에 버려져 불살라지게 된다. 최후 심판의 때에 염소들과 악하고 게으른 종, 예복을 입지 않은 사람, 초청받고도 오지 않은 사람, 어리석은 다섯 처녀와 같은 사람들은 밖에 버려져 슬피 울며 이를 갈게 될 것이다. 그들이 심판을 받는 것은 당연하다.

그러나 예수님 안에 있는 자들도 단지 열매가 없다고 하는 이유로 잘라서 불살라버리실까? 지옥에 던져질까? 열매 맺지 못하는 무화과나무를 주인이 잘라버리라고 하자, 과원지기는 한 번만 더 기회를 달라고 사정하여 위기를 모면하였다. 세상 사람들은 열매가 없으면 잘라버린다. 그러나 하나님은 그런 분이 아니시다. 그런데 어떻게 열매를 맺지 못했다고 해서 잘라버리실 수가 있는가? 어떻게 당신의 자녀들을 지옥 불에 던져버리실 수가 있는가?

> 무릇 내게 붙어 있어 열매를 맺지 아니하는 가지는 아버지께서 그것을 제거해버리시고 (요 15:2).

여기에서 '제거해버리다'는 단어는 헬라어로 'eiro'로, '들어 올린다'는 뜻이다. 또한 이 단어는 '제거하다'라는 의미로도 사용되어진다. 예를 들어 돌을 들어 올린다는 것은 돌을 제거한다는 뜻이다. 나사로의 무덤 문을 열어 놓으라고 하셨을 때 사용하신 단어가 바로 이 단어이다. 거의 모든 성경이 요한복음 15장 2절을 번역함에 있어서 이 eiro를 제거하다는 의미로 옮겼다. 그러나 이 단어의 또 다른 의미인 "들어 올리다"라는 뜻으로 번역을 해 보자.

"무릇 내게 있어 열매를 맺지 아니하는 가지는 아버지께서 그것을 들어 올리시고."

우선 던져야 할 질문이 있다. 열매가 없을 때 포도나무 가지를 들어 올려주는가? 그렇다. 가지가 땅에 쳐져 있으면 흙이 묻거나, 흙이나 오물이 묻어서 떨어지지 않게 된다. 그리고 햇빛을 충분히 공급받지 못하게 된다. 그럴 때 농부는 그 가지를 들어서 흙을 씻어내고 햇빛이 잘 드는 곳에 올려 놓는다. 그러면 시들시들하던 가지가 생기를 얻게 되고 열매를 맺게 된다. 그러나 계속 바닥에 떨어져 있으면 열매를 맺지 못하고 결국은 죽게 되고 만다. 그래서 농부는 가지들을 들어 올려 준다.

예수님도 마찬가지시다. 우리가 열매를 맺지 못할 때는 열매를 맺을 수 있도록 '들어 올리신다.' 열매를 많이 맺는 가지만 더 열매를 맺도록 돌보시는 분이 아니라 열매를 맺지 못하는 사람도 열매를 맺도록 돌보시는 분이다. 포도나무가 그늘에 가려 열매를 맺지 못하면 들어 올려서 햇빛을 잘 받을 수 있게 하시고, 열매를 잘 맺는 가지들은 가지치기를 해서 더 열매를 맺게 하신다. 하나님은 열매가 없다고 해서 가차없이 잘라버리시는 분이 아니다.

물론 죽은 가지는 잘라버려야 할 것이다. 그러나 예수님에게 붙어 있는 가지는 결코 죽은 가지가 될 수 없다. 왜냐하면 생명이 되시는 예수님에게 연결되어 있기 때문이다. 열매 맺지 못하는 가지라고 다 죽은 가지는 아니다. 잘 돌보아주면 좋은 열매를 맺을 수 있다. 기독교인은 바로 그런 존재이다.

요한복음 15장 2-3절을 다시 한 번 살펴보자.

무릇 내게 붙어 있어 열매를 맺지 아니하는 가지는 아버지께서 그것을 제거해 버리시고 (eiro) 무릇 열매를 맺는 가지는 더 열매를 맺게 하려 하여 그것을 깨끗하게 하시느니라 (kathairei). 너희는 내가 일러준 말로 이미 깨끗하여졌으니 (katharos).

"깨끗하게 하다"는 단어가 두 번 나온다. 'kathairei'는 "깨끗하게 하다, 손질하다"라는 뜻이다. 가지치기도 나무 손질에 속한다. 'katharos'는 용광로를 통과할 때 불순물이 제거되고 순금이 나오듯이 그렇게 불로 깨끗하게 하는 것을 의미한다. 그리고 위에서 설명했듯이 포도나무 가지를 들어 올려 주는 것은(eiro) 가지를 깨끗하게 하고 또 그렇게 해서 햇빛을 잘 흡수하고 통풍이 잘 되도록 해서 좋은 열매를 맺도록 하기 위한 것이다. 다시 말해 eiro도 깨끗게 하다는 의미를 포함하고 있는 단어이다. 이렇게 보면 이 구절에서 강조하고 있는 것이 무엇인지 분명해진다. 즉 "열매를 많이 맺으려면 깨끗해야 한다"는 것이다.

포도나무는 땅에 떨어진 가지들을 올려주어 그것을 깨끗하게 한다. 그리고 쓸데없는 가지들을 쳐서 깨끗하게 한다. 쇠붙이는 불을 통해 깨끗하게 한다. 불순물을 제거한다. 사람은 하나님의 말씀으로 깨끗하게 된다. 이렇게 깨끗하게 될 때에 우리는 좋은 열매를 많이 맺을 수 있게 된다.

이제까지 왜 잘라버린다는 뜻으로 번역된 eiro를 '들어 올리다'로도 번역할 수 있는지에 대해 알아보았다. 정리하면 이 구절을 아래와 같이 옮길 수 있다.

"무릇 내게 붙어 있어 열매를 맺지 아니하는 가지는 아버지께서 그것을 깨끗케 해서 열매를 맺게 하시려고 들어 올리시고, 무릇 열매를 맺는 가지는 더 열매를 맺게 하려 하여 그것을 깨끗하게 하시느니라. 너희는 내가 일러준 말로 이미 깨끗하여졌느니라."

가지인 우리가 많은 열매를 맺으려면 포도나무 되시는 예수님에게 붙어 있어야 한다. 그리고 깨끗해야 한다. 그러면 풍성한 열매를 맺게 될 것이고, 하나님께서 영광을 받으실 것이다(요 15:8).

63
배우가 되지 마라

너희는, 남에게 보이려고 의로운 일을 사람들 앞에서 하지 않도록 조심하여라. 그렇지 않으면, 너희는 하늘에 계신 너희 아버지에게서 상을 받지 못한다. 그러므로 네가 자선을 베풀 때에는, 위선자들이 사람들에게 칭찬을 받으려고 회당과 거리에서 하듯이, 네 앞에서 나팔을 불지 말아라. 너희는 기도할 때에, 위선자들처럼 하지 말아라. 그들은 사람에게 보이려고 회당과 큰길 모퉁이에 서서 기도하기를 좋아한다. 너희는 금식할 때에, 위선자들처럼 슬픈 기색을 나타내지 말아라. 그들은 금식하는 것을 나에게 보이려고, 얼굴을 보기 싫게 한다 (마 6:1-18).

(1) "위선자"(외식하는 자)

극장에는 무대가 있고 그 위에서 연기를 하는 배우가 있다. 예수님은 종교적인 '위선자'들을 연극을 하는 배우들에 비유하셨다. 예수님이 사용하신 '외식하는 자'(hypocrite)라는 단어는 "무대 위에서 연

나사렛에서 4km 떨어진 곳에 위치한 찌포리의 야외 극장으로
1세기 후반에 지어졌다.

기하는 배우"라는 뜻이다. 예수님은 바로 극장에서 사용되는 용어를 그대로 사용하셨다. 사실 이 말은 유대인들이 입에 올리기조차 꺼리는 용어이다. 그러나 예수님은 이 용어를 사용하여 잘못된 신앙생활을 책망하셨다.

배우는 무대 위에서 연기를 한다. 여기 왕의 역할을 맡은 배우가 있다. 그는 관객들에게 왕처럼 보이기 위해 왕으로 분장을 한다. 왕의 옷을 입고 왕처럼 행세한다. 왕의 모습을 하지만, 그는 왕이 아니다. 그는 왕의 옷을 입고 있지만, 진짜 왕은 아니다. 이 사람은 무대 위에서는 왕이지만, 무대를 내려오면 한 사람의 배우에 지나지 않는다. 이것이 배우이다. 배우는 한마디로 겉 다르고 속 다른 사람이다.

(2) “사람에게 칭찬을 받으려고”

배우는 관객에게 박수갈채를 받는 것이 최고의 목표이다. 인기를 먹고 사는 것이 배우이다.

(3) “거리에서 나팔을 불지 말아라”

극장에서는 광고를 하기 위해 트럼펫을 불면서 거리를 돌아다닌다. 연극은 팡파르를 불면서 시작된다.

(4) “중언부언하지 말라”

배우는 계속해서 대사를 중얼중얼 암기한다. 그리고 외운 대사를 그대로 앵무새처럼 반복한다. 자기가 하고 싶은 말을 하는 것이 아니다. 그는 그의 말을 하는 것이 아니다. 대본대로 외우는 것뿐이다.

(5) “슬픈 기색을 나타내지 말아라”

배우는 표정으로 말한다. 슬프지 않으면서도 슬픈 표정을 하고, 기쁘지 않으면서도 기쁜 표정을 짓는다. 표정 흉내를 잘 내는 배우가 유능한 배우이다.

여기서 분명하게 볼 수 있듯이, 이 가르침의 배경은 극장이다. 예수께서는 우리의 경건 생활과 극장의 배우를 대조시키면서 이렇게 가르치시고 있다.

“배우처럼 남에게 보이기 위해서 하지 말라. 배우처럼 박수갈채를 받기 위해 하지 말라. 기도하거나 금식하거나 구제를 하는 것이 연기나 쇼가 되어서는 안 된다. 사람을 감동시키는 배우가 되지 말고, 하나님을 감동시키는 신실한 사람이 되라. 사람들 앞에서 연기를 하지 말고, 하나님 앞에서 은밀하게 행하라. 사람에게 영광을 얻으려고 하지 말고, 하나님께 영광을 돌려라. 거짓된 연기를 그만하고 진실되게 살아가라. 연기자가 되지 말라. 종교인이 되지 말라. 진실된 신앙인이 되어라."

64
지옥문을 쳐부수라

내가 이 반석 위에 내 교회를 세우리니 음부의 권세가 이기지 못하리라 (마 16:18).

우리는 보통 이 구절을 이런 식으로 이해한다. 사탄이 교회를 공격해온다고 할지라도 교회를 무너뜨리지 못할 것이다. 교회는 영원무궁토록 흔들리지 않을 것이다. 교회는 어떤 일이 있어도 음부의 권세가 흔들지 못할 것이다. 어떤 일이 있어도 문을 닫지 않을 것이다. 어떤 역경과 환난과 핍박이 닥쳐와도 헤치고 나갈 것이다.

이 구절이 정말 그런 뜻일까?

"음부의 권세가 이기지 못하리라"에서 권세는 헬라어로 'pule'이다. 이 말은 개역한글 난하주에서도 밝히고 있듯이, 권세가 아니라 '성문'을 의미한다. 모든 영어 성경에서도 "gates of Hades"로 되어 있다. 새번역에서도 그렇게 번역하였다.

나는 이 반석 위에다 내 교회를 세우겠다. 죽음의 문들이 그것을 이기지 못할 것이다.

여기에서 죽음으로 번역된 'hades'는 죽음보다는 음부로 번역하는 것이 더 좋다. 하데스는 죽음이라고 하는 상태를 나타내기보다는 죽은 자들이 가는 장소적인 개념이기 때문이다.

"나는 이 반석 위에다 내 교회를 세우겠다. 음부의 문들이 그것을 이기지 못할 것이다."

"음부의 문들"이 교회를 이기지 못할 것이라고 했는데, 표현이 이상하지 않는가? 문은 적으로부터 성을 지키기 위해 존재하는 것이지, 적을 공격하기 위해서 있는 것은 아니다. 그렇기에 음부의 문들이 교회를 이기지 못할 것이라는 말은 말이 안 된다. 이 구절은 교회가 음부의 문들을 쳐들어갈 때 음부의 문들이 견뎌내지 못할 것이라는 의미로 이해해야 한다. 그런데 우리는 반대로 아무리 사탄의 권세가 교회를 공격한다고 할지라도 교회는 절대로 무너지지 않을 것이라는 뜻으로 이해해오지 않았는가?

이 구절은 사탄의 왕국이 교회를 공격하는 것에 대한 언급이 아니라, 교회가 사탄의 왕국을 공격하는 것에 대한 언급이다. 교회가 사탄의 공격을 받아도 꿈쩍도 하지 않을 것이라는 말이 아니라, 사탄의 왕국이 교회의 공격을 받게 되면 견뎌내지 못하고 무너지고 말 것이라는 사실을 말씀하고 있는 것이다.

내가 하나님의 성령을 힘입어 귀신을 쫓아내는 것이면 하나님의 나라가 이미 너희에게 임하였느니라 사람이 먼저 강한 자를 결박하지 않고 서야 어떻게 그 강한 자의 집에 들어가 그 세간을 강탈하겠느냐 결박한 후에야 그 집을 강탈하리라 (마 12:28-29).

여기서 '강한 자'는 무엇을 말하는가? 사탄의 세력, 어둠의 세력, 마귀의 세력을 말한다. 우리는 교회를 지키기만 하면 되는 것이 아니다. 교회는 방어만 해서 되는 것이 아니다. 적극적으로 공격해 들어가야 한다. 그 집을 강탈해야 한다. 그렇게 할 때 하나님의 나라가 이 땅 위에 더욱더 확장되어 나갈 수 있는 것이다.

세례 요한의 때부터 지금까지 천국은 침노를 당하나니 침노하는 자는 빼앗느니라 (마 11:12).

천국은 쳐부수고라도 들어가야 한다, 천국은 탈취하는 자가 차지하게 되어 있다, 어떤 수를 써서라도 들어가야 한다는 뜻인가? 적극적이고 긍정적인 사람이 천국을 차지한다는 뜻일까? 좀 이상하다는 생각이 들지 않는가?

하늘 문은 두드리면 열린다. 기도하면 하늘 문이 열린다. 응답해 주신다. 그러나 천국 문은 아무리 두드려도 열리지 않는다. 천국 문을 안 열어 준다고 쾅쾅 두들기면 열어 주실까? 천만이다. 천국 문 앞에서 아무리 떼를 써도 소용없다. 하나님이 안 열어 주시면 누구라도 열 수가 없다. 열 처녀의 비유에도 나오는 것처럼, 한 번 닫힌 문은 절대로 열리지 않는다. 천국 문은 이런 것이다. 그런데 천국은 침노하는 자가 빼앗는다니 무슨 말인가?

거의 모든 영어 성경들은 "천국은 침노를 당하나니"가 아니라 천국은 맹위를 떨치면서 힘차게 전진해나가고 있다고 옮기고 있다.

> From the days of John the Baptist until now, the kingdom of heaven has been forcefully advancing, and forceful men lay hold of it (NIV).

새번역 성경도 마찬가지다.

> 세례자 요한 때로부터 지금까지, 하늘나라는 힘을 떨치고 있다. 그리고 힘을 쓰는 사람들이 그것을 차지한다.

사람들이 천국에 들어가기 위해서 천국을 공격하는 것이 아니라 (천국이 침노를 당하는 것이 아니라), 하나님의 나라가 사탄이 차지하고 있는 이 세상을 향해 강력하게 돌진해나가고 있는 것이다. 사탄이 지금 밀리고 있는 것이다. 퇴각을 하고 있는 것이다. 사탄의 성이 무너지기 시작하고 있는 것이다. 성문이 무너지고 그 안에 갇혀 있던 사람들이 밖으로 쏟아져 나온다. 그리고 하나님 나라의 대열에 참여하는 것이다.

"내가 이 반석 위에 내 교회를 세우리니 음부의 권세가 (교회를) 이기지 못하리로다."

이렇게 번역하게 되면 이런 뜻이 되고 만다. 교회가 사탄에 의해 계속 괴롭힘을 당한다. 사탄이 교회를 계속 위협한다. 교회가 사탄의 공격에 의해 위태위태하게 된다. 그러나 하나님이 끝까지 교회를 지켜 주실 것이다.

사탄은 일방적으로 공격하고 교회는 수세에 밀려 방어만 한다. 교회는 자기 자신을 지키는 데만 급급하다. 교회가 무너지지 않을지는 몰라도 교회는 항상 사탄의 위협 가운데 불안하다. 이런 교회는 결코 하나님의 나라를 이 세상에서 확장시켜 나갈 수가 없다. 자신의 생존만을 위해 몸부림치다 말 것이다.

그러나 이렇게 번역하면 뜻이 완전히 달라진다.

"내가 이 반석 위에 내 교회를 세우리니 음부의 대문이 견뎌내지 못하리라."

이렇게 번역하면 공격과 방어가 바뀐다. 교회가 공격하고 지옥은 방어를 한다. 교회가 지옥의 권세를 쳐부수려고 공격해 들어간다. 사탄은 지옥 문을 굳게 닫고 죽을 힘을 다해 열어 주지 않는다. 그러나 지옥의 권세가 교회를 이겨내지 못한다. 지옥의 문이 열리게 된다. 지옥의 성벽이 무너지게 된다. 그 안에 갇혀 있던 수많은 영혼들이 사탄의 치하로부터 벗어나게 된다. 지옥의 성이 하나님의 나라로 바뀐다. 그렇게 교회는 지옥의 성읍들을 무너뜨려 가면서 하나님의 나라를 땅 끝까지 확장시켜 나간다. 이것이 성서적인 교회상 아닌가?

65

죽음은 출애굽(exodus)하는 것이다

변화산상에서 모세와 엘리야가 나타나 예수님과 무슨 이야기를 나누었는가? 성경은 예수님이 "별세하실 것"에 대해 이야기를 나누었다고 한다(눅 9:31).

별세라는 말은 "이 세상과 이별한다, 이 세상을 떠난다"는 뜻이다. 이중표 목사님은 여기에서 별세라는 말을 따다 '별세 신학'이라는 것을 주창했다. 그분은 "별세해야 한다, 죽어야 한다, 세상에 집착하지 말아야 한다, 죽음을 사모해야 한다, 천국을 사모해야 한다, 그리스도와 함께 죽어야 한다"고 외쳤다.

'별세'라는 말은 성경에 딱 한 번 나온다(눅 9:31). 그러면 죽으실 것에 대해 말씀하셨다고 하면 될 것을, 왜 굳이 별세에 대해 말씀하셨다고 한 것일까? 구태여 그런 표현을 사용한 특별한 이유가 있을까?

원어로는 'exodus'라고 되어 있다. exodus는 출애굽을 말한다. 그러면 예수님이 모세와 엘리야와 더불어 출애굽에 대해서 이야기를 나누셨다는 말인가? 모세가 출애굽을 인도하지 않았는가? 그래서 모세와 출애굽에 대해서 이야기하신 것인가?

아니다. 예수님은 예수님의 죽음에 대해서, 십자가를 지실 것에 대해서 이야기를 나눈 것인데, exodus에 대해서 이야기를 나누셨다고 표현했다. 죽음이라는 단어도 있는데 그 단어를 사용하지 않고 상당히 상징적인 용어인 exodus라는 표현을 쓴 것이다.

죽음은 무엇인가? exodus이다. 떠나는 것이다. 출애굽 하는 것이다. 출애굽이 무엇인가? 이스라엘 백성이 바로의 치하에서 종살이를 하지 않았는가? 이스라엘 백성들이 하나님 앞에 부르짖자 하나님이 바로의 치하에서 이스라엘 백성들을 탈출하게 하셨다. 벗어나게 하셨다. 자유를 얻게 하셨다. 종살이에서 해방시켜 주셨다. 이집트에서 나와서 약속의 땅 가나안에 들어가게 하셨다.

이것이 바로 exodus인데, 성경은 예수님의 죽음을 exodus에 비유하고 있는 것이다. 죽음이 무엇인가? 죽음은 벗어나는 것이다. 속박에서 해방되는 것이다. 자유를 얻게 되는 것이다. 바로가 다스리는 이집트와 같은 이 세상을 떠나 하나님의 약속의 땅 가나안으로 들어가는 것이 바로 죽음인 것이다.

우리도 죽을 때 이집트와 같은 이 세상을 떠나 요단강을 건너 하나님의 약속의 땅 신천신지 새 예루살렘, 가나안에 들어가게 될 것이다. 이게 무엇인가? 바로 exodus이다. 죽음은 새로운 세계로 들어가는 것이다.

하나님의 백성들에게 이 세상은 이집트와 같다. 이 세상을 떠나게 되면, 다시 말해 별세를 하게 되면, 어디에 들어가게 되는가? 하나님의 나라이다. 이스라엘 백성들이 이집트를 떠나 요단강을 건너 가나안 땅에 들어갔듯이, 우리도 이집트와 같은 이 세상을 떠날 때 요단강을 건너 우리의 영원한 본향 가나안 땅에 들어가게 될 것이다.

그래서 성경은 죽음을 출애굽이라고 표현하고 있는 것이다. 베드로도 자신의 죽음에 대해서 언급하면서 exodus라는 단어를 사용하고 있다. 베드로도 죽음을 exodus로 이해했던 것이다.

> 내가 힘써 너희로 하여금 내가 떠난(exodus) 후에라도 어느 때나 이런 것을 생각나게 하려 하노라 (벧후 1:15).

그렇다. 하나님의 자녀인 우리들에게 있어서 죽음은 이 세상으로부터 해방되는 것이다. 그리고 새로운 세계 속으로 들어가는 것이다. 가나안에 들어가는 것이다.

66
성경에는 '갈보리'라는 곳이 없다

갈보리를 모르는 기독교인은 없을 것이다. 예수님이 십자가에 못 박혀 돌아간 곳이기 때문이다. 다음은 고난절에 많이 부르는 찬송이다.

> 갈보리 산 위에 십자가 섰으니 주가 고난을 당한 표라
> 험한 십자가를 내가 사랑함은 주가 보혈을 흘림일세
> 최후 승리를 얻기까지 주의 십자가 사랑하리
> 빛난 면류관 받기까지 험한 십자가 붙들겠네

이 찬송에는 골고다 언덕이 나오지 않는다. 대신 갈보리가 나온다. 그렇다면 예수님이 달려 돌아가신 곳이 갈보리인가, 아니면 골고다인가? 어느 것이 맞는 것인가? 둘 다 같은 곳인가? 그렇다면 왜 이름이 다른 것일까?

성경에서는 예수님께서 돌아가신 곳으로 골고다만 언급하고 있지(마 27:33; 막 15:22), 갈보리는 언급하고 있지 않다. 갈보리라는 말은 성

경에 안 나온다. 그런데 왜 우리는 갈보리로 알고 있는 것일까? 갈보리라는 지명이 어떻게 우리에게 그렇게 익숙하게 된 것일까? 갈보리 찬송은 어떻게 된 것인가? 이 땅에 있는 수많은 '갈보리교회'는 어떻게 하란 말인가?

골고다와 갈보리가 어떤 관계가 있는지 알아 보자. 골고다는 "해골이라 하는 곳"이라는 뜻을 가진 지명이다. 해골이 즐비해서 그런 이름이 붙여진 것은 아니다. 율법은 해골을 그렇게 방치하는 것을 금하고 있기 때문이다. 아마 그곳이 해골처럼 생겼기 때문에 그런 이름이 붙은 것으로 보인다.

갈보리라는 단어는 우리 성경에는 나오지 않는다. 그러나 영어 성경에는 나온다.

> And when they were come to the place, which is called Calvary, there they crucified him, and the malefactors, one

우리 성경에는 이렇게 되어 있다.

> 해골이라 하는 곳에 이르러 거기서 예수를 십자가에 못 박고 (눅 23:33).

갈보리와 해골, 어느 것이 맞는 것일까? 헬라어 원문에는 "해골이라 하는 곳"이라고 되어 있다. 갈보리라는 말은 헬라어 성경에 나오지 않는다. 헬라어 성서를 라틴어로 번역한 성경을 불가타 성서라고 부르는데, 이 성경에는 갈보리라는 단어가 나온다(마 27:33; 막 15:22; 눅 23:33). 해골을 라틴어로 갈보리라고 하기 때문이다.

영어 성경(KJV)으로 번역하면서 라틴어 성경도 참조했을 것이다. 이 과정에서 누가복음 23장 33절에 나오는 라틴어 갈보리를 영어로 옮기지 않고 그대로 영어로도 갈보리라고 옮겼다(마 27:33과 막 15:22에 나오는 갈보리는 해골로 옮겼다). 왜 KJV에서는 라틴어 '갈보리'를 영어 The Skull로 번역하지 않고 그대로 라틴어(Calvary)로 옮겼는지 모르겠다. 내가 아는 성경 중에(물론 라틴어 성경을 제외하고) KJV에서만 갈보리라는 단어가 사용되었다. 그것도 누가복음 23장 33절에 단 한 번만 나온다. 그런데 어떻게 갈보리라는 단어가 우리 한국 기독교인들에게 그렇게 잘 알려지게 되었는지 신기할 따름이다.

갈보리는 보통 명사이다. 지명이 아니다. 그런데 마치 지명처럼 사용되고 있다. 영어 성경 KJV 때문일 것이다. 그러나 성경 지명 가운데 골고다는 있어도 갈보리는 없다. 이스라엘에는 골고다는 있어도 갈보리라는 곳은 없다.

여담 하나. 교회 이름 가운데 갈보리교회는 많다. 그러나 골고다교회라는 이름은 한 번도 들어보지 못했다(미국 교회에는 있다). 골고다는 어쩐지 음산한 분위기가 풍기는 것 같아서 그런 것일까? 성경적으로 이름을 짓는다면 갈보리교회는 골고다교회로 바꿔야 할 것이다. 그러나 그렇게 할 교회는 하나도 없을 것 같다. 그렇지만 갈보리도 뜻을 알면 섬뜩할 것이다. "해골이 뒹구는 곳" 아닌가?

67

성경에서는 아가페와 에로스, 필레오의 구별이 없다

예수님은 부활하신 후에 베드로에게 나타나셔서 "네가 나를 사랑하느냐"라고 세 번씩이나 물으셨다. 이에 베드로는 세 번 다 주님을 사랑한다고 고백했다. 본문(요 21:15-17)의 헬라어를 살펴보면 여기에서 사용된 사랑이라는 단어가 같은 단어가 아닌 것을 발견하게 된다.

첫 번째 질문과 대답:

"네가 나를 아가페적인 사랑으로 사랑하느냐?"

"저는 주님을 필레오적인 사랑으로 사랑합니다."

두 번째 질문과 대답:

"네가 나를 아가페적인 사랑으로 사랑하느냐?"

"저는 주님을 필레오적인 사랑으로 사랑합니다."

세 번 째 질문과 대답:

"네가 나를 필레오적인 사랑으로 사랑하느냐?"

"저는 주님을 필레오적인 사랑으로 사랑합니다."

하나님의 절대적인 사랑, 하나님의 희생적인 사랑, 하나님의 변함없는 사랑, 하나님의 한결같은 사랑, 하나님의 무조건적으로 베푸시는 사랑, 하나님의 영원무궁한 사랑, 하나님의 다함이 없는 사랑, 그것을 히브리어로는 헤세드라고 하고, 헬라어로는 아가페라고 한다. 예수님이 십자가에서 우리에게 보여주신 사랑이 바로 이러한 사랑이다.

필레오는 친구간의 사랑이나 이웃간의 사랑을 말한다. 그것은 절대적인 사랑이 아니다. 무조건적인 사랑도 아니다. 변함없는 사랑도 아니다. 영원한 사랑도 아니다.

예수님과 베드로가 주고받은 질문과 대답 속에서 예수님이 베드로에게 원하신 사랑은 아가페적인 사랑이었는데 베드로는 예수님을 필레오적인 사랑으로밖에 사랑하지 못한다고 고백했음을 알 수 있다.

우리말 성경으로만 봐서는 "네가 나를 사랑하느냐"라는 질문에 베드로가 "예, 제가 주님을 사랑합니다"라고 자신 있게 대답한 것으로 되어 있다. 그러나 사실상 베드로는 "아닙니다. 저는 주님이 저에게 바라시는 만큼의 사랑으로 주님을 사랑하지 못합니다. 죄송합니다"라고 대답한 것이라는 결론이 나온다.

그래서 가끔 설교를 하면서 아가페와 필레오의 차이를 설명하는 것을 볼 수 있다. 그런데 한 가지 간과하는 것이 있다. 헬라 철학에서는 사랑을 아가페, 필레오, 에로스(이성간의 사랑), 스톨게(자연적인 사랑, 가족간의 사랑) 등으로 구분하지만, 이러한 사랑에 대한 철학적 구분이 예수님 당시에는 없었다고 하는 것이다. 예수님 전후 200-300년 동안은 아가페와 에로스, 필레오 같은 단어들이 서로 혼용되어 사용되었다. 예를 들면 간음이나 음란한 관계, 통간 같은 것을 지칭할 때도 아가페라는 용어를 사용했다. 성경에서도 마찬가지다.

> 아버지께서 아들을 사랑하사(필레오) 자기가 행하시는 것을 다 아들에게 보이시고 (요 5:20).
> 이는 너희가 나를 사랑하고(필레오) 또 내가 하나님께로부터 온 줄 믿었으므로 아버지께서 친히 너희를 사랑하심이라(필레오) (요 16:27).
> 시몬 베드로와 예수께서 사랑하시던(필레오) 그 다른 제자에게 달려가서 말하되 (요 20:2).
> 네 이웃을 네 몸과 같이 사랑하라(아가페) (마 22:39).
> 이 세상이나 세상에 있는 것들을 사랑하지(아가페) 말라 누구든지 세상을 사랑하면(아가페) 아버지의 사랑이(아가페) 그 안에 있지 아니하니 (요일 2;15).
> 데마는 이 세상을 사랑하여(아가페) 나를 버리고 데살로니가로 갔고 (딤후 4:10).

하나님이 예수님을, 그리고 예수님이 제자들을 아가페적인 사랑이 아니라 필레오적인 사랑으로 사랑하셨다고 되어 있다. 반면 우리는 이웃을 아가페적인 사랑으로 사랑해야 한다고 되어 있다. 그리고 데마는 세상을 아가페적인 사랑으로 사랑했다고 했다. 세상적인 사랑, 육체적인 사랑, 탐욕을 좇는 사랑, 세속적인 사랑을 아가페라는 단어로 표현하였다. 우리는 여기에서 성경이 아가페와 필레오를 특별한 구별 없이 서로 혼용해서 사용하고 있음을 발견할 수 있다(남녀 간의 사랑을 의미하는 에로스라는 단어를 신약성경에서는 단 한 번도 사용하지 않았다. 구약을 헬라어로 번역한 70인역 성경에서도 에로스라는 단어는 세 번밖에 사용되지 않았다).

예수님과 베드로가 주고받은 대화 속에서도 아가페와 필레오는 특별한 구분 없이 그냥 사용된 단어였던 것이다. 예수님이 베드로에게 아가페적인 사랑으로 사랑할 것을 요구했으나, 베드로는 필레오적인 사랑으로밖에 예수님을 사랑하지 못했다는 식의 해석은 곤란하다. 예수님은 베드로에게 그의 사랑을 확인하기 위해 질문하셨던 것이고, 베드로는 예수님에게 그의 사랑을 확인시켜 드린 것으로 이해해야지, 헬라어의 차이를 가지고 그 이상의 의미를 부여하려고 하는 것은 넌센스이다.

한 가지만 더 언급하면, 예수님은 헬라어로 말씀하시지 않고 아람어를 사용하셨다. 예수님이 사용하신 아람어를 복음서 기록 과정에서 헬라어로 옮긴 것이다. 아람어에는 아가페나 필레오 같은 구분이 없다. 예수님은 헤세드라는 단어를 사용하셨을 것이고 복음서 기록 과정에서 별 뜻 없이 아가페나 필레오라는 단어를 사용했을 것이다.

68

바울은 그의 몸에 (가시가 아니라) 말뚝을 가지고 있었다

바울은 평생 해결하지 못한 문제를 하나 안고 살아갔다. 그의 몸 속에 있는 가시였다.

> 여러 계시를 받은 것이 지극히 크므로 너무 자만하지 않게 하시려고 내 육체에 가시 곧 사탄의 사자를 주셨으니 이는 나를 쳐서 너무 자만하지 않게 하려 하심이라 (고후 12:7).

바울은 질병에 시달렸다. 그것이 무엇인지는 확실하지 않다. 바울이 눈이 안 좋은 것은 널리 알려진 사실이다. 다메섹 도상에서 회심의 체험을 할 때 3일 동안 보지 못한 적이 있다. 그때 바울에게 비추어졌던 강렬한 빛 때문에 눈이 손상되었는지도 모른다. 그래서 그랬는지 바울은 평생 시력이 안 좋았다. 서신들을 쓸 때에도 대필을 하게 했다. 그리고 마지막에는 직접 이렇게 썼다.

> 내 손으로 이렇게 큰 글자로 쓴 것을 보라 (갈 6:11).

갈라디아 교인들은 바울이 눈 때문에 고생을 해서 그랬는지 바울을 위해서 그들의 눈이라도 빼주고 싶어했다고 갈라디아서(4:14)에서 밝히고 있다.

바울을 평생 괴롭혔던 그의 몸에 있던 가시가 간질이었다고 하는 이들도 있다. 바울이 간질에 시달렸다고 상상해 보라. 바울이 설교를 하다가 갑자기 쓰러져 입에 거품을 토하면서 땅바닥에서 뒹군다. 잠시 죽은 듯이 가만히 있다가 다시 아무 일도 없었다는 듯이 깨어난다. 그리고 계속 설교를 한다. 바울이 간질에 시달렸다면 이런 일이 자주 일어났을 것이다. 그리고 이런 소문은 다 퍼져 있었을 것이다. 만일 목사가 이런 간질병에 시달린다면 어느 교회에서든 목회하기가 어려울 것이다. 그를 환영해 주는 교회는 한 군데도 없을 것이다.

정말 바울이 이런 간질병에 시달렸을까? 어떤 근거로 바울이 간질에 시달렸다고 하는 것일까? 갈라디아서에서 이렇게 밝히고 있다.

> 너희를 시험하는 것이 내 육체에 있으되 이것을 너희가 업신여기지도 아니하며 버리지도 아니하고 (갈 4:14).

여기서 '버리다'라는 단어 '에크프튜오'(ekptuo)는 "침을 뱉다"라는 뜻이다. 바울이 심각한 질병에 시달리고 있었지만 갈라디아 교인들은 그를 업신여기지도 않고 그에게 침을 뱉지도 않았다는 것이다. 어떤 사람이 병에 걸렸다고 침을 뱉는 경우도 있는가? 도대체 어떤 병에 걸린 사람에게 침을 뱉을까? 고대에는 귀신들린 사람이 대들면 침을 뱉어서 귀신을 내어쫓는 풍습이 있었다고 한다. 그렇다면 바울이 귀신들렸다는 말인가? 그런 것은 아니고 귀신들린 사람처럼 행동하는 그런 질병에 시달리고 있었다고 볼 수 있다. 그것이 어떤 질병일까? 간질이다. 고대에는 간질병이라는 것이 따로 없었으므로 간질하는 사람을 귀신들린 사람으로 여겼다(막 9:14-29).

바로 이런 이유 때문에 바울이 간질로 고생했을 것이라고 생각하는 것이다. 그러나 근거가 너무 빈약하다. 바울이 간질이었다는 확실한 증거는 성경에서 찾아볼 수 없다.

여기에 '가시'라고 했는데 그것은 우리가 생각하는 그런 가시가 아니다. 헬라어로 '스콜로프스'(skolops)인데, 이것은 그냥 가시가 아니라 말뚝이다(고후 12:7). 말뚝을 땅에 박을 때에는 끝을 뾰족하게 깎는다. 그렇게 뾰족한 말뚝을 말한다. 바울은 자기 몸 안에 그런 말뚝이 들어 있어서 그를 끊임없이 괴롭히고 있다고 고백했다.

예전에 신장 결석(kidney stone) 때문에 고생한 적이 있다. 얼마나 고통스러웠는지 방에서 데굴데굴 뒹굴었다. 견디다 못해 한밤중에 응급실까지 갔었다. 후에 소변을 통해서 나를 괴롭혔던 그 돌이 나왔는데, 잘 보이지도 않을 정도로 작았다. 그렇게 작은 것이 나를 그렇게 고통스럽게 했다고 하는 것이 믿어지지 않았다. 그런데 바울은 말뚝이 몸 안에 들어 있다고 했다. 얼마나 고통이 심했으면 그런 표현을 했겠는가?

바울은 받은 은혜가 너무 커서 교만하지 않도록 하기 위해 하나님이 그런 가시(말뚝)를 주신 것이라고 고백한다. 우리는 문제가 있고 어려움이 있어야 낮아지고 겸손해지고 하나님의 은혜를 구한다. 누구보다 바울 자신도 그런 사실을 잘 알고 있었다. 바울은 가시(말뚝)가 그를 찌를 때마다 납작 엎드려 간절하게 하나님의 은혜를 구했을 것이다.

한번은 예수님께서 환상 가운데 토저 목사님에게 송곳을 주시면서 교만하게 부풀어오른 자아에 구멍을 내서 바람을 빼라고 하셨다고 한다. 바울도 가시의 의미를 그렇게 해석했던 것이다.

사막에서 차가 모래 속에 빠지면 대개는 액셀러레이터를 더 세게 밟는다. 그러나 그렇게 하면 더 바퀴가 깊이 빠져 들어간다. 뒤에서 밀어도 보지만 안 된다. 그럴 때는 어떻게 해야 하는가? 방법은 하나다. 그것은 바퀴에서 바람을 빼는 것이다. 바퀴에서 바람을 어느 정도 빼면 차가 내려앉게 되고 무게 중심이 아래로 내려오게 된다. 그리고 바퀴가 땅에 닿는 면적이 넓어지게 된다. 이렇게 바람을 뺀 다음 밀면 모래 구덩이에서 빠져나올 수 있게 된다.

우리가 옴짝달싹할 수 없는 상황에 빠졌을 때 우리는 그곳에서 빠져나오기 위해 더 안간힘을 다한다. 그러나 그렇게 해서는 그 구덩이에서 빠져나올 수 없다. 더 깊이 빠져 들어갈 뿐이다. 방법은 하나다. 자신만만한 자아의 바람을 빼야 한다. 교만해질 대로 교만해진 자아에서 교만의 바람을 빼야 한다. 그럴 때 우리를 가두어 두었던 인생의 모래 구덩이에서 빠져 나올 수 있게 된다. 하나님은 그러라고 우리에게 인생의 가시(말뚝)을 주실 때가 많다.

69
로고스와 레마는 과연 다른 것일까?

로고스는 성경에 기록된 하나님의 말씀이고, 레마는 그 말씀을 읽는 가운데 내 영혼에 부딪혀 와서 어떤 감화와 감동을 주는 말씀이다. 즉 로고스인 말씀이 나의 것이 되는 것이 레마이다. 로고스는 객관적인 말씀이고, 레마는 로고스를 통해 내게 주신 특별한 말씀이다. 로고스가 살아 있는 말씀이 되려면 우리 안에서 레마가 되어야 한다. 로고스가 레마가 되어야 그 말씀을 통해서 우리가 변화되고 우리 가운데 말씀의 역사가 일어난다. 그러므로 우리는 레마를 받아야 한다.

이것이 우리가 레마에 대해 알고 있는 이야기들이다. 그런데 그게 사실일까? 정말 레마가 우리가 알고 있는 그런 뜻일까? 로고스와 레마는 다른 것일까?

구약성경에 나오는 '말씀'이라는 뜻을 가진 'dabar'를 헬라어 성경(70인역)으로 번역할 때 logos와 rhema라는 단어로 번역하였다. 그러나 어떤 명확한 기준에 근거해서 로고스와 레마로 번역한 것은 아니다. 예를 들어 보자.

> 힐기야의 아들 예레미야의 말(레마)이라 아몬의 아들 유다 왕 요시야가 다스린 지 십삼 년에 여호와의 말씀(로고스)이 예레미야에게 임하였고 (렘 1:1-2).

예레미야의 말은 레마로, 하나님의 말씀은 로고스로 번역하였다. 그러나 예레미야의 말도 사실은 예레미야가 전한 하나님의 말씀이다. 그런데 서로 다른 단어를 사용했다. 구약성경 전체가 이렇게 두 단어를 구분하지 않고 혼용해서 사용하고 있다.

> 믿음은 들음에서 나며 들음은 그리스도의 말씀으로 말미암았느니라 (롬 10:17).
>
> 구원의 투구와 성령의 검 곧 하나님의 말씀을 가지라 (엡 6:17).

위에 나오는 '말씀'은 모두 내가 듣고 깨달은 말씀이 아니라 하나님의 말씀이다. 레마를 주장하는 이들에 따르면 원문에 모두 로고스라고 되어 있어야 한다. 그러나 모두 레마라고 되어 있다.

> 만일 듣지 않거든 한두 사람을 데리고 가서 두세 증인의 입으로 말마다 증참케 하라 (마 18:16).
>
> 내가 너희에게 이르노니 사람이 무슨 무익한 말을 하든지 심판날에 이

에 대하여 심문을 받으리니 (마 12:36).

여기 나오는 말들은 듣고 깨달은 말씀, 나에게 주신 말씀이 아니라 우리가 하는 '말'이다. 그런데 모두 레마라는 단어가 사용되었다. 이렇게 레마는 특별히 주어진 말씀이 아니라 일반적으로 하는 말을 가리킨다.

오직 너희 말(로고스)은 옳다 옳다, 아니라 아니라 하라 이에서 지나는 것은 악으로 좇아 나느니라 (마 5:37).

또 누구든지 말(로고스)로 인자를 거역하면 사하심을 얻되 누구든지 말로 성령을 거역하면 이 세상과 오는 세상에도 사하심을 얻지 못하리라 (마 12:32).

위(3번)에서는 인간의 말을 레마로 표현했는데, 여기에서는 로고스로 표현했다. 로고스와 레마가 서로 혼용되어 사용되는 것을 볼 수 있다.

베드로가 이 말(레마) 할 때에 성령이 말씀(로고스) 듣는 모든 사람에게 내려와 (행 10:44).

여기 나오는 '말'이나 '말씀'은 둘 다 베드로가 한 말이다. 그런데 레마와 로고스라는 단어가 사용되었다. 여기에서도 우리는 로고스와 레마가 상호 교환적으로 사용할 수 있는 단어임을 알 수 있다.

이렇게 성경에서는 로고스와 레마를 전혀 구분하지 않고 있다. 성경 어디에서도 레마가 깨달은 말씀이나 나에게 주신 말씀이라는 의미로 사용된 곳은 없다. 로고스와 레마 둘 다 같은 뜻을 가진 동의어이다.

레마를 주장하는 자들은 기록된 말씀의 권위를 약화시킨다. 성경 말씀보다 주관적으로 깨달은 말씀을 더 중시한다. 말씀보다 체험을 더 강조한다. 보편적인 말씀보다는 나에게만 주어지는 특별한 계시와 같은 말씀을 더 바라고 의지하게 한다. 하나님의 말씀은 내가 깨닫든 깨닫지 못하든 하나님의 말씀이다. 깨달아야만 하나님의 말씀의 역사가 일어나는 것이 아니다. 성경에 나오는 레마라는 단어에는 우리가 생각하는 그런 개념이 없다.

레마를 주장하는 자들은, 하나님의 말씀이 "살아 있고 활력이 있어 좌우에 날선 어떤 검보다도 예리하여 혼과 영과 및 관절과 골수를 찔러 쪼개기까지 하며 또 마음의 생각과 뜻을 판단"(히 4:12)하게 하려면 로고스가 로고스로 머물러 있으면 안 되고 레마가 되어야 한다고 한다. 그런데 히브리서 4장 12절에 나오는 "하나님의 말씀"은 레마가 아니고 로고스이다.

70
성경에 나오는 종은 종이 아니라 '노예' 이다

노예들이 팔려가는 섬이 있다. 그 섬에 한 번 들어가면 살아서 나오지 못한다. 평생 그 섬에서 노예처럼 죽도록 일만 하다가 죽는 것이다. 그 섬에 노예들이 점점 많아졌다. 그것을 알게 된 두 청년(모라비안 교도들)이 그들에게도 복음을 전해야겠다 생각하고 그 섬에 들어가기로 했다. 그런데 그 섬에는 노예만 들어갈 수 있다.

그래서 그들은 자신들을 노예로 팔아넘겼다. 노예들을 구하기 위해 노예가 되었던 것이다. 노예가 된다고 하는 것이 어떤 일인데, 한 번 노예가 되면 평생 노예로 살아야 하는 것인데, 그 섬에 한 번 들어가면 살아서 나오지 못하는데, 평생 노예처럼 일만 하다 비참하게 살다가 죽어야 하는데, 그들은 노예들을 구하기 위해 기꺼이 노예가 된 것이다. 실제 있었던 일이다.

그는 근본 하나님의 본체시나 하나님과 동등됨을 취할 것으로 여기지 아니하시고 오히려 자기를 비워 종의 형체를 가지사 사람들과 같이 되

> 셨고 사람의 모양으로 나타나사 자기를 낮추시고 죽기까지 복종하셨으니 곧 십자가에 죽으심이라 (빌 2:6-7).

예수님이 종이 되셨다고 했는데, 여기서 '종'은 우리가 아는 그런 종이나 하인(servant)이 아니고, 둘로스(doulos)로서 노예이다. 예수님은 단순히 종이 아니라 노예가 되어 이 땅에 오셨던 것이다.

이사야 53장을 읽노라면 마치 골고다 언덕에서 예수님이 십자가에 달려 돌아가시는 장면을 누군가가 중계하고 있는 것처럼 보인다. 그런데 이 예언은 십자가 사건이 있기 700년 전에 기록된 예언이다. 거기에 나오는 '그'를 '예수'로 넣어 읽어 보라. 기가 막히게 들어맞는다.

이사야 53장은 앞으로 오실 메시아는 '고난 받는 종'의 모습으로 오실 것이라고 예언하고 있다. 이사야 52장에서도 그 메시아를 종이라고 칭하고 있다.

> 내 종이 형통하리니 받들어 높이 들려서 지극히 존귀하게 되리라 (사 52:13).

여기에 나오는 종은 '에베드'(ebed)라는 히브리어로, 노예를 뜻한다. 세상을 구원하기 위해 오실 메시아는 고난 받는 노예라는 것이다. 노예처럼 멸시 천대의 십자가를 질 것이라는 것이다. 노예처럼 채찍에 맞을 것이라는 것이다. 노예처럼 무시당하고 멸시당하고 조롱당하고 침 뱉음을 당할 것이라는 것이다. 아무 죄도 없는데, 아무 잘못한 것도 없는데, 노예처럼 아무 말도 하지 못하고 변명이나 항거도

하지 않고 묵묵히 그런 수난을 다 받아들일 것이라는 것이다.

성경에 나오는 종은 모두 노예를 일컫는다. 종과 노예는 전혀 다르다. 고대에는 빚을 갚지 못하면 종으로 팔려갔다. 빚을 갚을 때까지 종살이를 해야 했다. 그렇게 해서 빚을 다 갚으면 자유인이 된다. 종은 주인의 재산이 아니다. 주인은 종에 대해 생사박탈권 같은 것은 가지지 않았다. 종은 노예가 아니기 때문이다. 그러나 노예는 노예라는 신분을 갖고 태어난다. 노예는 평생 노예로 살아갈 수밖에 없다. 노예는 주인의 소유물이다. 생사박탈권이 주인에게 주어져 있다. 노예에게는 아무런 권한도 없다. 재산을 소유할 수 없다. 아무런 자유도 없다.

노예와 종은 이렇게 다르다. 그런데 성경에서는 노예를 종이라고 번역해 놓았다. 왜 그랬을까? 바울은 자신을 소개할 때 이렇게 했다.

예수 그리스도의 종 바울은…

자연스럽게 들린다. 하나도 이상하지 않다. 그러나 이렇게 말하면 어떻게 들릴까?

예수 그리스도의 노예인 나 바울은…

우리는 종이라는 단어에 익숙해 있다. 그래서 하나님이 종의 형체를 입고 이 땅에 오셨다고 하는 것은 거부감 없이 받아들인다. 그러나 원어 그대로 하나님이 노예가 되셨다고 하면 고개를 갸우뚱하게 된다. "우리는 그리스도의 종이다"라는 말에는 누구나 "아멘" 한다. 그러나 "우리는 그리스도의 노예다"라고 하면 받아들이기가 쉽지 않다. 그러나 우리는 단순히 그리스도의 종이 아니라 그리스도의 노예이다. 그것이 성경이 말하는 바이다.

노예가 어떤 존재인가? 노예는 주인을 위해서만 존재한다. 노예는 주인의 명령에 100% 복종한다. 노예는 자신을 위해서가 아니라 주인을 위해서 산다. 노예는 이미 죽은 사람이다. 노예의 생명은 100% 주인에게 달려 있다. 노예의 운명은 100% 주인에게 달려 있다. 노예는 주인에게 100% 속해 있다. 노예는 100% 주인에게 의존한다. 노예는 주인을 떠나서는 살 수 없다. 노예는 성공이나 보상을 바라지 않는다. 기대하지 않는다.

노예는 하루하루 주인의 은혜로 산다. 노예는 자신을 위해 살지 않는다. 노예는 주인에게 충성을 다 바친다. 죽기까지 복종한다. 노예는 주인을 위해서 존재한다. 이것이 하나님과 우리의 관계이다. 하나님을 '주님'(Lord)으로 섬기는 우리의 정체성이다.

예수님은 죄의 노예, 사탄의 노예로 살아가고 있는 우리들을 구하시기 위해 거기에서 해방시켜 주시기 위해 노예가 되어 이 땅에 오셨다. 모라비안 청년들처럼 노예를 구원하기 위해 스스로 노예가 되어 이 땅에 오신 것이다. 그리고 이 세상에서 노예 취급을 받으셨다. 그렇게 하심으로 우리를 사탄과 죄와 죽음의 노예에서 해방시켜 주셨던 것이다. 예수님이 이런 분이셨기 때문에 그 청년들도 노예들을 구원하기 위해 스스로 노예가 되었던 것이다. 그리고 우리도 기꺼이 즐거운 마음으로 그분의 행복한 노예로 살아가는 것이다.

71
성경에서는 '전도'와 '설교'를 구분하지 않고 사용한다

개역 성경에는 '설교'라는 말이 한 번도 나오지 않는다. 그런데 영어성경 KJV에는 'preaching'이라는 단어가 47회나 나온다. NIV에는 39회 나온다. 어떻게 된 것인가?

> 심판 때에 니느웨 사람들이 일어나 이 세대 사람을 정죄하리니 이는 그들이 요나의 전도를 듣고 회개하였음이어니와 요나보다 더 큰 이가 여기 있느니라 (눅 11:32).
>
> The men of Nineve shall rise up in the judgment with this generation, and shall condemn it: for they repented at the preaching of Jonas; and, behold, a greater than Jonas is here (KJV).

우리 성경에는 전도라고 되어 있는데, 영어 성경에는 '설교'로 되어 있다. 우리 성경에는 요나의 전도를 받고 니느웨 사람들이 회개한 것으로 되어 있는데, 영어 성경에는 요나가 설교해서 그들이 회개한 것으로 되어 있다. 어느 것이 맞는 것인가?

> 하나님의 지혜에 있어서는 이 세상이 자기 지혜로 하나님을 알지 못하는고로 하나님께서 전도의 미련한 것으로 믿는 자들을 구원하시기를 기뻐하셨도다 (고전 1:21).

전도에 관한 유명한 말씀이다. 무식한 방법으로 전도를 해도 하나님이 열매를 맺게 하신다. 전철역에서 띠를 두르고 “예수 천당, 불신 지옥”을 외치는 사람들이 있다. 그런 전도를 통해서도 사람들이 구원받는다고 이 구절은 말씀하고 있다. 전도는 방법이 중요한 것이 아니다. 우리가 씨를 뿌리면 하나님은 어떤 방법으로든지 간에 열매를 맺게 하신다. 우리는 이 구절을 그렇게 이해하고 있다.

그런데 영어 성경을 보면 혼린이 생기게 된다.

> For after that in the wisdom of God the world by wisdom knew not God, it pleased God by the foolishness of preaching to save them that believe (KJV).

새번역도 영어 성경처럼 번역하였다.

> 이 세상은 그 지혜로 하나님을 알지 못하였습니다. 하나님의 지혜가 그렇게 되도록 한 것입니다. 하나님께서는 어리석게 들리는 설교를 통하

여 믿는 사람들을 구원하시기를 기뻐하신 것입니다.

이 번역에 따르면 이 구절은 전도에 관한 구절이 아니라 설교에 관한 구절이다. 전도의 능력에 관한 구절이 아니라 설교의 능력에 관한 구절이다. 영혼을 구원하는 것은 전도를 통해서가 아니라 설교를 통해서다. 설교를 좀 못해도 그 설교를 통해서 영혼이 구원받는다는 것이다. 혼란스럽다. 뭐가 맞는 것인가? 다음 구절도 똑같은 문제를 야기시킨다.

내 말과 내 전도함이 설득력 있는 지혜의 말로 하지 아니하고 다만 성령의 나타나심과 능력으로 하여 (고전 2:4, 개정).
나의 말과 나의 설교는 지혜에서 나온 그럴 듯한 말로 한 것이 아니라, 성령의 능력이 나타낸 증거로 한 것입니다 (새번역).

전도와 설교는 다르다. 전도는 믿지 않는 사람들에게 하는 것이다. 설교는 대개의 경우 믿는 사람들에게 하는 것이다. 전도는 교회로 인도하기 위해 하는 것이다. 설교는 교회에 나오는 사람들에게 하는 것이다. 전도는 예수 믿게 하는 것이고, 설교는 예수 믿는 사람들에게 하는 것이다. 전도는 교인들이 길에서 하는 것이고, 설교는 강단에서 설교자가 하는 것이다. 그런데 왜 성경에서는 전도와 설교를 혼용하여 사용하고 있는 것인가?

우리 성경에서 '전도'라고 번역한 헬라어는 '케리그마'(kerygma)이다. 왕이 조서를 공포하면 그것을 지방마다 다니면서 선포한다. 그것을 케리그마라고 부른다. 이런 케리그마를 우리 성경에서는 '전도'로 번역하였고 영어 성경에서는 모두 '설교'(preaching)로 번역하였다. 새번역 성경에도 케리그마를 '설교'로 번역한 곳이 4군데가 있다(눅 7:29; 롬 2:21; 고전 1:21, 2:4). 이렇게 성경에서는 전도와 설교를 구분 없이 사용하고 있다. 전도나 설교나 전하는 내용은 다 같은 것이기 때문이다.

72

오늘날과는 다른 의미로 사용된 성경에 나오는 용어들

1. 달란트와 재능

달란트의 비유를 보면 달란트가 나온다. 헬라어로는 '탈란트'(talant)이다. 이 단어에서 나온 말이 talent(재능)이다. 달란트의 비유에서 주인은 종들에게 각각 다섯 달란트, 두 달란트, 한 달란트를 맡긴다. 여기에서 주인은 물론 하나님을 뜻한다. 하나님이 사람들에게 각기 다른 달란트를 주셨다. 어떤 사람에게는 다섯 달란트를 주시고, 어떤 사람에게는 두 달란트를 주시고, 어떤 사람에게는 한 달란트를 주신다. 사람마다 갖고 있는 재능이 다 다른 것이다.

그러나 달란트의 비유를 그런 식으로 해석하면 안 된다. 비유에 나오는 달란트는 예수님 당시에는 화폐의 단위를 뜻하는 용어였다. 거기에는 '재능'이라는 뜻이 전혀 없었다.

각각 그 재능대로 한 사람에게는 금 다섯 달란트를, 한 사람에게는 두 달란트를, 한 사람에게는 한 달란트를 주고 떠났더니 (마 25:15).

여기에 "재능"이라는 단어가 나온다. 그리고 달란트라는 단어도 나온다. 재능에 따라 다르게 달란트를 맡겼다고 되어 있다. 오늘날은 달란트가 재능을 뜻하지만 예수님 당시에는 그렇지 않았다. 여기에 재능으로 번역된 헬라어는 '두나미스'(dunamis)이다. '능력'(ability)이라는 뜻이다. 주인은 능력에 따라 다르게 재산을 맡겼던 것이다. 우리 성경에는 '재능'으로 번역되었는데, 우리가 생각하는 재능이 아니다.

2. 두나미스와 다이나마이트

오직 성령이 너희에게 임하시면 너희가 권능을 받고 예루살렘과 온 유대와 사마리아와 땅 끝까지 이르러 내 증인이 되리라 (행 1:8).

여기에서 '권능'이라는 말이 바로 두나미스이다. 두나미스는 위에서 말한 대로 능력을 뜻한다.

산도 무너뜨리고 바위도 깨버릴 정도의 강력한 힘을 갖고 있는 것이 있다. 다이너마이트다. 이 다이너마이트라는 단어가 바로 두나미스에서 파생된 것이다. 성령이 임하시면 다이너마이트와 같은 능력을 얻게 된다. 아니 그 이상의 능력을 얻게 된다. 그러나 예수님이 이 말씀을 하셨을 때는 다이너마이트 같은 것은 존재하지 않았다. 예수님이 다이너마이트를 연상하면서 성령의 능력에 대해 말씀하신 것은 아니었다.

3. 증인과 순교자

예수님을 증거하다 순교한 스데반에 대하여 사도행전 22장 20절은 이렇게 기록하고 있다.

> And when the blood of thy martyr Stephen was shed, I also was standing by, and consenting unto his death, and kept the raiment of them that slew him (KJV).
>
> 또 주의 증인 스데반이 피를 흘릴 때에 내가 곁에 서서 찬성하고 그 죽이는 사람들의 옷을 지킨 줄 그들도 아나이다 (개정).

영어 성경(KJV)에서는 스데반을 순교자(martyr)로 지칭하고 있다. 그러나 우리 성경에서는 단순하게 '증인'이라고 부르고 있다. 순교자와 증인은 다르다. 예수를 증거하다 순교할 수도 있다. 하지만 증인이라고 다 순교자는 아니다.

여기에서 증인 또는 순교자로 번역된 헬라어는 'martus'로서, 크게 두 가지 의미를 갖고 있다. 하나는 증인이다. 법정에서 증거하는 증인을 말한다. 또 이 단어는 순교자라는 뜻으로도 사용된다. martus가 후에 martur로 바뀌게 되는데, 여기에서 나온 말이 martyr(순교자)이다. 그래서 영어 성경에는 우리 성경에서는 '증인'으로 번역한 것을 '순교자'(martyr)로 번역한 것이다.

사도행전 1장 8절에도 증인이라는 단어가 나온다.

오직 성령이 너희에게 임하시면 너희가 권능을 받고 예루살렘과 온 유대와 사마리아와 땅 끝까지 이르러 내 증인이 되리라 (행 1:8).

설교할 때, 이 구절에 나오는 '증인'으로 번역된 martus 속에는 '순교자'라는 의미가 포함되어 있음을 지적하면서, 우리는 순교를 각오하고 예수님의 증인이 되어야 한다고 강조한다. 그러나 예수님은 너희가 나의 증인이 되기 위해서는 죽음까지 각오해야 한다는 뜻으로 말씀하신 것이 아니었다. 왜냐하면 그 당시에 마르투스라는 말 속에는 '순교(자)'의 의미가 들어 있지 않았기 때문이다.

예수님 당시에 이 단어는 단순히 '증인'이라는 뜻만 갖고 있었다. 그러나 기독교인들이 예수를 증거하고 자신의 믿음을 지키다가 순교하는 일이 많이 생기게 되었다. 그래서 자연적으로 후대에 '증인'이라는 단어가 '순교자'라는 의미를 갖게 되었다.

영어 성경(KJV)은 요한계시록에 나오는 martus를 모두 순교자로 옮겼다(계 2:13, 17:6).

I know thy works, and where thou dwellest, even where Satan's seat is: and thou holdest fast my name, and hast not denied my faith, even in those days wherein Antipas was my faithful martyr, who was slain among you, where Satan dwelleth (계 2:13).

And I saw the woman drunken with the blood of the saints, and with the blood of the martyrs of Jesus: and when I saw her, I wondered with great admiration (계 17:6).

우리 성경에서는 순교자가 아니라 증인으로 되어 있다.

네가 어디에 사는지를 내가 아노니 거기는 사탄의 권좌가 있는 데라 네가 내 이름을 굳게 잡아서 내 충성된 증인 안디바가 너희 가운데 곧 사탄이 사는 곳에서 죽임을 당할 때에도 나를 믿는 믿음을 저버리지 아니하였도다 (계 2:13).

또 내가 보매 이 여자가 성도들의 피와 예수의 증인들의 피에 취한지라 내가 그 여자를 보고 놀랍게 여기고 크게 놀랍게 여기니 (계 17:6).

요한계시록은 늦어도 1세기 말에는 씌어진 것으로 보인다. 1세기 말과 2세기 초의 기독교 저작물들을 보면 아직까지 maruts가 순교의 의미로 사용되지 않은 것을 보게 된다. 따라서 요한계시록에 나오는 maruts는 문맥으로 보면 순교자의 의미를 갖고 있다고 하더라도 이 단어는 '순교'가 아니라 우리 성경에서처럼 '증인'으로 번역되어야 한다.

판권
소유

그래서 그랬던 거야?

성경의 압축 파일을 풀어라

2014년 9월 05일 인쇄
2014년 9월 10일 발행

지은이 | 이진희
발행인 | 이형규
발행처 | 쿰란출판사

주소 | 서울시 종로구 이화장길6
TEL | 745-1007, 745-1301~2, 747-1212, 743-1300
영업부 | 747-1004, FAX/745-8490
본사평생전화번호 | 0502-756-1004
홈페이지 | http://www.qumran.co.kr
E-mail | qrbooks@gmail.com
qrbooks@daum.net
한글인터넷주소 | 쿰란, 쿰란출판사

등록 | 제1-670호(1988.2.27)

책임교열 | 송은주 · 최찬미

값 13,000원

ISBN 978-89-6562-645-9 03230